保險法

當代中國民商法叢書

保 險 法

張俊岩

香港城市大學出版社
City University of Hong Kong Press

國際統一書號：978-962-937-278-1

出版

　　香港城市大學出版社
　　香港九龍達之路
　　香港城市大學
　　網址：www.cityu.edu.hk/upress
　　電郵：upress@cityu.edu.hk

**Contemporary Chinese Civil and Commercial Law Series—
Insurance Law**

(in traditional Chinese characters)

ISBN: 978-962-937-278-1

Published by

　　City University of Hong Kong Press
　　Tat Chee Avenue
　　Kowloon, Hong Kong
　　Website: www.cityu.edu.hk/upress
　　E-mail: upress@cityu.edu.hk

Printed in Hong Kong

目錄

	總序	ix
	自序	xi
第一編 **保險與** **保險法概述**	第一章　風險管理與保險	003
	一、保險的概念	005
	二、保險的本質和職能	009
	三、保險的分類	012
	第二章　保險法概述	019
	一、保險法的概念和地位	021
	二、中國保險業與保險立法	023
第二編 **保險合同的** **基本原則**	第三章　最大誠信原則	031
	一、最大誠信原則的含義	032
	二、投保人的告知義務	033
	三、保證義務	041
	四、保險人的說明義務	043
	五、棄權與禁止反言	048
	第四章　保險利益原則	051
	一、保險利益的概念和作用	052
	二、財產保險的保險利益	057
	三、人身保險的保險利益	063
	四、保險利益的變動	069

第五章　損失補償原則　　　　　　　　　073

　　一、損失補償原則的含義及適用範圍　075

　　二、代位求償權　　　　　　　　　　078

　　三、物上代位　　　　　　　　　　　088

　　四、重複保險的損失分攤　　　　　　092

第六章　近因原則　　　　　　　　　　097

　　一、近因原則的含義　　　　　　　　099

　　二、近因的認定方法　　　　　　　　100

　　三、近因原則的適用　　　　　　　　105

第三編
保險
合同法

第七章　保險合同概述　　　　　　　　113

　　一、保險合同的概念和特徵　　　　　115

　　二、保險合同的分類　　　　　　　　121

　　三、保險合同的形式　　　　　　　　124

第八章　保險合同的主體　　　　　　　131

　　一、投保人　　　　　　　　　　　　133

　　二、保險人　　　　　　　　　　　　143

　　三、被保險人　　　　　　　　　　　150

　　四、受益人　　　　　　　　　　　　155

第九章　保險合同的內容　　　　　　　165

　　一、保險合同的基本條款　　　　　　167

　　二、保險合同的疑義利益解釋原則　　176

第十章　保險合同的成立與生效　　　　183

　　一、保險合同的訂立程序　　　　　　184

　　二、保險合同成立　　　　　　　　　191

　　三、保險合同生效　　　　　　　　　193

　　四、保險責任開始　　　　　　　　　198

第十一章　保險合同的履行　　201

一、保險合同的變更　　202

二、保險合同的轉讓　　209

三、保險合同的解除　　212

四、保險合同的權利義務終止　　221

第十二章　保險理賠與爭議處理　　225

一、保險合同的理賠　　226

二、保險合同爭議處理　　237

第四編 保險業法

第十三章　保險市場與保險公司　　249

一、保險市場　　251

二、保險公司與其他保險組織　　252

三、保險公司的設立和變更　　257

四、保險公司破產、解散和清算　　267

第十四章　保險中介　　273

一、保險中介制度概述　　274

二、保險代理人　　277

三、保險經紀人　　284

四、保險公估人　　287

第十五章　保險業監督管理　　289

一、中國保險業監督管理機構及其職責　　291

二、市場行為監管　　293

三、公司治理監管　　306

四、償付能力監管　　321

五、保險監管措施與法律責任　　333

主要參考書目　　337

總序

　　改革開放以來，中國大陸的市場經濟迅速發展，法治建設取得了重大成就。自 1986 年制定《民法通則》之後，立法機關先後頒佈了《合同法》、《物權法》、《侵權責任法》等法律。截至 2016 年，中國大陸已經頒行了 250 部法律，其中近半數屬於民商事法律。這些法律的頒佈，標誌着中國已建立了較為完善的合同法律制度、物權法律制度、侵權責任法律制度、婚姻家庭繼承制度。中國大陸高度重視保護知識產權，頒佈並實施了專利法、商標法、著作權法等法律法規。除上述民事立法外，中國大陸還制定了公司法、合夥企業法、個人獨資企業法、證券法、海商法、票據法、保險法等商事法律，形成市場經濟的法律體系。除立法機關頒佈的法律之外，國務院也制定了大量的行政法規，最高人民法院為適用民事法律而頒行了一系列民商事方面的司法解釋，這些規範也是中國社會主義法律體系的重要組成部分。

　　雖然中國大陸民商事法律不適用於香港地區，但香港回歸中國超過二十年，香港與內地的關係日趨密切，兩地的經貿合作與交易越來越頻繁，由此也產生了諸多糾紛，這就涉及大陸法律的適用問題。故此熟習中國大陸的民事法及商事法是當務之急，也是必需的。認識中國大陸民商法不但可以減少交易風險，防範各種法律糾紛，也有利於營造良好的營商環境。

　　正是因為上述原因，香港市民認識中國大陸民商法的需求十分迫切，然而由香港出版有關內地法律的著述寥寥無幾，尤其缺乏能反映最新法律狀況的著作，這與香港地區對內地法律認識的需求是不相應的。基於上述種種原因，促

成了這套立足港、台，面向海外的「當代中國民商法叢書」，期望讓從事法律實務的專業人員和管理人員，甚至是普通市民，都能藉此叢書認識到中國民商法的精神，並能在實踐中加以應用。本叢書有以下幾個特點：

(1)　理論與實務並重：強調並堅守理論與實務並重的原則，有系統地解讀學科的基本理論框架和學術發展現狀，指導讀者深入理解法律的立法原理。同時又結合典型或重大的案例，透徹地分析法規如何實踐，幫助讀者深入理解民商法的基本原理和應用規則。

(2)　精選重要法則：民商法包含眾多法理及法則，本叢書切合讀者的需要，從繁瑣的法律條例中精選了最核心、最重要、最常遇到的法規加以闡述，有條不紊地分析其原理、功能及實際應用，從而便於讀者快速了解大陸地區的民商事立法。

(3)　簡明易讀：本叢書考慮到不同法域及不同法律語言的運用，極力避免生僻、晦澀的字眼，運用簡明直白的文字和實際的案例，期望讓專業或大眾讀者認識到中國民商法的定義及法理，並能掌握各法則在現實中的應用。

(4)　針對港、台及海外市場：有別於內地出版的民商法專書，本叢書從港、台、海外的角度出發，以繁體字、本地慣用的語言及熟悉的法律知識分析中國民商法，符合港、台、海外的法律實務專業人員及管理人員的實際需要。

　　本叢書十分榮幸邀得多位熟悉內地民商法的專家學者擔任作者，對每種法規提供獨到的見解和清晰簡明的解讀，並闡釋中國最新的法律狀況和未來發展趨勢。「嚶其鳴矣，求其友聲」，期待本叢書的出版能夠讓讀者進一步認識中國大陸的民商法，促進國內、香港、台灣及海外讀者的民事法學及商事法學的交流。

王利明

我國大陸保險業自 20 世紀 80 年代復業以來，不斷推進行業變革創新，保持強勁的發展勢頭。尤其是 2006 年《國務院關於保險業改革發展的若干意見》和 2014 年《國務院關於加快發展現代保險服務業的若干意見》的發佈，提高了社會公眾對保險的認識，在國家政策層面確立了保險業的定位，明確界定了商業保險在社會保障體系中的地位、作用以及發展目標。四十年來，我國大陸保險業從逐步恢復國內業務到發展成為全球第二大保險市場。保費收入從 1980 年的 4.6 億元增長到 2019 年的 4.26 萬億元；在全球保險市場中的份額從不足 0.1% 增至超過 11%，成為全球保險市場的主要增長引擎。

隨着保險市場發展，保險機構數量不斷增加，以及電銷、網銷等新的營銷方式和保險科技發展帶來的保險產品創新，推動保險銷售、核保、理賠等業務環節不斷發展完善。民眾的保險意識不斷增強，風險意識和對保險功能的認知不斷提升。越來越多的個人和企業使用商業保險作為主要的風險管理手段。不過，隨著保險需求的增加，保險糾紛案件也日益增多。目前，保險投訴涉及到諸多方面，特別是在銷售、理賠、服務等一些敏感環節上，保險合同雙方當事人對其權利和義務的認知存在較大分歧。2019 年，中國銀保監會及其派出機構共接收涉及保險公司的保險消費投訴 93,719 件。其中，保險合同糾紛投訴 88,745 件，佔投訴總量的 94.69%；涉嫌違法違規投訴 4,974 件，佔投訴總量的 5.31%。在中國裁判文書網上，以「保險糾紛」為案由，

2019 年全年共檢索出裁判文書 184,608 篇。糾紛數據的增長在為保險法研究增加素材的同時，也說明加強保險法理論和實務研究的重要意義。

《中華人民共和國保險法》自 1995 年 10 月 1 日起施行，經過 2002 年、2009 年、2014 年、2015 年四次修改，對於規範保險活動，保護保險活動當事人的合法權益，加強對保險業的監督管理，發揮了重要的作用。為正確審理保險合同糾紛案件，從 2009 年到 2018 年，最高人民法院先後頒佈《關於適用〈中華人民共和國保險法〉若干問題的解釋》（一）至（四），分別解決新舊保險法銜接適用問題、保險合同章一般規定部分的法律適用問題、人身保險合同部分的法律適用問題以及財產保險合同部分的法律適用問題。各地法院也制定了大量關於審理保險類訴訟案件的指導意見，為解決保險合同履行中的各類法律糾紛提供了依據。保險法、相關司法解釋和法院判決，構成了本書的基礎。《保險法》中既包括保險合同法的內容，也包括保險業法的內容。在保險監管方面，中國保險監督管理委員會於 1998 年 11 月成立，2018 年 3 月根據國務院機構改革方案，將中國保險監督管理委員會的職責整合，組建中國銀行保險監督管理委員會。在此過程中，形成了償付能力監管、市場行為監管和保險公司治理監管「三支柱」監管框架，所頒佈的大量規範保險經營和保險業監管的規章和文件，為保險業發展提供了重要制度保障，也夯實了保險監管法的研究基礎。

近年來，保險法理論研究成果日益豐富。既有對如實告知義務、條款說明義務、保險利益、損失補償、投保人的合同解除權、保險合同解釋等基礎理論的研究，也有關於保單貼現、互聯網保險產品銷售、壽險保單現金價值歸屬、投保欺詐、保險人不當理賠等實務中熱點問題的研究。實踐中爭議案件涉及的產品種類也日益豐富，如董事高管責任保險、環境污染責任保險、訴訟保全責任保險、日照指數保險、投資連結保險、分紅保險、營業中斷保險、保證保險等。保險爭議參與主體眾多，除投保人、被保險人、受益人、保險人外，還涉及保險中介機構（保險經紀人、保險代理人、保險公估人）、第三人等。在這本書中，希望通過對保險法基本原理的研究和案例的分析，使讀者了解保險法研究框架，了解保險基本原則、保險合同、產品條

款和保險監管，逐步掌握分析和解決保險法律問題的方法。目前我國大陸保險法律、法規還處在變動和完善之中，如有爭議的觀點，敬請批評指正。

從學習民商法到學習保險學，兩個學科的結合讓我感受到保險法研究內容的博大精深。感謝王利明老師推薦，才有了寫這本書的機會。感謝張洪濤老師傳授保險學理論和實務知識，使我有機會在理解保險學的基礎上從事保險法的研究。感謝香港城市大學出版社的意見，還有幫助過我的各位師友，在此一併表示衷心的感謝。

張俊岩

中國人民大學財政金融學院保險系

2020 年 6 月

第一編 保險與保險法概述

隨着社會公眾對風險管理意識的增強，商業保險作為一種風險管理措施，在個人、家庭和企業的風險管理中發揮了愈來愈重要的作用。但保險業務特有的技術性要求，讓其在產品設計、核保理賠等業務環節中均有特殊意義，這些內容對當事人的權利和義務都會產生影響。因此，了解風險、風險管理與保險的基本內容，有助於相關主體理解保險合同及保險條款，也有助於對保險法和保險監管規定的理解。

第一章

風險管理與保險

2006 年，國務院頒佈了《關於保險業改革發展的若干意見》（以下簡稱「國十條」），為推動和完善中國的保險事業起到了重要的作用。「國十條」指出，保險具有經濟補償、資金融通和社會管理功能，是市場經濟條件下風險管理的基本手段，是金融體系和社會保障體系的重要組成部分。加快保險業改革發展，建立市場化的災害、事故補償機制，對完善災害防範和救助體系，增強全社會抵禦風險的能力，促進經濟發展，具有不可替代的重要作用。2014 年，國務院又頒佈了《關於加快發展現代保險服務業的若干意見》，稱為新「國十條」。其中指出，保險是現代經濟的重要產業和風險管理的基本手段，是社會文明水平、經濟發達程度、社會治理能力的重要標誌。要立足於服務國家治理體系和治理能力現代化，把發展現代保險服務業放在經濟社會工作整體佈局中統籌考慮，以滿足社會日益增長的多元化保險服務需求為出發點，以完善保險經濟補償機制、強化風險管理核心功能和提高保險資金配置效率為方向，改革創新、擴大開放、健全市場、優化環境、完善政策，建設有市場競爭力、富有創造力和充滿活力的現代保險服務業，使現代保險服務業成為完善金融體系的力量支柱、改善民生保障的有力支撐、創新社會管理的有效機制、促進經濟提質增效升級的高效引擎和轉變政府職能的重要抓手。

隨着中國保險市場的快速發展，保險的風險管理職能不斷發揮作用，保險法也成為研究的熱點。保險法既是促進保險業務順利進行的保證，也是維護保險市場穩定、規範運行的重要手段。《中華人民共和國保險法》（以下簡稱《保險法》）第一條就明確指出保險法的立法宗旨，即「規範保險活動，保護保險活動當事人的合法權益，加強對保險業的監督管理，維護社會經濟秩序和社會公共利益，促進保險事業的健康發展」。由此可見，要理解保險法的規定，首先要了解保險的本質及保險市場的運行。

一、保險的概念

按照《保險法》第二條的規定，保險是指投保人根據合同約定，向保險人支付保險費，保險人對於合同約定的可能發生事故因其發生所造成的財產損失承擔賠償保險金責任，或者當被保險人死亡、傷殘、疾病或達到合同約定的年齡、期限等條件時承擔給付保險金責任的商業保險行為。這個定義是從保險合同的角度來界定保險的概念，並且將《保險法》所調整的範圍限定為商業保險，而不包括社會保險。社會保險是國家通過立法建立起來的一種社會保障制度，其目的是保障公民在年老、疾病、工傷、失業、生育等情況下依法從國家和社會獲得物質幫助的權利。2010 年頒佈的《中華人民共和國社會保險法》專門對社會保險關係加以規範。本書僅討論《保險法》所規範的商業保險。保險是風險管理的對策之一，理解風險與風險管理是理解保險的基礎。

1. 風險的內涵與可保風險

風險是保險產生的前提條件，從經濟學的角度來看，保險是一種社會化的風險分散與控制機制。由於各種風險的客觀存在及其給人帶來的物質與精神損害巨大，同時無論是個人還是集體對風險的損害後果都難以獨自承擔。因此，保險通過社會化的安排，將面臨風險的主體通過保險人組織起來，由投保人向保險人繳納保險費，從而使個體的風險得以轉移、分散。保險作為一種經濟補償手段，對客觀存在的未來風險進行轉移，把不確定性損失轉變為確定性成本，是風險管理的有效對策之一。

風險是指人們在從事某種活動或決策的過程中，預期未來結果的隨機不確定性。其中損失發生及其程度的不確定性通常被稱為危險，即純粹風險。而既可能產生收益也可能造成損失的風險則被稱為投機風險。[1] 傳統的保障意義上的保險所針對的僅僅是如何規避和抵禦純粹風險，並沒有對投機風險提供保障。投保人通過與保險人訂立合同，將可能發生的風險損失轉移給保險人承擔，即當合同中約定的風險事故發生後由保險人賠償或者給付保險金。由

---

1. 張洪濤（2014）。《保險學（第四版）》。北京：中國人民大學出版社。1-2 頁。

此體現出保險對保障個人及家庭財產安全、生活安定，保證企業持續經營和擴大再生產，維護社會穩定和經濟發展，所具有的重要意義。

風險在生產、生活中無處不在，在保險發展進程中，風險的普遍性、客觀性、不確定性往往與保險的商業性、營利性有衝突，即如果保險人不加選擇地滿足各種風險保障要求，有可能使保險經營陷入危險的境地。因此，保險人通常將風險劃分為可保風險與不可保風險，其中可保風險才是保險客戶可以投保和保險人可以接受承保的風險。首先，可保風險要求有眾多的同質風險單位。風險單位是指保險標的發生一次風險事故可能造成的最大損失範圍。各風險單位在性質、種類、出險率以及出險後所產生的損失額應大致相同。同質的風險單位才能使風險在多個風險單位之間進行集合與分散；其次，保險費要經濟可行。對保險公司而言，保險費應該覆蓋公司的風險費用（賠款）及運營費用，同時讓保險公司獲取盈利。對投保人而言，保險費是可以負擔得起的；第三，風險的發生具有偶然性，且必須是非故意的。可保風險對於個體而言，具有不確定性，即風險事故是否發生、何時何地發生，以及發生導致的損失結果是不確定的。事故引致的損失也不能是投保方故意引起的。正如《保險法》第二十七條第二款規定：「投保人、被保險人故意製造保險事故的，保險人有權解除合同，不承擔賠償或者給付保險金的責任」；第四，損失的時間、金額和原因可以在有效的時間和成本之內確定。正因為可保風險具有可測性，所以保險公司可以根據測定的結果向投保人收取合理的保險費。保險公司設計保險產品時必須注意可保風險的要求，如果保險產品不符合可保風險的要求或者保險的基本原理，中國保險監督管理委員會（以下簡稱中國保監會）有權依據相關保險條款和保險費率管理辦法的規定，責令保險公司停止使用該產品。[2]

2. 風險管理與保險

風險管理是指經濟單位通過識別與衡量風險，採用必要且可行的經濟手段和技術措施加以處理風險，從而以一定的成本實現最大的安全保障。這裏所說的經濟單位可以是企業，也可以是個人、家庭、團體等。風險管理的目

---

2. 參見中國保監會監管函（監管函〔2014〕17 號）。

標一是在成本、資源既定的前提下實現最大程度的安全保障；二是對那些一旦發生會給經濟單位帶來巨大災難的、後果無法承受的事件預先作出有效的應對方案。在風險規避、風險自留、風險控制、風險轉移等風險管理的對策中，保險是將個人或家庭、企業損失的經濟後果轉移給商業保險公司的一種風險管理對策。

保險的意義，可以由兩個方面來說明：一方面保險是達成某種效能的經濟制度；另一方面保險是雙方當事人間的合同行為。首先，就保險的經濟效能而言，主要在於確保生活的安定。即借助多數經濟單位的集合，通過大數法則使損失能夠依據過去的經驗而預先測知，據以共同聚資作為準備，對危險事故發生所導致的損失，由此共同準備財產提供適當的補償，以確保多數經濟單位經濟生活的安定；其次，就保險的合同行為而言，主要在於補償損失。即把個別經濟單位的危險，轉移給多數經濟單位所集合的團體承擔。這種危險的轉移是基於對價關係通過訂立合同而實現的。從這個意義上理解，保險是為確保經濟生活的安定，對特定危險事故發生所導致的經濟損失，集合多數經濟單位，根據合理計算，共同聚資，以為補償的經濟制度。[3]

上文提到的大數法則是保險經營的基礎，它為保險產品的費率釐定提供了理論依據。保險人經營的是風險，出險概率是釐定保費的重要依據。而在訂立保險合同時風險並未發生，因此保險人需要對風險的發生概率和一旦發生以後導致的損失結果進行預測。概率論是一門研究隨機現象的科學，概率論的出現有助於我們找到各種隨機現象的運動規律。大數法則是概率論中用來闡明大量隨機現象平均結果穩定性的一系列定理，其用在保險領域指的是面臨同一風險事故（如死亡）的標的數量越多，觀察到的實際損失偏離期望損失的程度就越小。也就是說，風險和不確定性隨着風險標的數量的增加而降低。根據大數法則，保險公司集合的風險單位越多，風險就越分散，損失發生的概率和損失程度就越有規律和相對穩定，實際損失結果就越接近於期望損失結果，因此精算人員制定的保險費率也更準確合理，從而保證了保險經營的穩定。反之，如果某一個保險計劃只有少數保險標的，則保險公司是很難準確地預測期望損失的。如果保險標的少到只有一個，例如只為獨一無

---

3. 參見袁宗蔚（2000）。《保險學 —— 危險與保險》。北京：首都經濟貿易大學出版社。52 頁。

二的標的物投保，則無法預測期望損失。值得注意的是，為鼓勵中國裝備製造業的發展，2015 年 3 月財政部、工業和信息化部，以及中國保監會聯合發了《關於開展首台（套）重大技術裝備保險補償機制試點工作的通知》（財建〔2015〕19 號），首台（套）重大技術裝備是指經過創新，其品種、規格或技術參數等有重大突破，具有知識產權但尚未取得市場業績的首台（套）或首批次的裝備、系統和核心部件。結合基本原理分析，首台（套）重大技術裝備保險突破了傳統保險經營基於的大數法則，以險種組合和領域組合形成大數法則。該產品是根據企業需求將質量險、責任險等突出風險集中打包而設計產生的一個新產品。

對保險法律規定的理解與適用，應該建立在保險是一種風險管理手段的基礎上，保險合同條款中所規定的保險責任、責任免除等條款，就是對該險種所承保風險的範圍的規定。風險的發生概率是保險產品定價時所考慮的重要因素之一，例如人壽保險中的死亡率、重大疾病保險中的疾病發生率等。儘管有《中國人身保險業經驗生命表（2010–2013）》、《中國人身保險業重大疾病經驗發生率表（2006–2010）》作為基礎，但是最大誠信原則仍然要求投保人履行如實告知義務，即當保險人在訂立保險合同時就保險標的或者被保險人的有關情況提出詢問的，投保人應當如實告知，其目的就是在信息不對稱的情況下使得保險人更好地了解保險標的或者被保險人的風險。而保險產品的價格是與合同中約定的保險人所承保的風險大小相對應的。因此在保險合同履行過程中發生糾紛時，需要考慮該產品的價格與合同中約定的保險人所承保的風險保障範圍之間的對應關係，進而確定合同當事人的權利義務。

另外，根據大數定律，為準確估計事件發生的概率，保險公司必須掌握大量的經驗數據。經驗數據越多，對事件發生的概率的估計就越準確。與此同時，一旦估計除事件發生的概率，還必須將此概率估計值運用到大量的風險單位中才能對未來損失由比較準確的估計。大數定律在保險中的應用，有助於我們理解保險公司對銷售行為、銷售渠道等的重視，但在銷售過程中必須依法合規。

二、保險的本質和職能

保險在經濟社會發展中具有重要意義。2006 年 6 月 15 日頒佈的《國務院關於保險業改革發展的若干意見》(「國十條」) 中指出，保險具有經濟補償、資金融通和社會管理功能，是市場經濟條件下風險管理的基本手段，是金融體系和社會保障體系的重要組成部分。2014 年 8 月 10 日頒佈的《國務院關於加快發展現代保險服務業的若干意見》(新「國十條」) 也提出要完善保險經濟補償機制、強化風險管理核心功能。了解保險的本質和職能有助於理解現代保險發能發揮的作用以及對其進行法律規制的必要性。

1. 保險的本質

如上文所述，保險是集合同類風險聚資建立基金，對特定風險的後果提供經濟保障的一種風險財務轉移機制。首先，無論是社會保險還是商業保險，都離不開用法律秩序認可的形式集中保險費建立保險基金，這是保險正常運行的經濟基礎。商業保險採用合同的形式，運用概率論和大數法則，根據保險標的具體情況確定保險費及交付期限。其次，保險不是為所有的風險提供保障，僅為法律秩序認可範圍內的特定風險提供保障。保險產品條款中明確約定有保險責任和除外責任，以便確定保險標的及保障範圍。《保險法》第二條中表述「保險人對於合同約定的可能發生的事故因其發生所造成的財產損失承擔賠償保險金責任，或者當被保險人死亡、傷殘、疾病或者達到合同約定的年齡、期限等條件時承擔給付保險金責任」，也說明保險合同對未約定承保的風險所導致的事故損失並不承擔保險責任。例如人身意外傷害保險中通常約定對被保險人因疾病作為直接原因導致的死亡或者傷殘不承擔保險責任；機動車輛損失保險通常對由於戰爭、軍事衝突、恐怖活動等原因導致的被保險機動車的損失和費用不負責賠償。第三，保險合同生效後，當特定的風險事故發生時，保險人將賠付保險金，使相應的合同主體在經濟上得到一定的補償。但是保險僅僅是一種對特定風險的損失後果的財務轉移機制，並不保證風險不會發生，人們即使擁有了保障，還是應當作好防災防損。

保險是基於特定風險事故發生的可能狀態，由預想其可能發生的多數經濟單位（個人或團體）集合而成的經濟組織。保險作為多數經濟單位的集合，

通常有兩種形態：一是多數經濟單位的直接集合，二是通過獨立組織的間接集合。直接集合是由預想特定風險事故可能發生的多數經濟單位，共同為達到保險的目的所構成的團體，例如相互保險組織；間接集合是由第三方作為經營保險的主體，由預想特定風險事故可能發生的個別經濟單位事先向其繳納一定金額的保險費，在風險事故發生後，即由其承擔賠償或者給付保險金的責任，從而成為多數經濟單位集合的中心，例如商業保險公司。[4] 由此可見，保險為一危險共同團體，這個團體由可能遭受同一危險威脅的成員聚集而成，成員各需繳納保險費，而當保險事故發生、有受補償的需要時，由共同團體以保險費所聚集的資金，按損害的範圍來填補。基於此，保險合同與一般合同的本質不同之處在於，一般的合同雙方當事人大都處於對立的地位，保險合同中保險人和投保人或者被保險人彼此之間除了具有因合同而產生的對立性外，更因保險的本質而具有「共同團體互濟性」。因此，在以民法上有關合同的概念論及保險合同的問題時，須特別注意保險合同的這一特性。[5] 另外保險合同尤其是人壽保險合同大多期限較長，與一時性合同的履行也有差別。

2. 保險的職能

保險的職能是指保險的社會功能。如前所述，保險對於社會的穩定、生產的發展、人民生活的安定具有重要意義。保險的職能是由保險的本質決定，具體可分為基本職能和派生職能。基本職能是指保險在一切經濟條件下都具有的職能，即分擔風險和補償損失。而派生職能是指隨着社會生產力的發展、社會經濟制度的演變，保險逐漸具有的職能，主要體現為資金融通、防災防損和再分配的職能。

2.1　保險的基本職能

保險的產生和發展的內在根源決定了保險的基本職能，或者說人們對保險的需求決定了保險的職能。風險事故的發生，源於自然因素和人為因素兩

---

4. 參見袁宗蔚（2000）。《保險學 —— 危險與保險》。北京：首都經濟貿易大學出版社。58 頁。
5. 江朝國（2013）。《保險法逐條釋義（第二卷 保險契約）》。台北：元照出版有限公司。562 頁。

類：前者如地震、火山爆發、洪水、暴風、暴雨、雷擊等自然力量不正常變動所發生的各種事故；後者如戰爭、火災、傷害、疾病等基於人類行為所發生的各種事故。這些風險事故發生的結果，或者是財產的損毀或滅失，或者是收入的減少或喪失。人們一直在尋找一種機制，希望能儘量降低風險事故帶來的損失。能夠分擔風險和補償損失的保險制度，適應這種需求應運而生。

保險的基本職能是分擔風險和補償損失。保險組織通過向投保人收取保險費，建立保險基金。當被保險人遭受保險合同約定範圍內的風險事故或者達到合同約定的年齡、期限時，用保險基金進行賠償或者給付。實際上就是用全體投保人交納的保險費來補償一部分人的損失，將一部分人面臨的風險分攤給大家。保險法中的損失補償原則正是保險的基本職能的體現。

2.2 保險的派生職能

保險制度隨着行業的發展而逐步完善，其職能也有了新的擴展，在基本職能的基礎上產生出派生職能，主要表現為資金融通和防災防損兩方面。一是資金融通職能。保險的融資職能是指將保險基金的暫時閒置部分，重新投入到社會再生產過程中。目前保險投資的渠道主要有銀行存款、買賣債券、股票、證券投資基金份額等有價證券、投資不動產等，投資已經成為保險公司重要的利潤來源。考慮到保險基金首先要承擔經濟補償職能，所以《保險法》第一百零六條規定「保險公司的資金運用必須穩健，遵循安全性原則」。中國保監會也頒佈了《保險資金運用管理暫行辦法》等相關的部門規章和規範性文件來明確規定保險資金運用的渠道和比例。二是防災防損職能。保險公司既有參加防災防損的動力，也有參加防災防損的能力。防災防損做得好，風險事故發生得少，保險公司的保險金給付或者賠償就會減少，其利潤就會增加；而且保險公司的日常業務都是圍繞風險和風險管理展開的，從承保、費率釐定到理賠都在與風險事故打交道，對風險事故發生的概率和可能造成的損失程度都有深入的了解，完全有能力做好防災防損工作。更重要的是保險還有助於提高被保險人的防災防損意識。《保險法》第五十一條規定，「保險人可以按照合同約定對保險標的的安全狀況進行檢查，及時向投保人、被保險人提出消除不安全因素和隱患的書面建議。」「保險人為維護保險標的的安全，經被保險人同意，可以採取安全預防措施。」

三、保險的分類

依據不同的分類標準，可以將保險分為不同的種類。例如在法律上可以將保險分為財產保險與人身保險，在經營上可以將保險分為營利保險與相互保險，在技術上可以將保險分為短期保險與長期保險、壽險與非壽險、原保險與再保險等，在政策上可以將保險分為任意保險與強制保險、商業保險與社會保險、政策保險與非政策保險等。此處對幾種主要的分類加以說明。

1. 人身保險與財產保險

保險的標的，主要包括經濟生活客體的財產，與經濟生活主體的人身。中國《保險法》將保險標的與保險利益作為兩個概念分別加以規定，而且沒有使用保險標的物的概念。按照《保險法》的規定，保險標的是指作為保險對象的財產及其相關利益或者人的壽命和身體。按保險標的對保險進行分類，通常把商業保險分為財產保險和人身保險兩大類。從法律規定來看，《保險法》第九十五條在規定保險公司的業務範圍時，也是將保險業務分為這兩部分，其中人身保險業務，包括人壽保險、健康保險、意外傷害保險等；財產保險業務，包括財產損失保險、責任保險、信用保險、保證保險等。

1.1 人身保險

人身保險是以人的壽命和身體為保險標的的保險。當被保險人死亡、傷殘、疾病或者達到合同約定的年齡、期限等條件時，保險人按照合同約定承擔給付保險金責任。在中國保監會發佈的《人身保險公司保險條款和保險費率管理辦法》（保監會令 2011 年第 3 號）中，將人身保險明確劃分為人壽保險、年金保險、健康保險、意外傷害保險四大類。與《保險法》第九十五條中的分類相比，將年金保險從人壽保險中分離出來單列為一種人身保險的類型。

人壽保險簡稱壽險，是以人的生存或者死亡為保險事故，事故發生時，由保險人負責給付一定金額的保險。人壽保險和健康保險中還可以包含全殘責任。人壽保險以人的壽命為保險標的，分為定期壽險、終身壽險、兩全保險等。定期壽險是指以被保險人死亡為給付保險金條件，且保險期間為固定

年限的人壽保險。終身壽險是指以被保險人死亡為給付保險金條件，且保險期間為終身的人壽保險。兩全保險是指既包含以被保險人死亡為給付保險金條件，又包含以被保險人生存為給付保險金條件的人壽保險。按照人身保險的定名格式的規定，人身保險的名稱中應包含險種類別和設計類型。人身保險的設計類型分為普通型、分紅型、投資連結型、萬能型等。其中，分紅型、投資連結型和萬能型人身保險應當在名稱中註明設計類型，普通型人身保險無須在名稱中註明設計類型。

年金保險是指以被保險人生存為給付保險金條件，並按約定的時間間隔分期給付生存保險金的人身保險。目前市場上的年金保險主要有子女教育年金保險和養老年金保險，其中養老年金保險是指以養老保障為目的的年金保險。養老年金保險應當符合下列條件：（一）保險合同約定給付被保險人生存保險金的年齡不得小於國家規定的退休年齡；（二）相鄰兩次給付的時間間隔不得超過一年。為規範個人養老年金保險業務、團體養老年金保險業務和企業年金管理業務，中國保監會於 2007 年 11 月頒佈《保險公司養老保險業務管理辦法》。

健康保險是指以因健康原因導致損失為給付保險金條件的人身保險。健康保險分為疾病保險、醫療保險、失能收入損失保險、護理保險等。其中，疾病保險是指以保險合同約定的疾病發生為給付保險金條件的健康保險。由於重大疾病保險在實踐中產生的問題較多，中國保險行業協會與中國醫師協會於 2007 年 4 月共同發佈《重大疾病保險的疾病定義使用規範》；為規範法定責任準備金評估工作，中國保監會將《中國人身保險業重大疾病經驗發生率表（2006－2010）》作為包含重大疾病保險責任的人身保險產品法定責任準備金評估用表。醫療保險是指以保險合同約定的醫療行為發生為給付保險金條件，按約定對被保險人接受診療期間的醫療費用支出提供保障的健康保險。失能收入損失保險是指以因保險合同約定的疾病或者意外傷害導致工作能力喪失為給付保險金條件，按約定對被保險人在一定時期內收入減少或者中斷提供保障的健康保險。護理保險是指以因保險合同約定的日常生活能力障礙引發護理需要為給付保險金條件，按約定對被保險人的護理支出提供保障的健康保險。按照規定，長期健康保險中的疾病保險，可以包含死亡保險責任，但死亡給付金額不得高於疾病最高給付金額。其他健康保險不得包含

死亡保險責任，但因疾病引發的死亡保險責任除外。醫療保險和疾病保險不得包含生存保險責任。

意外傷害保險是指以被保險人因意外事故而導致身故、殘疾或者發生保險合同約定的其他事故為給付保險金條件的人身保險。此處的意外傷害通常是指「以外來的、突發的、非本意的和非疾病的客觀事件為直接且單獨的原因致使身體受到的傷害」。意外傷害保險的保險責任通常涉及傷殘給付，因此合同應在保險條款中明確約定傷殘程度的定義及對應保險金給付比例。2013 年 6 月，中國保監會發佈《關於人身保險傷殘程度與保險金給付比例有關事項的通知》（保監發〔2013〕46 號），規定廢止《關於繼續使用〈人身保險殘疾程度與保險金給付比例表〉的通知》（保監發〔1999〕237 號）。目前在意外傷害保險中使用的是中國保險行業協會、中國法醫學會於 2013 年 6 月 8 日聯合發佈的《人身保險傷殘評定標準》。

1.2　財產保險

財產保險是以財產及其有關利益為保險標的的保險。保險人對保險標的因自然災害或意外事故，如火災、爆炸、雷擊、颱風、飛行物體及其他空中運行物體墜落等風險事故造成的損失，按照合同約定負責賠償。財產保險有狹義與廣義之分。狹義的財產保險僅指各種財產損失保險，它強調保險標的是各種具備實體的財產物資，包括企業財產保險、家庭財產保險、運輸工具保險、貨物運輸保險、工程保險等；而廣義的財產保險除財產損失保險外，還包括責任保險、信用保險與保證保險等，這幾類保險的保險標的具有無形性。

財產損失保險是以承保保險客戶的財產物資損失風險為內容的各種保險業務的統稱。目前市場上主要的財產損失保險業務包括機動車輛保險、企業財產保險、家庭財產保險、農業保險、貨物運輸保險、工程保險、船舶保險等。財產損失保險的共同特徵就是保險標的均屬於實體標的，但各種具體保險業務之間仍然均在較多差異。

責任保險是指以被保險人對第三者依法應負的賠償責任為保險標的的保險，是一種隨着法律制度的不斷完善而逐步發展起來的保險業務。責任保險的保險標的通常是因被保險人的過失行為使第三者遭受損害從而對受害人應

負的民事賠償責任。責任保險產品通常包括公眾責任保險、產品責任保險、僱主責任保險、職業責任保險及運輸工具第三者責任保險等。在各類責任保險產品中，依據《機動車交通事故責任強制保險條例》（中華人民共和國國務院令第 462 號）實施的機動車交通事故責任強制保險是目前國內唯一的依法實行強制保險的險種。另外，近年來保險公司推出的訴訟財產保全責任保險也在實踐中發揮了巨大作用。《最高人民法院關於人民法院辦理財產保全案件若干問題的規定》（法釋〔2016〕22 號）第七條規定：「保險人以其與申請保全人簽訂財產保全責任險合同的方式為財產保全提供擔保的，應當向人民法院出具擔保書。擔保書應當載明，因申請財產保全錯誤，由保險人賠償被保全人因保全所遭受的損失等內容，並附相關證據材料。」

信用保險與保證保險所承保的都是合同債權人所面臨的信用風險，區別在於投保人不同。信用保險的投保人通常為債權人本人，保證保險的投保人通常為債務人。信用保險是保險公司與被保險人之間的一種安排，根據這一安排，保險公司對被保險人由於債務人不能償還債務所遭受的非正常信用損失給予補償。信用保險一般分為國內信用保險、出口信用保險和投資保險等。保證保險是指當被保證人的作為或者不作為致使權利人遭受經濟損失時，由保險人承擔賠償責任的保險。保證保險是否為保險的一種，雖然沒有定論，但一般保險書籍中對於保證保險都有所論述。目前保證保險的主要業務包括工程履約保證保險、產品質量保證保險、貸款返還保證保險、僱員忠誠保證保險等。

2. 定額給付保險與損失補償保險

有學者認為，世界上多數保險發達的國家普遍排斥依據保險標的劃分保險類別，佔主導地位的保險分類方法是按照保險性質劃分的。所謂保險性質，形式上表現為保險金的定額給付或按照實際損失的賠償給付，實質上是指保險產品的保障功能是否在於填補可用金錢量化的利益損失。[6] 損失補償原則是《保險法》中的一項重要原則，指當保險標的發生保險責任範圍內的損失時，保險人對其進行補償，以使其恢復到損失前所處的經濟狀況。補償原

---

6. 劉建勛（2012）。《保險法典型案例與審判思路》。北京：法律出版社。99 頁。

則對於補償性保險合同來說是理賠是要遵循的重要原則，但對於定額給付性的保險合同在實務中並不適用。所謂定額給付保險，是指事先由雙方當事人約定一定數額的保險金額，待保險事故發生時，由保險人依照約定負責給付保險金。財產保險均為損失補償保險，人身保險多為定額給付保險。例外的是，人身保險中的醫療保險按照保險金的給付性質分為費用補償型醫療保險和定額給付型醫療保險。其中費用補償型醫療保險是指，根據被保險人實際支出的醫療費用，按照約定的標準確定保險金數額的醫療保險。區分定額給付保險與損失補償保險的意義在於當實踐中出現保險合同糾紛時，可以根據保險性質判斷其是否適用補償原則，進而判斷保險人應賠償或者給付的保險金數額。

3. 壽險與非壽險

人壽保險為人身保險的一種，在保險計算技術上，人壽保險與其他各種保險不同。在人壽保險方面，風險事故的發生較為規則，保險合同以長期者居多，數理基礎也比較精確。中國保監會於 2016 年 12 月發佈《中國人身保險業經驗生命表（2010–2013）》，作為保險公司在計提責任準備金時評估死亡率的依據，這是中國保險業第三套生命表。除人壽保險以外的其他險種則統稱為非壽險，包括財產保險、健康保險、人身意外傷害保險等。壽險與非壽險在保險法中也有較多不同規定，例如索賠時效有區別，人壽保險的被保險人或者受益人向保險人請求給付保險金的訴訟時效期間為五年，而人壽保險以外的其他保險的被保險人或者受益人保險人請求賠償或者給付保險金的訴訟時效期間為兩年；再如，保險人對人壽保險的保險費，不得用訴訟方式要求投保人支付。而對非壽險的保險費則無此限制。另外，由於短期健康保險與意外傷害保險具有財產險特徵，被視為經營上的「第三領域」，《保險法》規定經營財產保險業務的保險公司經國務院保險監督管理機構批准，可以經營短期健康保險業務和意外傷害保險業務，因此財產保險公司的保費收入中並非均為財產保險業務收入。

4. 社會保險、政策保險與商業保險

　　狹義的保險通常僅指商業保險。從廣義保險的角度來看，保險包括社會保險、政策性保險與商業保險，這是將一切採取保險方式來處理風險的社會化保險機制都包括在內。社會保險是指國家通過立法採取強制手段對國民收入進行再分配，它通過形成專門的保險基金，對公民因為年老、疾病、生育、傷殘、死亡等原因喪失勞動能力或者因失業而中止勞動，本人和家庭失去收入來源時，由國家和社會提供必要的生活和物質幫助。中國《社會保險法》第二條規定：「國家建立基本養老保險、基本醫療保險、工傷保險、失業保險、生育保險等社會保險制度，保障公民在年老、疾病、工傷、失業、生育等情況下依法從國家和社會獲得物質幫助的權利。」政策保險是為實現特定的政策目標並在政府的干預下開展的一種保險業務。政策保險的目的不是營利，而是為特定的產業政策服務。常見的政策保險業務主要有農業保險、出口信用保險、海外投資保險等。

第二章

保險法概述

加強保險消費者合法權益保護是保險法的基本精神，也是保險監管機構的主要任務之一。針對銷售誤導、理賠難等消費者普遍反映的明顯問題，中國保監會通過部門規章和規範性文件在銷售、承保、回訪、保全和理賠給付等各環節建立和完善服務標準。2012 年 1 月 18 日，中國保監會印發《關於做好保險消費者權益保護工作的通知》，全面部署保險消費者權益保護工作。據統計，2016 年中國保監會機關及各保監局共接收各類涉及保險消費者權益的有效投訴總量為 31,831 宗，反映有效投訴事項 32,442 個。其中，涉及保險公司合同糾紛類投訴有 29,651 宗，佔投訴事項總量的 91.40%；涉嫌保險公司違法違規類投訴有 2696 宗，佔 8.31%；涉及中介機構合同糾紛類投訴有 75 宗，佔 0.23%；涉嫌中介機構違法違規類投訴有 20 宗，佔 0.06%。[1] 這些問題涉及到保險合同與保險監管，也是保險立法中需要著力解決的。作為保險法律制度中的基本法，《中華人民共和國保險法》（以下簡稱《保險法》）於 1995 年頒佈實施。2002 年根據中國加入世貿組織承諾中對保險業的要求，對《保險法》進行了第一次修正。2009 年第二次修訂，在保險合同法律規範、保險行業基本制度、保險監管等方面進行了完善工作，加大了對違法行為的責任追究。2014 年和 2015 年，《保險法》又作了兩次修正。在《保險法》的歷次修訂中，都把依法規範保險活動，保護保險活動當事人的合法權益作為其宗旨之一，力求實現當事人之間的利益平衡，以最終促進保險業的發展，發揮保險制度穩定社會的作用。

　　保險是一種經濟行為，在今天尤其表現為一種商業活動（這裏僅就商業保險而言）。這種經濟行為之所以能夠進行，是因為社會對保險產品有需求和供給。從需求角度來看，社會存在大量的面臨同類風險的標的，而與之有利害關係的社會主體希望獲得保障。從投保人的角度來看，通過訂立保險合同，並按照保險合同的規定付出確定的財務成本（保險費），從而將風險事故帶來的不確定損失轉移給保險人承擔。從供給角度來看，保險人把眾多面臨同一風險的個人或單位集中起來，根據大數法則測算風險發生概率和預期損失的大小，並據以向投保人收取保險費，建立應付風險損失的基金。保險公

---

1. 參見《中國保監會關於 2016 年保險消費投訴情況的通報》。

司相信從投保人處聚集的資金及帶來的相應收益會大於未來的損失，於是保險產品就有了供給。儘管商業保險的目的是盈利，但從全社會的角度看，保險的社會職能是為客戶提供風險管理服務。保險的運行機制是大家共同交納保險費，組成保險基金。當某一個被保險人遭受損失時，他可以從保險基金中獲得補償。從這一點出發，保險起到了國民收入再分配的作用。就社會整體而言，法律為保障投保人、被保險人作為一個群體的利益，需要對保險公司的成立、管理、投資和終止經營等各個方面予以規範，以保障這種社會財富再分配順利進行。與此同時，商業保險是一種合同關係。投保人提出保險要求，並按照保險合同約定支付或者承諾支付保險費，保險人接受投保並承諾按照保險合同的規定對承保風險在保險期間內所造成的承保損失向被保險人或者受益人承擔保險責任。保險法需要規範保險合同雙方當事人的權利和義務，保障雙方當事人的合法權益。

一、保險法的概念和地位

1. 保險法的概念

保險法是以保險關係為調整對象的一切法律規範的總稱。保險關係是指當事人之間依據保險合同所發生的權利義務關係和國家對保險業進行監督管理過程中所發生的各種關係。保險法有廣義和狹義之分。廣義的保險法，既包括保險公法，也包括保險私法；而狹義的保險法僅指保險私法。保險公法是調整社會公共保險關係的行為規範，主要指保險業法和社會保險法。中國於 2010 年 10 月 28 日頒佈了《社會保險法》，專門用於規範社會保險關係；保險私法是調整自然人、法人或其他組織之間保險關係的行為規範，主要指保險合同法和保險特別法。保險合同法是調整平等主體之間保險合同關係的法律規範；保險特別法則是保險合同法之外的、專門調整某種保險關係的法律，如中國《海商法》第十二章有關「海上保險合同」的內容。

在實踐中對保險法主要有兩種立法體例：一是將保險合同法和保險業法分別立法，如德國、法國、日本；二是將兩者合二為一，如台灣。中國《保險法》採用的是兩法合一的模式，因此在立法宗旨上同時體現出制定和實施保險

合同法和保險業法兩方面規則的目的，既為投保人與保險人的合法權益提供基本保障，同時也為保險企業的自主經營和監管機構的職責履行設定基本規則。其中，保險合同法以保險合同關係為規範對象，一般包括保險合同的訂立、履行、終止、變更、解除和保險合同糾紛的處理等事項。保險法中關於保險合同的一般規定、人身保險合同、財產保險合同等，構成了完整系統的保險合同法體系。保險業法以商業保險經營者為規範對象，通常包括保險公司、保險業務經營、保險中介、保險監督管理等。

2. 保險法的地位

保險法的地位是指保險法在整個法律體系中屬於哪一層次的法律部門及其所處的具體位置如何。一般來說，在採取民商合一制度的國家或地區，保險法作為民法的特別法，與民法之間是特別法與普通法的關係，凡是保險法未作規定的，適用民法；在民商法分立的國家或地區，保險法與公司法、證券法、信託法等一同納入商事法中。

保險法與其他部門法的關係密切，例如《保險法》第十三條中規定「依法成立的保險合同，自成立時生效」。關於保險合同的成立要件與生效要件，除保險法本身的規定外，還要根據《民法通則》、《合同法》等的規定來確定；再如《保險法》中提到的「近親屬」、「民事行為能力」等概念，也要根據《民法通則》的規定來確定其具體內涵。《保險法》中關於董事、監事、高級管理人員的任職資格的規定，涉及到《公司法》第一百四十六條的適用；保險公司申請重整、和解或破產清算的，要適用《企業破產法》的規定；保險合同中產生爭議的，可以通過《民事訴訟法》、《仲裁法》等規定的途徑解決。保險法中還有行政處罰和刑事責任的規定，涉及到《行政處罰法》、《刑法》的適用。

二、中國保險業與保險立法

1. 中國保險業的發展現狀及存在問題

新中國成立後，中國人民保險公司於 1949 年 10 月 20 日在北京成立，經營火險、水險、兵險以及其他保險業務，到 1958 年 12 月全國財政會議決定停辦國內保險業務。20 世紀 80 年代恢復國內保險業務以來，中國保險市場的發展取得了令人矚目的成就。1980 年，全國保費收入僅 4.6 億元；2000 年，全國保費收入達 1,596 億元，年均增長 34%；2016 年全國保費收入達到 3.10 萬億元。其中，財產險保費收入 8,724.50 億元，壽險保費收入 1.74 萬億元，健康險保費收入 4,042.50 億元。保險業資產總額 15.12 萬億元。[2]「十二五」期間，中國保險市場規模的全球排名由第六位躍升至第三位。

中國保險業的監管也經歷了不同時期的變化。中國人民銀行、財政部等曾在不同時期行使過監管保險業的職能。1949 年 10 月中國人民保險公司成立後，受中國人民銀行領導。1952 年 6 月，中國人民保險公司從中國人民銀行劃歸財政部領導。[3] 從 20 世紀 50 年代後半期起，中國保險業進入長時間的低谷狀態，對保險業的監管也停滯不前。1979 年 4 月，國務院批准逐步恢復國內保險業務，保險業仍由中國人民銀行監督管理。1985 年 3 月 3 日，國務院頒佈《保險企業管理暫行條例》，規定「國家保險管理機關是中國人民銀行」。1995 年 7 月，中國人民銀行成立保險司，專責監管中資保險公司。隨着銀行業、證券業、保險業分業經營的發展，為了更好地監督管理保險業，國務院於 1998 年 11 月 18 日批准設立中國保監會，專司全國商業保險市場的監管職能。近年，隨着保險業務快速增長，服務領域不斷拓寬，為滿足社會日益增長的多元化保險服務需求，國務院先後頒佈了《關於保險業改革發展的若干意見》、《關於加快發展現代保險服務業的若干意見》和《國務院辦公廳關於加快發展商業健康保險的若干意見》等，大大地推動了保險業的發展。

儘管中國保險業近年取得了卓越的成績，但是仍然有很大的發展空間。從衡量保險業發展情況及成熟程度的指標來看，截至 2015 年年底，全國保

---

2. 數據來源：中國銀保監會網站。

3. 中國保險學會、《中國保險史》編審委員會（1998）。《中國保險史》。北京：中國金融出版社。257 頁。

險密度為每人 1,766.49 元；保險深度為 3.59%。[4] 與 2015 年全球市場人均保險費支出 662 美元、平均保險深度 6.2% 相比，還有很大差距。與此同時，保險市場上也還存在諸多問題，違規行為屢禁不止，嚴重影響保險市場的健康發展。從保險消費者投訴的情況看，保險業的主要問題是銷售誤導和理賠困難。例如，在財產保險合同糾紛類投訴中，理賠環節的問題主要是：保險公司依據合同條款做出拒賠或免賠決定，但消費者不接受；雙方就維修方案、配件價格及工時價格產生爭議；理賠時效過長、理賠材料繁瑣、消費者感受差等。財產保險承保糾紛主要是保費計算爭議、未經同意承保、未經同意扣取保費、保險責任說明不充分、保單或發票送達不及時以及電銷擾民等問題。在人身保險合同糾紛類投訴中，銷售環節的問題主要是：銷售人員對條款講解不清、未盡說明義務、對方明確拒絕卻仍然來電等問題。理賠 / 給付糾紛主要涉及疾病險、醫療險和意外險責任糾紛，消費者對保險公司以觀察期出險、帶病投保、不屬於理賠範圍、疾病或傷殘等級未達到賠付條件等理由拒賠有爭議。退保糾紛主要是對退保條件、手續及金額的爭議。在人身險保險公司違法違規類投訴中，涉嫌欺詐誤導的比例較高，主要是承諾高收益或不如實告知收益情況、以銀行理財、存款、基金等其他金融產品名義宣傳銷售保險產品、誘導投保人不如實告知健康狀況、不如實回答回訪問題、代客戶簽字、代抄寫風險提示語、以保單升級為由誘導消費者退保已有保單購買新保險等。[5] 上述銷售、理賠等環節產生的問題在保險法以及中國保監會的規範性文件中均有明確的履行標準要求，但實踐中仍然屢禁不止。

2. 中國的保險立法和司法

　　確保保險市場健康發展及減少市場上的違規行為，都離不開保險法的規範和約束。商業保險通過合同產生了投保人、被保險人、受益人與保險人之間的法律關係，即保險合同權利義務關係，因此保險業務經營要求有相應的法律進行規範。與此同時，保險公司、保險中介機構從設立、經營和退出市場的每個環節皆與法律密切相關。

---

4. 李忠獻（2015）。〈2015 年中國保險深度為 3.59%〉。北京：《中國保險報》。

5. 參見《中國保監會關於 2016 年保險消費投訴情況的通報》。

新中國成立初期的保險立法主要集中在保險合同法部分，如 1951 年 2 月中央人民政府政務院公佈的《關於實行國家機關、國營企業、合作社財產強制保險及旅客強制保險的決定》。同年 4 月，國務院財政經濟委員會頒佈了《財產強制保險條例》、《船舶強制保險條例》、《鐵路車輛強制保險條例》、《輪船旅客意外傷害強制保險條例》、《鐵路旅客意外傷害強制保險條例》、《飛機旅客意外傷害強制保險條例》。1957 年 4 月財政部頒佈了《公民財產自願保險辦法》。

　　1958 年以後，國內保險業務和保險立法工作中斷，直到改革開放以後，保險業恢復，保險立法工作也進入了恢復和完善時期。在規範保險合同行為方面，1981 年 12 月 13 日第五屆全國人民代表大會第四次會議公佈了《中華人民共和國經濟合同法》，其中第二十五條對財產保險合同作出了原則性規定，這是新中國成立後第一個真正意義上的保險法律。為配合《經濟合同法》的實施，1983 年 9 月 1 日國務院發佈了《中華人民共和國財產保險合同條例》。在規範保險經營和保險監管方面，1985 年 3 月 3 日國務院頒佈了《保險企業管理暫行條例》，這是中國針對保險經營活動制定的第一部行政法規，是當時進行保險監管的主要法律依據。1989 年 2 月 16 日，國務院辦公廳下發了《關於加強保險事業管理的通知》，旨在整頓保險市場秩序。為配合該通知的執行，中國人民銀行於 1991 年制定了《關於對保險業務和機構進一步清理整頓和加強管理的通知》，對保險條款和費率、保險機構資金運用、保險代理機構和保險報表的管理作出了明確規定。

　　1995 年 6 月 30 日，第八屆全國人民代表大會常務委員會第十四次會議通過了《中華人民共和國保險法》，並於 1995 年 10 月 1 日起施行。這是新中國成立以來的第一部保險法，採用了將保險合同法與保險業法集於一體的立法體例，共八章、一百五十二條，對保險的基本原則、保險合同、保險公司、保險經營規則、保險監管、保險代理人和保險經紀人以及法律責任等作出了詳細規定。該法的頒佈和實施，標誌着中國保險法律體系的形成。

　　1998 年 11 月 18 日，中國保監會成立後，圍繞保險公司經營、保險中介業務、保險監管等頒佈了一系列的部門規章和規範性文件。2002 年 10 月 28 日，為適應中國保險業內部結構和外部環境的變化，特別是中國加入世界貿易組織後保險業面臨的進一步對外開放的新形勢，第九屆全國人民代表大會常務委員會第三十次會議通過了《關於修改〈中華人民共和國保險法〉的決

定》。此次通過的《保險法（修正案）》共有三十八條，修正內容着重於保險業法部分，涉及總則、保險活動、保險經營規則、保險代理人和保險經紀人、法律責任等方面。從修改的內容看，主要遵循如下規則：一是對與入世承諾不符的條文進行了修改；二是對不利於保險業發展的條文進行了修改；三是對通過司法解釋方法能夠解決的條文和可改可不改的條文，暫時不進行修改，以維護法律的穩定性和權威性。

2009 年 2 月 28 日，第十一屆全國人民代表大會常務委員會第七次會議通過了《保險法》修訂草案，於 2009 年 10 月 1 日起實施。此次修訂的《保險法》完善了保險合同法律規範、保險行業基本制度、保險監管等，進一步明確指出一些違法行為的法律責任，對違法行為加大了責任追究。其中，保護投保人、被保險人和受益人的合法權益，是這次《保險法》修訂的重中之重，包括限制保險人合同解除權、規範格式條款、明確規定保險人理賠的程序和時限等。在保險業法部分，規範了保險業務規則，擴大保險公司業務範圍、拓寬保險資金運用渠道並完善保險公司市場退出機制；同時強化保險監管，強化監管手段和監管措施、加強償付能力監管、完善公司治理監管。對保險公司及其工作人員在保險業務活動中的十三種違規行為明確規定了處罰措施。

在此之後，《保險法》於 2014 年 8 月 31 日和 2015 年 4 月 24 日經第十二屆全國人民代表大會常務委員會第十次會議、第十四次會議批准又進行了兩次修正。這兩次保險法修正都體現了簡政放權的取向，目的在於落實第十二屆全國人民代表大會第一次會議通過的《關於國務院機構改革和職能轉變方案的決定》，依法推進行政審批制度改革和政府職能轉變，促進和保障政府管理由事前審批更多地轉為事中事後監管。分別取消了精算專業人員、保險銷售從業人員、保險代理、保險經紀等從業人員的資格核准等行政審批事項。

隨着人們對風險和風險管理日益重視，越來越多人購買保險，保險合同糾紛也隨之增多。近年來，保險糾紛案件數量呈連續增長趨勢。司法統計數據顯示：2009 年全國一審保險合同糾紛案件 41,752 宗，2010 年 59,767 宗，2011 年 73,206 宗，2013 年 76,430 宗，2014 年 94,957 宗，2015 年前 10 個月的案件數為 91,555 宗。隨着保險合同糾紛增加，理解並適用保險法顯得更

為重要。[6] 實踐中尤其要關注最高人民法院的相關司法解釋，這些規定指導着法官的審判，形成保險案件的裁判規則。

為正確審理保險合同糾紛案件，切實維護當事人的合法權益，截至 2018 年年底，最高人民法院專門針對《保險法》作出了四個司法解釋。其中，《最高人民法院關於適用〈中華人民共和國保險法〉若干問題的解釋（一）》（以下簡稱《保險法司法解釋一》）於 2009 年 10 月 1 日起實施，以配合 2009 年修訂的《保險法》。《保險法司法解釋一》條文不多，只有六條，主要解決新舊《保險法》銜接適用問題。《最高人民法院關於適用〈中華人民共和國保險法〉若干問題的解釋（二）》（以下簡稱《保險法司法解釋二》）於 2013 年 6 月 8 日起施行，主要解決保險合同章一般規定部分適用中存在的問題。例如為確定保險公司以投保人違反如實告知義務為由拒絕賠付的標準，司法解釋中明確指出了投保人告知義務的履行標準是「詢問回答告知」，也就是只有保險人詢問的，投保人才承擔告知義務，投保人的告知範圍以保險人詢問的範圍和內容為限，而且保險人原則上不得採用概括性條款進行詢問。《最高人民法院關於適用〈中華人民共和國保險法〉若干問題的解釋（三）》（以下簡稱《保險法司法解釋三》）於 2015 年 12 月 1 日起施行，着重解決《保險法》保險合同章人身保險部分在適用中存在的爭議。《最高人民法院關於適用〈中華人民共和國保險法〉若干問題的解釋（四）》於 2018 年 9 月 1 日起施行，着重解決財產保險合同部分有關法律適用問題。

除上述四個司法解釋外，其他與解決保險糾紛相關的司法解釋也需要關注。例如與機動車第三者責任強制保險（以下簡稱交強險）和第三者責任商業保險（以下簡稱商業三者險）相關的《最高人民法院關於審理道路交通事故損害賠償案件適用法律若干問題的解釋》與海上保險合同糾紛相關的《最高人民法院關於審理海上保險糾紛案件若干問題的規定》，以及《最高人民法院關於審理出口信用保險合同糾紛案件適用相關法律問題的批覆》、《最高人民法院關於機動車交通事故強制責任保險賠償限額中物質損害賠償和精神損害賠償次序問題的批覆》等等。

---

6. 荊龍、喬文心（2015）。〈妥善審理保險合同糾紛 促進保險業健康發展 —— 最高人民法院民二庭負責人就保險法司法解釋（三）答記者問〉。北京：《人民法院報》。

第二編　保險合同的基本原則

保險法理論一般認為，最大誠信原則、保險利益原則、損失補償原則和近因原則是保險合同履行過程中應遵循的基本原則。這些基本原則所確定的具體規則和制度也決定了保險合同與其他民事合同相比所具有的特殊性，對保險合同效力、保險事故理賠以及理賠金額等的認定有影響。

第三章

最大誠信原則

案例導讀

2016 年 6 月，丁某經過體檢發現患有右側甲狀腺結節。當年 8 月，張某（系丁某的配偶）作為投保人，丁某作為被保險人及受益人，向某保險公司投保人身保險。張某投保時向保險代理人黃某出示了丁某的上述體檢報告，並口頭告知黃某，丁某經過體檢發現有甲狀腺結節。保險代理人黃某在投保書上代替張某和丁某打勾，在詢問事項「甲狀腺或甲狀旁腺疾病」位置勾選「否」。張某和丁某在《人身保險投保書》（電子版）、《人身保險（個險渠道）投保提示書》上簽字。涉案保險合同於 2016 年 9 月 1 日成立並生效。投保險種中包括附加重疾險，保險期間為終身，基本保險金額為 30 萬元。2018 年 4 月，丁某確診為右側甲狀腺惡性腫瘤，後向保險公司申請理賠。保險公司出具的《理賠決定通知書》中載明解除保險合同並不退還保費，不予理賠。丁某不同意上述通知，遂訴至法院要求保險公司支付保險金 30 萬元。法院審理認為，保險代理人黃某在明知丁某患有甲狀腺結節的情況下，仍代張某和丁某在投保書詢問事項「甲狀腺或甲狀旁腺疾病」中勾選「否」，該行為係屬阻礙投保人履行如實告知義務，故黃某代為填寫的內容不能視為投保人的真實意思表示，應視為張某在投保時已經履行瞭如實告知義務，保險公司應當向受益人丁某支付保險金 30 萬元。[1]

一、最大誠信原則的含義

如前所述，當前國內保險市場上存在的銷售誤導、理賠難等誠信缺失的問題，已經成為制約保險業健康發展的重要因素。為加強誠信建設，中國《保險法》第五條明確規定：「保險活動當事人行使權利、履行義務應當遵循誠實信用原則。」實際上，誠實信用原則在中國《民法通則》、《合同法》以及 2017 年 3 月 15 日第十二屆全國人民代表大會第五次會議通過的《中華人民共

---

1. 參見上海金融法院（2019）滬 74 民終 373 號民事判決。

和國民法總則》中均有規定，但是保險合同法中對誠實信用的要求較其他民事法律更高，因此被稱為最大誠信原則。

最大誠信原則是指保險合同的主體應當以高於其他民事合同的誠信態度來訂立和履行保險合同，在這個過程中當事人要向對方充分而準確地告知有關保險的重要事實，不允許存在任何虛偽、欺騙和隱瞞行為，同時要信守承諾。這主要是因為保險合同雙方當事人之間存在信息不對稱：一方面，投保人對保險標的的風險情況更為了解，其對風險的性質和大小的描述直接影響到保險人的風險測算；另一方面，保險合同的內容專業性強，而且通常是由保險人單方面擬定的，保險人可能利用自己的專業知識優勢，在合同條款中作出不利於投保人、被保險人的約定，損害其合法權益。因此規定最大誠信原則的意義在於，建立以信息交換平衡為目的的制度體系，防範保險人和投保人、被保險人等各方主體利用保險謀取不正當利益。隨着互聯網、大數據的發展，國內保險業也在為推動信息溝通、加強行業誠信建設而努力，2013年7月成立的中國保險信息技術管理有限責任公司，其成立目的正是通過信息技術手段，採集保險經營管理數據及相關外部數據，為保險公司、保險監管部門、保險消費者等主體提供相關信息服務。實踐證明，最大誠信原則是保險合同訂立和順利履行的基礎，中國保險合同法的制度設計中，依據最大誠信原則規定了一系列具體的保險法律規則。

二、投保人的告知義務

中國《保險法》第十六條第一款規定：「訂立保險合同，保險人就保險標的或者被保險人的有關情況提出詢問的，投保人應當如實告知。」保險合同為射幸合同，保險人承擔保險責任以合同約定的保險事故發生為前提，因此保險人在核保和定價時需要判斷承保風險未來發生的概率及一旦發生可能導致的損失的程度，這一點除現場查勘或者對被保險人進行體檢外，主要依靠投保人對保險標的有關情況的告知。如果投保人對保險標的的風險狀況有所隱瞞或作錯誤陳述，將導致保險人對風險的錯誤估計，其核保結果和定價都會與保險標的的實際風險狀況不符。因此保險法規定投保人要履行如實告知義務，實踐中保險人一般也會在合同中約定告知義務條款。

1. 告知義務的內涵

如實告知義務是各國家或地區保險法的一個重要規則，也是保險合同中的基本行為規範。如實告知義務最早起源於海上保險，《1906 年英國海上保險法》將其成文化。

1.1　告知義務的履行主體

中國《保險法》第十六條第一款規定：「訂立保險合同，保險人就保險標的或者被保險人的有關情況提出詢問的，投保人應當如實告知。」按照該規定，告知義務的履行主體是投保人，並不包括被保險人。有學者認為，如果被保險人知道的危險狀況投保人並不知道，那麼被保險人也應當承擔如實告知義務。[2] 最高人民法院在《關於適用〈中華人民共和國保險法〉若干問題的解釋（三）（徵求意見稿）》中試圖規定被保險人也應當在保險人向其詢問時履行如實告知義務，但在最終公佈的司法解釋中沒有採納此種觀點。[3] 因此按照現行規定，在保險合同中只有投保人需要依法承擔如實告知義務，保險人不能通過合同約定賦予被保險人以告知義務。

1.2　告知義務的履行時間

從履行時間來看，如實告知有狹義與廣義之分。狹義的告知是指投保人在訂立合同前或者訂立合同時，應該向保險人說明與保險相關的重要事實。如實告知義務產生之初，就是主要適用於保險合同協商訂立階段。中國《保險法》第十六條也是將告知義務的履行時間界定在這一階段。類似地，台灣《保險法》第六十四條第一項規定：「訂立契約時，要保人對於保險人之書面詢問，應據實說明。」需要注意的是，按照保險業界在實踐中普遍採用的作法，

---

2. 江朝國（2002）。《保險法基礎理論》。北京：中國政法大學出版社。151–165 頁；劉建勳（2012）。《保險法典型案例與審判思路》。北京：法律出版社。248 頁。

3. 《最高人民法院關於適用〈中華人民共和國保險法〉若干問題的解釋（三）（徵求意見稿）》第五條（被保險人的告知義務）：投保人和被保險人為不同主體，保險人就被保險人的有關情況向被保險人提出詢問的，被保險人應當如實告知。投保人或被保險人一方對保險人詢問內容如實告知的，視為投保人已經履行如實告知義務。

在人身保險合同申請復效時，投保人也應當履行如實告知義務。此外司法實踐中還有觀點認為，投保人的告知義務存在於投保人申請投保後、保險人作出承保決定前的所有時期，如果投保人在申請投保後發現足以影響風險評估的重大事項，必須向保險人進行告知或者對以前的告知進行更正，否則保險人可以據此解除合同。[4]

廣義的告知則是指在保險合同訂立前、訂立時乃至整個合同有效期內，投保人都要向保險人說明已知或應知的風險和與保險標的有關的實質性重要事實。中國《保險法》對保險合同履行過程中的此種義務採用了「通知」的表述，如《保險法》第二十一條規定，「投保人、被保險人或者受益人知道保險事故發生後，應當及時通知保險人。」該法第五十六條規定，「重複保險的投保人應當將重複保險的有關情況通知各保險人。」投保人、被保險人或者受益人如果未按規定履行通知義務，將承擔相應的法律後果。

1.3 如實告知的事項

作為最大誠信原則中的一種制度安排，如果要求投保人將與保險標的有關的所有事實告知，既不可能，也沒有必要。因此作為一種法定義務，投保人如實告知的範圍應當有一個合理的界定。《保險法司法解釋二》將應當如實告知的內容限於「投保人明知的與保險標的或者被保險人有關的情況」，通常認為投保人應當如實告知的是其所知道的「重要事實」。所謂重要事實，通常是指能夠影響保險人決定是否承保或者以何種費率承保的各種客觀事實和情況。中國《保險法》也採取了上述認定標準，但範圍更窄，該法第十六條第二款規定：「投保人故意或者因重大過失未履行前款規定的如實告知義務，足以影響保險人決定是否同意承保或者提高保險費率的，保險人有權解除合同。」按照該規定，只有投保人未告知的事實「足以影響保險人決定是否同意承保或者提高保險費率的」，保險人才依法取得解除合同的權利。這一規定對影響保險費率的事實作出進一步限制，並不是所有影響保險費率的事實未告知都會使保險人取得合同解除權，而必須是可能導致保險人提高費率的事實。例如

---

4. 奚曉明主編（2010）。《中華人民共和國保險法保險合同章條文理解與適用》。北京：中國法制出版社。88–89頁。

在人身意外傷害保險合同中，被保險人的職業類別與出險概率的判斷關係密切，如果投保人在投保單中將建築工程行業中從事製圖員工作的被保險人的職業填寫為焊工，雖然與真實職業不符，但保險人並不能因此而解除合同，因為焊工的職業風險本身就高於製圖員，該事實告知錯誤的結果並不會導致保險人再提高費率。

《保險法》中所說的「足以影響」應當理解為該事實對保險人的承保決定具有實質影響，即如果保險人因投保人未如實告知而不知曉該事實，他的承保行為會違背其真實意願，而如果保險人知道該事實則將拒絕承保或者提高費率水平。例如，投保機動車輛損失保險時，被保險車輛的用途是家庭自用還是營運使用，對於保險人評估風險、釐定費率有實質影響。如果投保人隱瞞或者誤告了車輛的用途，按照法律規定將被視為違反告知義務，保險人可以解除合同。[5] 隨着 2016 年 7 月頒佈《網絡預約出租汽車經營服務管理暫行辦法》，如果私家車滿足規定條件和程序並轉化為網約車，性質上就屬於營運車輛，在投保時就要將這一重要事實告知保險人。

1.4　告知義務的履行標準

告知義務的履行標準有無限告知和有限告知的區分。傳統上，自《1906年英國海上保險法》開始，投保人告知義務的履行標準採用的是無限告知，即投保人應當主動、全面地告知與保險標的風險有關的重要事實，不以保險人的詢問為條件。而有限告知又稱為詢問告知，即投保人只需要如實回答保險人對保險標的風險狀況提出的詢問即可，對保險人沒有詢問的事項，投保人無須主動告知。

保險法規定如實告知義務的目的在於使保險人了解保險標的或被保險人的真實狀況並據此測定風險、決定是否承保或者是否提高保險費率。但是，哪些信息有助於保險人作出上述判斷，不具有保險專業知識的投保人並不知道。中國《保險法》第十六條第一款規定，「保險人就保險標的或者被保險人的有關情況提出詢問的，投保人應當如實告知。」由此可見，在保險法的框架下，如實告知義務採取的是有限告知即詢問回答告知的履行標準。詢問回

---

5. 吳定富主編（2009）。《中華人民共和國保險法釋義》。北京：中國財政經濟出版社。43 頁。

答告知是指投保人對保險人詢問的問題必須如實回答，而對詢問範圍以外的問題無須告知，且不構成違反告知義務。這一告知義務的履行標準更符合現代保險技術進步的趨勢，因為有關保險標的風險狀況的重要事實內容十分廣泛，在沒有明確範圍的情況下，要求投保人完全告知而不能有任何遺漏未免過於苛刻。《保險法司法解釋二》第六條中也釐清了詢問回答的告知義務履行標準及詢問範圍的舉證責任，「投保人的告知義務限於保險人詢問的範圍和內容。當事人對詢問範圍及內容有爭議的，保險人負舉證責任。」

　　一般來說，保險人詢問的事項都直接關係到保險人決定是否同意承保或者提高保險費率，符合重要事項的判斷標準。不同的保險人對風險的識別和控制能力不同，詢問的事項也會有所不同。實踐中，保險人的詢問大多採取書面形式，例如在投保單上設計需要投保人填寫的「告知事項」或者設計單獨的詢問表。在這種情況下，對於重要事實的舉證責任應由保險人來承擔，即由特定的保險人來證明其詢問的事項是否為重要事實。通常任何經過保險人具體詢問的事實都是重要事實，當然司法實踐中對重要事實的判斷除考慮保險人詢問的情況外，還應當遵循前述重要事實的認定標準。尤其是實務中保險人詢問事項的範圍非常廣泛，往往包含表述為「其他應告知事實」或者「有無其他疾病」之類的概括性的兜底條款。對此，最高人民法院在《保險法司法解釋二》中明確規定：「保險人以投保人違反了對投保單詢問表中所列概括性條款的如實告知義務為由請求解除合同的，人民法院不予支持。但該概括性條款有具體內容的除外。」

　　還需要注意的是，儘管無限告知的履行標準對投保人要求較高，但目前在海上保險業務中仍然適用。《中華人民共和國海商法》（以下簡稱《海商法》）第二百二十二條規定：「合同訂立前，被保險人應當將其知道的或在通常業務中應當知道的有關影響保險人據以確定保險費率或者確定是否同意承保的重要情況，如實告知保險人。保險人知道或者在通常業務中應當知道的情況，保險人沒有詢問的，被保險人無需告知。」《海商法》中將告知義務的履行主體規定為被保險人，同時要求被保險人應當主動將相關情況告知保險人。由於中國《保險法》第一百八十二條規定了「海上保險適用《中華人民共和國海商法》的有關規定；《中華人民共和國海商法》未規定的，適用本法的有關規定。」因此在海上保險合同的訂立過程中應注意《海商法》中對如實告知義務的特殊規定。

2. 如實告知義務的違反及其法律後果

2.1　違反如實告知義務的構成要件

按照中國《保險法》第十六條第二款的規定，判斷投保人是否違反如實告知義務，應從主觀和客觀兩個方面認定。

首先，投保人在主觀上有故意或者重大過失。與 2002 年修訂的《保險法》相比，現行保險法中將投保人的過失進一步區分為重大過失和輕微過失。如果投保人由於輕微過失未告知的，保險人不得解除合同。故意和過失都屬於民事過錯，其中，故意是指行為人預見到自己行為的結果，仍然希望或者放任結果的發生；過失則是指行為人對自己行為的結果應當預見或者能夠預見而竟沒有預見，或者雖然預見了卻輕信這種結果可以避免。判斷行為人是否有過失主要看一般人在其所處的情況下，會有甚麼行為，若一般人會與行為人作出同樣的行為，他就沒有過失，反之，行為人則有過失。過失的行為之所以在法律上應負責任，原因在於行為人的行為背離了法律和道德對其提出的應對他人盡到適當注意的要求，以至於其行為造成對他人的損害。其中，重大過失與輕微過失的區別在於注意義務的履行標準不同，如果法律和道德對行為人提出較高的注意要求，而行為人不僅未能按此標準行為，甚至連一般的普通人能盡到的注意都沒盡到，才屬於重大過失。[6] 例如，投保人在單位組織的例行體檢過程中，被檢查出患有某種疾病，但投保人拿到體檢報告後並沒有仔細查閱體檢結果。後來投保人在為自己投保人壽保險過程中，對投保單上健康告知事項中「是否曾有下列症狀、或曾被告知患有下列疾病」的詢問填寫「否」。這種情況很難認定投保人主觀上具有重大過失。重大過失是指投保人對應予告知保險人的事項未盡一般人的注意義務而未予告知；輕微過失一般是指行為人未盡處於其地位的合理人的注意義務。上述注意義務均採取客觀標準，便於對行為人過失的認定。[7]

其次，無論是故意還是重大過失不履行告知義務，其未告知的事項都應該是「足以影響保險人決定是否承保或者提高保險費率」的重要事實，不符合

---

6. 參見王利明（2004）。《侵權行為法研究（上卷）》。北京：中國人民大學出版社。456–489 頁。

7. 王靜（2013）。《保險類案裁判規則與法律適用》。北京：人民法院出版社。96 頁。

此判斷標準的事項，即使是故意沒有告知，投保人也不構成違反告知義務。例如投保人在投保家庭財產保險時告訴保險人房屋的顏色是白色的，而實際上該房屋是灰色的。這一錯誤告知的事項就不屬於重要事實，因為它不會改變火災損失的風險發生概率和損失程度。

實踐中關於告知義務還有兩點需要注意，一是投保人就《保險法》第十六條中保險人的詢問，已向保險人的代理人如實告知，而該代理人卻未據實填寫，根據委託代理關係，代理人的知悉將視同保險人的知悉，此時保險人主張投保人未盡告知義務將不被支持。二是某些保險公司在核保時，會要求符合一定標準的被保險人去指定的醫院體檢，並根據體檢結果判斷被保險人的風險，投保人的告知義務並不因為參加了體檢而免除。最高人民法院在《保險法司法解釋三》第五條中規定，保險合同訂立時，被保險人根據保險人的要求在指定醫療服務機構進行體檢，當事人主張投保人如實告知義務免除的，人民法院不予支持。

2.2 違反如實告知義務的法律後果

違反告知義務的法律後果涉及到是否解除合同、是否承擔保險責任以及是否退還保險費這三個方面。投保人違反告知義務，會影響到保險人對保險標的風險的評估，為保護保險人的利益，法律賦予保險人解除合同的權利。根據《保險法》第十六條第二款的規定，投保人違反如實告知義務的，無論是否已經發生保險事故，保險人都可以解除合同。對於解除合同前已經發生的保險事故及已經收取的保險費，保險法中區分投保人的過錯程度而分別規定了不同的處理規則。如果投保人因重大過失未履行告知義務，保險人對合同解除前發生的保險事故不承擔保險責任，但前提是未告知的事項「對保險事故的發生有嚴重影響」，通常理解是未告知的事項與保險事故的發生有因果關係。這意味投保人因重大過失未履行告知義務時，如果未告知的事項對保險事故發生沒有影響或者只有輕微影響，則保險人仍然要對合同解除前發生的保險事故承擔賠償或給付保險金的責任。如果投保人是故意不履行告知義務，無論未告知的事項對保險事故發生有無影響，保險人均不承擔保險責任。另外需要注意的是，保險人不承擔保險責任的抗辯權是與合同解除權聯繫在一起的，按照《保險法司法解釋二》的規定，除非當事人就拒絕賠償事

宜及保險合同存續達成一致，否則保險人未行使合同解除權，直接以存在《保險法》第十六條第四款、第五款規定的情形為由拒絕賠償的，人民法院不予支持。在保險費的處理上，也因投保人的故意或重大過失而有所不同。如果是故意未履行告知義務，保險人不承擔保險責任，也不退還保險費；而重大過失未履行告知義務，保險人如果依法不需要承擔保險責任的，就應當退還保險費；如果仍然需要承擔保險責任，就不涉及退還保險費的問題了。

　　與此同時，為了保護投保人、被保險人和受益人的利益，現行保險法對保險人基於投保人違反告知義務而享有的合同解除權規定了行使期限。根據《保險法》第十六條第三款，投保人未如實告知，保險人因此行使合同解除權的期限為三十日，逾期不行使，則解除權消滅。這一期限是從保險人「知道有解除事由之日起」開始計算。實踐中通常理解為自保險人知道投保人未履行告知義務之日起。如果因主觀或者客觀原因，保險人長期不知道投保人未履行告知義務的事實，合同解除權也不能無限期存在。根據法律規定，此時行使解除權的最長期限為兩年，自保險合同成立之日起計算。上述期限的規定在理論上屬於除斥期間，如果保險人未在法定期限內行使解除權，則實體權利消滅，該期限不得中止、中斷或延長。中國《保險法》對保險人合同解除權這一限制在規範目的上與英美法中的不可爭辯條款（或稱為無爭議條款）相似，只是適用範圍有所區別。英美法上的不可爭辯條款多應用於壽險合同中，給予被保險人和受益人最大限度的保障，而中國《保險法》將這一制度規定在保險合同的「一般規定」中，即對各類保險合同均有適用。另外，在理論和實務中爭議較大的是，按照中國《合同法》第五十四條的規定，一方以欺詐手段，使對方在違背真實意思的情況下訂立的合同，受損害方有權請求人民法院或者仲裁機構變更或者撤銷。該撤銷權自具有撤銷權的當事人知道或者應當知道撤銷事由之日起一年內均可行使。如果投保人違反告知義務構成欺詐，保險人按照《保險法》的規定最長只能在合同成立之日起兩年期限內行使解除權，而按照《合同法》的規定自其知道或者應當知道撤銷事由之日起一年內均有權主張撤銷合同。保險法上的如實告知義務制度與合同法上的可撤銷制度都是為解決訂立合同過程中當事人之間的信息不對稱問題，二者的規定存在衝突，如果保險人行使解除權已經超過《保險法》規定的期間，能否主張行使《合同法》規定的撤銷權？這個問題目前在理論和實務界尚未達成共識，有待進一步研究和論證。《保險法司法解釋二（徵求意見稿）》和《保險法司

法解釋三（徵求意見稿）》中都試圖對此作出規定，[8] 但在最終通過的司法解釋中，終因該問題爭議太大而取消了相關條文規定。

三、保證義務

保險中的保證是指那些保險合同中以書面文字或者通過法律規定的形式使投保人或者被保險人承諾某一事實狀態存在或不存在、或持續存在或不存在，或者承擔履行某種行為或不行為的保險合同條款。[9] 保證起源於海上保險，《1906 年英國海上保險法》中規定有保證的定義、種類、內容和法律後果等事項。中國《保險法》中目前沒有關於保證、保證的履行、違反保證的後果等方面的規定，但《海商法》有關於保證的規定，即該法第二百三十五條，「被保險人違反合同約定的保證條款時，應當立即書面通知保險人。保險人收到通知後，可以解除合同，也可以要求修改承保條件、增加保險費。」

1. 保證的構成

保證義務的履行主體可以是投保人或者被保險人，具體根據合同約定來確定。保證必須是書面的。對於保險合同中保證的措辭，法律並沒有統一的要求。保險合同中可以使用「保證」或「投保人／被保險人保證」的字樣，也可以不使用這種字樣，並不需要特殊的措辭或條款格式才能構成保證。例如，盜竊險保單規定被保險人必須在承保處所安排警衛人員晝夜值班，這就構成了保證。保險合同中一個可以構成保證的條款必須在文字上明確表明，

---

8. 《保險法司法解釋二（徵求意見稿）》第九條（保險合同的撤銷權）：「投保人投保時未履行如實告知義務構成欺詐的，保險人依據《合同法》第五十四條規定行使撤銷權的，人民法院應予支持。」
《保險法司法解釋三（徵求意見稿）》第十條（解除與撤銷關係）：「投保人在訂立保險合同時未履行如實告知義務，保險人解除保險合同的權利超過保險法第十六條第三款規定的行使期限，保險人以投保人存在欺詐為由要求撤銷保險合同，符合合同法第五十四條規定的，人民法院應予支持。」【另一種意見】投保人在訂立保險合同時未履行如實告知義務，保險人根據合同法第五十四條規定要求撤銷保險合同，人民法院不予支持。」

9. 參見陳欣（2000）。《保險法》。北京：北京大學出版社。73 頁。

投保人或被保險人同意其申明事實的真實性或所做承諾的履行是保險合同訂立或保險人承擔保險責任的基礎。

在海上保險合同中，保證分為明示保證和默示保證。如果保證是以書面形式出現在海上保險合同中，這種保證就是明示保證；如果保證是法律條文規定的，而並未寫在海上保險合同中，這種保證就是默示保證。除了海上保險合同中存在默示保證外，其他保險合同中均不存在默示保證。[10] 按照《1906年英國海上保險法》的規定，海上保險的默示保證主要有兩條：合法保證和適航保證。合法保證要求任何海上保險所承保的航海活動都必須是合法的航海活動。適航保證要求承保船舶必須在該航程開始時，在各個方面能夠合理地適合承保的航海過程中遭遇到的正常危險。類似地，中國《海商法》中也有船舶適航的要求，該法第四十七條規定：「承運人在船舶開航前和開航當時，應當謹慎處理，使船舶處於適航狀態，妥善配備船員、裝備船舶和配備供應品，並使貨艙、冷藏艙、冷氣艙和其他載貨處所適於並能安全收受、載運和保管貨物。」

2. 違反保證的法律後果

如果一項申明或承諾構成了保證，投保人或被保險人就必須嚴格履行，依據《1906年英國海上保險法》，如果投保人或被保險人違反保證，不論所涉及的保證的情況或行為對承保財產或生命是否重要，保險人均可以以違反保證為由自投保人或被保險人違反保證之時起解除保險合同，對自違反保證之時起發生的任何損失不承擔保險責任，即使該損失是承保危險所造成的，並且與保證的情況完全無關。與違反告知義務的構成要件不同，構成違反保證義務沒有主觀過錯的要求。另外保證的事項完全與重要性無關，如果投保人或被保險人違反保證，不論保證的事實是否增加風險或者影響保險人的承保決定，保險人均可以解除保險合同，對違反保證之後發生的保險事故拒絕賠償。

按照中國《海商法》的規定，被保險人違反保證義務的，保險人既可以解除合同，也可以要求修改承保條件、增加保險費。解除保險合同的時間，

---

10. 陳欣（2000）。《保險法》。北京：北京大學出版社。74 頁。

按照一般的原則，保險人可以主張自投保人或被保險人違反保證之時起解除保險合同。《最高人民法院關於審理海上保險糾紛案件若干問題的規定》（法釋〔2006〕10號）中規定，保險人以被保險人違反合同約定的保證條款未立即書面通知保險人為由，要求從違反保證條款之日起解除保險合同的，人民法院應予支持。保險人收到被保險人違反合同約定的保證條款的書面通知後，就修改承保條件、增加保險費等事項與被保險人協商未能達成一致的，保險合同於違反保證條款之日解除。中國《保險法》中雖然沒有直接規定保證義務，但該法第五十一條要求被保險人遵守國家有關消防、安全、生產操作、勞動保護等方面的規定，維護保險標的的安全。如果投保人、被保險人未按照約定履行其對保險標的的安全應盡責任，保險人有權要求增加保險費或者解除合同。此處規定「保險人有權要求增加保險費或者解除合同」與《海商法》中違反保證義務的法律後果類似。實踐中保險人通常也將該條規定寫入財產保險條款中。

四、保險人的説明義務

與保險人在信賴投保人對保險標的如實告知的基礎上而接受承保一樣，投保人也是基於信賴保險人對其保險產品的解釋或説明而選擇投保的。保險實務中，保險合同的內容主要體現在保險條款中。儘管某些針對特殊風險承保的保險合同如工程保險、核保險、航天保險等通常允許雙方協商合同條款，但大多數保險條款都是由保險人預先擬定並提供給投保人和被保險人的。當採用保險人提供的格式條款訂立保險合同時，保險人應當就保險合同的內容尤其是其中免除保險人責任的條款對投保人作充分的説明，這就是保險人的説明義務。

1. 説明義務的內涵和履行標準

保險合同中保險人對格式條款的説明義務履行標準比一般格式合同的要求更加嚴格。首先，中國《保險法》第十七條第一款規定：「訂立保險合同，採用保險人提供的格式條款的，保險人向投保人提供的投保單應當附格式條

款，保險人應當向投保人說明合同的內容。」該條規定明確指出保險人說明義務的適用範圍為保險人提供的格式條款。同時，保險人的說明義務是一項法定義務，不以投保人或被保險人的詢問為前提條件，也不得事先以合同條款約定的方式予以限制或免除。為保證說明義務落實執行，保險人在向投保人提供投保單時應當附上格式條款，以便使投保人在了解權利義務的基礎上作出投保決定。如果條款未按時交付，則提示注意與明確說明皆無從談起。[11] 對此一環節，中國保監會在《人身保險業務基本服務規定》（中國保險監督管理委員會令 2010 年第 4 號）中也明確要求「保險銷售人員向投保人提供投保單時應當附保險合同條款」。

其次，《保險法》第十七條第二款規定：「對保險合同中免除保險人責任的條款，保險人在訂立合同時應當在投保單、保險單或者其他保險憑證上作出足以引起投保人注意的提示，並對該條款的內容以書面或者口頭形式向投保人作出明確說明；未作提示或者明確說明的，該條款不產生效力。」這一規定對保險合同當事人的權利義務影響甚大，在保險合同糾紛訴訟中也經常成為雙方當事人爭議的焦點之一。對此實踐中應注意以下幾個問題：

第一，「免除保險人責任的條款」的範圍。《保險法》於 2009 年修訂前，保險人說明義務的重點主要是保險條款中特別單獨列明的「責任免除」部分，也有的合同條款中表述為「除外責任」。但事實上，對於免責條款的認定，更應該以保險合同條款是否在實質上免除或者限制了保險人的責任為標準，而不應過多局限於保險合同中的「責任免除」條款部分。2009 年《保險法》修訂後使用了「免除保險人責任的條款」的表述，這個概念所界定的需要說明的條款的範圍要遠大於「責任免除」或「除外責任」。例如，某保險公司的住院手術醫療保險條款約定，「首次投保本保險或非連續投保本保險時，自本合同生效之日二十四小時起六十天之後首次發生的疾病和症狀才屬於保障疾病。」這是醫療保險中常見的「等待期」條款，通常約定在合同的保險責任部分，而不在責任免除部分。但由於保險人對六十天的等待期內因疾病所導致的醫療費用支出不承擔保險責任，因此也屬於「免除保險人責任的條款」，應予說明。對此，《保險法司法解釋二》第九條明確指出，保險人提供的格式合

---

11. 劉建勛（2012）。《保險法典型案例審判思路》。北京：法律出版社。154 頁。

同文本中的責任免除條款、免賠額、免賠率、比例賠付或者給付等免除或者減輕保險人責任的條款,都可以認定為「免除保險人責任的條款」。其中免賠額、免賠率、比例賠付等較多出現於人身保險的健康險產品中,尤其是在醫療費用保險中。保險人對於被保險人所支付的門診、住院、診療等費用,往往會設置一個基礎免賠額,以避免大量頻繁的小額給付;同時對發生在免賠額以上的金額,再設置一定的免賠比例,以此防止被保險人無節制地過度使用醫療服務。因此保險合同中約定上述免除保險人責任的條款有其合理性,有助於保險人合理管控風險。另外機動車輛保險中也較多使用免賠額、免賠率條款。

第二,說明義務履行標準的具體認定。按照《保險法》的規定,保險人履行說明義務除了要向投保人提供格式條款外,還要對上述「免除保險人責任的條款」以足以引起投保人注意的文字、字體、符號或者其他明顯標誌作出提示,比如在投保單、保險單或者其他保險憑證上將有關免除保險人責任條款的字體加黑或者放大,或者單獨列出進行特別標註,以達到足以引起投保人注意的要求。同時還要對該條款的內容以書面或口頭形式作出明確說明。對於「明確說明」的要求,實務中一直存在操作上的困難,即究竟達到何種效果才算進行了明確說明。《保險法司法解釋二》對此做出了界定,保險人對保險合同中有關免除保險人責任條款的概念、內容及其法律後果以書面或者口頭形式向投保人作出常人能夠理解的解釋說明的,應當認定為是履行了明確說明義務。

實務中,保險監管部門也對保險人履行說明義務的標準提出了明確的要求。例如,《保險公司管理規定(2015年修訂)》第四十六條要求「保險機構對保險合同中有關免除保險公司責任、退保、費用扣除、現金價值和猶豫期等事項,應當依照《保險法》和中國保監會的規定向投保人作出提示。」在2009年頒佈的《人身保險投保提示工作要求》中,中國保監會要求保險公司銷售人員在介紹公司產品時,應主動提供產品條款,主動就條款重點內容向投保人進行解釋說明,幫助投保人正確理解保險產品,並對說明內容作出了具體規定。此外,為規範保險兼業代理機構的展業行為,中國保監會在《保險兼業代理機構管理試點辦法》中還要求保險公司制定規範統一的《保險合同重要事項提示書》提供給保險兼業代理機構使用,並監督其向投保人如實說明有關保險合同的內容。

第三，保險人的說明義務是否需要針對不同的情形區分不同的履行標準，值得探討。首先，像酒後駕駛、吸食毒品等情形在人身保險中都屬於典型的免責事項，同時也是被其他法律規定所禁止的行為，對此類條款可以相對降低說明義務的履行標準。《保險法司法解釋二》第十條規定：「保險人將法律、行政法規中的禁止性規定情形作為保險合同免責條款的免責事由，保險人對該條款作出提示後，投保人、被保險人或者受益人以保險人未履行明確說明義務為由主張該條款不生效的，人民法院不予支持。」其次，正如英國在其《2015年保險法》中區分「消費者保險合同」與「非消費者保險合同」一樣，在不同的保險合同糾紛中，投保人的個體情況是有差異的，既有自然人，也有大的企業單位；有初次購買保險的投保人，也有常年投保的老客戶。不同的投保人對保險條款的了解程度不同。因此有學者建議，保險人與同一投保人再次或多次簽訂同類的保險合同時，保險人的說明義務應當適當減輕。[12] 再如，德國2008年修訂其《保險合同法》時，在強化保險人的建議和說明義務的同時，也進一步清晰指出了保險人建議與說明義務的例外，對於那些主要面向公司客戶的大風險保單（如運輸責任險、存款保險、其他財產險或責任險等），以及那些經由保險經紀人締結的保單或遠程銷售的保單，在保險合同訂立與履行中，保險人並不負有前述強化後的建議或說明義務，因為後者的締約能力相對於保險人並不弱，或者保險經紀人會為其提供必要的建議和信息。[13]

2. 違反說明義務的後果及舉證責任

保險人如果未按照《保險法》的要求作出提示或者明確說明，則免除保險人責任的條款不產生效力。這意味着如果在保險責任期間內發生保險事故且導致事故的近因屬於除外責任或者其他免除保險人責任的情形，保險人並不能依據上述條款而免責。

---

12. 許崇苗、李利（2006）。《中國保險法原理與適用》。北京：法律出版社。70頁。
13. 任自立（2010）。〈德國2008年《保險合同法》變革透視〉，《政法論壇》。山東：山東政法學院。5期，86–91頁。

保險人是否履行了明確說明義務是保險合同糾紛訴訟中經常發生爭議的問題，實踐中在法院適用《保險法》第十七條說明義務審理的案件中，保險人的勝訴率很低。在《保險法司法解釋二》出台前，只要投保人提出保險人未盡提示和說明義務的主張，得到法院支持的機會很大。[14] 究其原因主要還是對明確說明義務履行標準的理解和發生糾紛後難以舉證證明。雖然保險人的條款說明義務有其法律基礎，尤其是對免責條款的明確說明義務，但其他國家或地區的保險法上極少作此明確規定，本條可謂是中國保險立法的創舉，雖然對於保護被保險人利益、貫徹保險的最大誠信要求極具意義，但操作上不無困難。[15]

《保險法司法解釋二》基本統一了對保險人履行說明義務及其證明標準的認識，規定了須「明確說明」的條款的範圍、提示和說明方式，也規定了說明的效果達到常人能夠理解的程度即可，這在一定程度上減輕了保險人證明的困難。按照規定，保險人對其履行了明確說明義務負舉證責任。實踐中保險人通常會在投保單的聲明欄中印製類似表述的文字並讓投保人閱讀後簽字：「本人（指投保人）確認已收到了保險條款，且保險公司已經向本人詳細介紹了條款的內容，特別就黑體字部分的條款內容做了明確說明，本人已完全理解並同意遵守。」不同的保險人在投保單上印製的文字表述不完全相同，但目的都是為了留下證據，證明自己已經履行了說明義務。[16] 對此種證據的效力，《保險法司法解釋二》第十三條規定，除非另有證據證明保險人未履行明確說明義務，否則投保人對保險人履行了明確說明義務在相關文書上簽字、蓋章或者以其他形式予以確認的，應當認定保險人履行了該項義務。針對近年來出現大量通過網絡、電話等方式訂立保險合同的新型保險銷售模式，該司法解釋規定，保險人以網頁、音頻、視頻等形式對免除保險人責任條款予以提示和明確說明的，人民法院可以認定其履行了提示和明確說明義務。上述規定在一定程度上減輕了保險人的舉證負擔。

---

14. 參見羅璨（2013）。〈保險說明義務程序化蛻變後的保險消費者保護〉，《保險研究》。北京：中國保險學會。4 期，96 頁。

15. 吳定富（2009）。《〈中華人民共和國保險法〉釋義》。北京：中國財政經濟出版社。51 頁。

16. 參見歐陽群力、李少鋒（2015）。〈必要限定與合理適用：保險人說明義務的效力認定與規則構造 ——〈保險法〉第十七條在司法實務中的理解、使用與完善〉。見《全國法院第二十六屆學術討論會論文集：司法體制改革與民商事法律適用問題研究》。1382–1392 頁。

為推動解決保險合同信息不對稱問題，中國保監會在《人身保險新型產品信息披露管理辦法》（中國保監會令 2009 年第 3 號）中規定，向個人銷售新型產品的，保險公司提供的投保單應當包含投保人確認欄，並由投保人抄錄下列語句後簽名：「本人已閱讀保險條款、產品說明書和投保提示書，了解本產品的特點和保單利益的不確定性」，借此推動投保人在訂立合同時充分了解條款內容。隨着數碼技術的普及，多個地方保監局還出台規定要求保險人對其保險產品的銷售過程進行錄音及攝影攝錄，並對上述影音證據的留存提出了要求。例如廣東保監局在 2015 年頒佈的《人身險個人客戶投保錄音錄像工作指引（試行）》中規定，除網銷和電銷渠道外，六十歲或以上的客戶購買一年期以上個人保險產品時，保險人對銷售重點過程要錄音錄像，該錄音錄像的留存時間自保險合同終止之日起計算不得少於十年。這些措施都有利於證據的留存。

五、棄權與禁止反言

1. 棄權

在保險合同中，棄權是指合同的一方當事人有意識地放棄一項已知的權利。構成棄權必須具備兩個條件：一是當事人必須知悉權利的存在。所謂知悉權利的存在，原則上應以當事人確切知情為準。如果當事人不知道對方有違背約定義務的情況及自己可以因此享有抗辯權或解約權，其作為或者不作為均不得視為棄權。二是當事人有以明示或默示的方式作出棄權的意思表示。當事人棄權的意思表示，可以從其行為中推定。例如，如果投保人未按時交納保險費，或者違反其他約定義務，保險人因此獲得了合同解除權。但是如果保險人繼續收取投保人逾期交納的保險費，該行為即證明保險人有繼續維持合同效力的意思表示，因此即被視為放棄其原本享有的解除合同的權利及其他抗辯權。

棄權可以適用於保險人的下列權利：由於投保人不履行告知義務而產生的保險人進行抗辯的權利；投保人、被保險人違反了合同成立的先決條件時保險人享有的權利（比如保險人送達保單以投保人繳納首期保費為條件）；

投保人、被保險人在保險期間內違反保證時，保險人享有的權利；或者被保險人不符合關於損失發生後其提出索賠主張應具備的條件時，保險人享有的權利等。[17] 需要注意的是，並不是所有的權利都可以放棄，尤其是涉及到公共利益的權利。例如財產保險和人身保險中都有可保利益的要求，對此保險人不能放棄。再者，在保險單未包括的損失保障範圍內，棄權原則通常也不能適用。

2. 禁止反言

禁止反言也稱為禁止抗辯，是指保險合同中的一方當事人既然已經放棄他在合同中的某種權利，將來就不得再向他方主張這種權利。這一制度是建立在誠實信用原則基礎上的，權利者在相當期間內不行使其權利，依特別情事足以使義務人正當信任債權人不欲使其履行義務時，則基於誠信原則不得再為主張。[18]

棄權與禁止反言制度通常對保險合同的雙方當事人都有約束力，但在國內的保險立法和實踐中主要被用於約束保險人。例如，《保險法》第十六條第六款規定：「保險人在合同訂立時已經知道投保人未如實告知的情況的，保險人不得解除合同；發生保險事故的，保險人應當承擔賠償或者給付保險金的責任。」這一規定既是對保險人基於投保人違反告知義務所取得的相關權利的限制，也賦予投保人、被保險人或受益人法定的抗辯權，即在訂約時為保險人所明知的情況和事實，即使投保人未如實告知，保險人也不得解除合同，對發生的保險事故也不得免除責任承擔。告知義務的本質在於使保險人充分了解信息，正確評估風險，如果有關情況已經為其所明知，基於風險管理的要求，保險人應主動作為，否則視為放棄權利。類似地，最高人民法院《關於審理海上保險糾紛案件若干問題的規定》第四條規定：「保險人知道被保險人未如實告知海商法第二百二十二條第一款規定的重要情況，仍收取保險費或者支付保險賠償，保險人又以被保險人未如實告知重要情況為由請求解除合同的，人民法院不予支持。」再如《保險法司法解釋三》第五條第二款規定：

---

17. 〔美〕約翰·F·道賓，梁鵬（譯）（2008）。《美國保險法（第四版）》。北京：法律出版社。212 頁。

18. 王澤鑒（1998）。《民法學說與判例研究（第一冊）》。北京：中國政法大學出版社。309 頁。

「保險人知道被保險人的體檢結果，仍以投保人未就相關情況履行如實告知義務為由要求解除合同的，人民法院不予支持。」實踐中，對於保險合同訂立後、履行過程中，保險人知道投保人未如實告知情況又不解除合同時，能否視為保險人放棄了其解除合同權利，存在一定的爭議。為此，《保險法司法解釋二》第七條明確規定：「保險人在保險合同成立後知道或者應當知道投保人未履行如實告知義務，仍然收取保險費，又依照保險法第十六條第二款的規定主張解除合同的，人民法院不予支持。」

第四章
保險利益原則

案例導讀

在李某訴某財產保險公司財產保險合同糾紛案中，鄭某將登記在其名下的轎車借給李某使用。2009 年 7 月，李某為該車投保，保險單記載：被保險人為李某；行駛證車主為鄭某；保險公司承保 14 萬元保額的車輛損失險且附加不計免賠。保險期內，被保險車輛在行駛過程中翻入公路旁的溝內造成損壞，被交管部門認定為單方事故，司機負事故全部責任。李某為將車輛送至修理廠而支出吊車費 1,600 元、拖車費 1,460 元。保險公司對車輛損失進行了核定，定損金額為 60,400 元。李某將出險情況通知保險公司後提出索賠請求。保險公司認為，被保險車輛登記的所有人是鄭某，李某作為車輛借用人，對該車輛不具有保險利益，保險利益應當屬於車輛登記的所有人。中國《保險法》規定，保險事故發生時，財產保險的被保險人對保險標的不具有保險利益的，不得向保險人請求賠償保險金，因此李某無權要求保險公司給予賠償。李某認為造成被保險車輛損失的交通事故屬於保險合同約定的保險責任範圍，保險公司應當按約定承擔賠償責任。因此李某訴至法院，請求判令保險公司賠償被保險車輛損失 60,400 元及吊車費 1,600 元、拖車費 1,460 元。[1]

一、保險利益的概念和作用

1. 保險利益的概念

1.1 有關保險利益的立法過程

　　保險利益，也稱可保利益，是指投保人或者被保險人對保險標的具有在法律上承認的利益。保險立法中最早出現對保險利益的要求是在《1746 年英國海上保險法》中，該法第一次正式以法律條文的形式規定，被保險人對承保

---

1. 北京市西城區人民法院（2010）西民初字第 09467 號民事判決決書。最高人民法院中國應用法學研究所（2012）。《人民法院案例選》。北京：人民法院出版社。297-299 頁。

財產具有利益是存在有法律約束力的海上保險合同的前提條件。1774 年，英國國會通過的英國《人身保險法》指出，這是一部以管理生命為對象的保險和禁止所有投保人對被保險人的生存或死亡不具有利益的保險的法律。《1906 年英國海上保險法》不僅規定了沒有可保利益的海上保險合同和保單證明可保利益的保險合同是無效的，而且具體規定了可保利益的定義、具有可保利益的時間以及可保利益的種類。[2]

　　中國最早在 1983 年《財產保險條例》規定了保險利益，即財產保險的投保方（被保險人），應當是被保險財產的所有人、經營管理人或對保險標的有保險利益的人。1995 年 10 月 1 日施行《保險法》第十一條第三款規定：「保險利益是指投保人對保險標的具有的法律上承認的利益。」2002 年《保險法》修訂時沿用了這一表述，直到 2009 年修訂《保險法》時修改為「保險利益是指投保人或者被保險人對保險標的具有的法律上承認的利益。」

1.2　保險利益的含義

　　保險利益，是指投保人或被保險人對保險標的，因各種利害關係而具有的經濟利益。[3] 衡量投保人或被保險人對保險標的是否具有保險利益的標誌，首先需要評估投保人或被保險人是否因保險標的的受損或喪失而遭受經濟上的損失，即當保險標的的安全時，投保人或被保險人可以從中獲益；反之，當有關危險事故發生導致保險標的的受損，投保人或被保險人會遭受經濟損失。如果危險事故發生，投保人或被保險人並無損失的，其對保險標的則沒有保險利益存在。

　　《1906 年英國海上保險法》第五條第三款規定：「當一個人與某項海上冒險有利益關係，即因與在冒險中面臨風險的可保財產有着某種合法的或合理的關係，並因可保財產完好無損如期到達而受益，或因這些財產的滅失、損壞或被扣押而利益上受到損失，或因之而負有責任，則此人對此項海上冒險就具有可保利益。」在美國，成文法中關於保險利益原則的規定通常很寬泛，留下很大的司法解釋空間。例如，近 30 個州的法律都將財產上的可保利益界

---

2. 陳欣（2000）。《保險法》。北京：北京大學出版社。35 頁。

3. 參見袁宗蔚（2000）。《保險學 —— 危險與保險》。北京：首都經濟貿易大學出版社。235 頁。

定為「（投保人具備的）任何使財產安全或保護其免受損失、毀壞或金錢損害而產生的合法利益和實質性經濟利益」；而人身的可保利益是指「在由血緣或法律緊密維繫的人們間，摯愛和感情所產生的重大利益」和「在其他人中，對被保險人的生命延續、健康或人身安全所具有的合法利益或實質性經濟利益，以區別那種由於被保險人的死亡、傷殘或人身傷害而產生的或因之增加價值的利益」。[4]

綜上所述，可以將保險利益表述為一種合法的經濟利益，它反映了投保人或被保險人與保險標的以及承保危險之間的一種經濟上的利害關係，是一種合法的、可以投保的權益。[5] 在財產保險和人身保險中，對保險利益的判斷又有各自的條件。

2. 保險利益的性質和作用

2.1 保險利益的性質

第一，保險利益與保險標的不同。中國保險法中將保險利益與保險標的作為兩個概念看待，保險標的是指保險的對象，如人身保險中人的壽命和身體，財產保險中的財產及其有關利益。《保險法》將保險標的作為保險合同中必須列明的事項，其法律意義在於確定保險合同的種類，明確保險人承保責任的範圍及保險法規定的適用；判斷投保人是否具有保險利益及是否存在道德風險，確定保險金額，確定訴訟管轄等。保險標的是保險利益的載體，而保險利益則是投保人或被保險人對於保險標的所具有的利害關係，由保險人在核保或者理賠時加以確認。

第二，可投保的險種依據保險利益而確定。保險標的上所存在的利益，其情形會有不同：或者在同一保險標的上有數個不同的保險利益，或者在數個保險標的上具有同一性質的保險利益。因此投保人可就同一保險標的，分別訂立數個保險合同；也可以就不同的數個保險標的，共同訂立一個保險合同。前者例如就家庭房屋同時投保家庭財產保險和家庭住戶第三者責任一切

---

4. 參見〔美〕小羅伯特‧H‧杰瑞，道格拉斯‧R‧里士滿，李之彥（譯）（2009）。《美國保險法精解（第四版）》。北京：北京大學出版社。102-103 頁。

5. 吳定富主編（2009）。《〈中華人民共和國保險法〉釋義》。北京：中國財政經濟出版社。29 頁。

險，分別是基於所有權和侵權責任而產生的保險利益；後者如僱主為與其有勞動關係的勞動者投保團體保險。此外，還有對同一保險標的，因具有保險利益的主體身份不同，不同主體具有不同的保險利益，而分別與保險人訂立獨立的保險合同，例如針對同一棟房屋，其所有權人基於所有權可為保險標的購買家庭財產保險，承租人基於使用權可為保險標的購買租房費用損失保險等。

第三，保險利益有積極與消極之分。保險利益，因保險合同所具有的損失補償機能的不同，通常有下列兩種情形：

一是積極的保險利益，即投保人或被保險人對保險標的原可享有的利益。這種利益受損，可通過保險而獲得補償。例如為貨物投保海上保險，是希望保障貨物在海難發生以前的財產上是利益；為家人投保死亡保險，是希望保障其家人在死亡前與之共同生活的經濟上利益。如果海難發生，或者家人死亡，原有利益即告滅失，此時可通過保險而保障其固有利益。基於所有權、抵押權、使用權等產生的保險利益都屬於積極的保險利益。

二是消極的保險利益，即投保人或被保險人對於保險標的原無積極利益，僅在危險事故發生時，有對他人可能負賠償責任的不利益。這種不利益的負擔，可通過保險而得以移轉。換言之，消極的保險利益，要皆由保險而得以免除其可能發生的不利益，如責任利益與費用利益等都是。[6] 例如僱主投保僱主責任保險，以轉移未來在其工作人員因保險責任範圍內的原因導致傷殘或死亡時自己依法應承擔的經濟賠償責任。

2.2　保險利益的作用

在保險業的發展過程中，並不是從一開始就要求投保人或被保險人對保險標的具有法律上所承認的利益。儘管法庭在審理保險案件時，常常拒絕承認那些有賭博行為的索賠，但是把保險作為賭博的現象在早期一直存在。早期在英國，有人專門為一些著名的盜賊投保人壽保險，等盜賊被抓獲處死，就可以索取保險金。[7] 政府不得不制定法律來防止這種現象。最早以法律形式規

---

6. 袁宗蔚（2000）。《保險學 —— 危險與保險》。北京：首都經濟貿易大學出版社。238 頁。

7. 陳欣（2000）。《保險法》。北京：北京大學出版社。39 頁。

定對保險利益的要求出現在《1746年英國海上保險法》和《1774年英國人身保險法》中，其作用除了防止賭博外，還有助於防止道德風險的發生，以及限制賠償程度。

第一，防止賭博。保險與賭博都有不確定性，都會因偶然事件的發生獲得貨幣收入或遭受貨幣損失。如果保險法律關係的確立不需要建立在投保人對保險標的所具有的保險利益的基礎上，投保人就可以對任何一個保險標的投保。由於保險費與保險金額的巨大差額，就可能使該投保人付出較少的保險費而獲得高額的保險金賠付。因此如果保險不以保險利益的存在為條件，則將與賭博無異。例如以房屋的損毀為當事人一方給付的條件，而另一方當事人對房屋並無保險利益，則顯然是賭博而不是保險。賭博行為有損於公序良俗，為法律所不允許。

第二，防止道德風險的發生。這裏所說的道德風險是指被保險人或者受益人為獲取保險人的賠付而故意促使保險事故發生，或者在保險事故發生時故意放任使損失擴大。如果不以投保人或被保險人對保險標的具有保險利益為前提條件，容易誘發道德風險甚至故意犯罪行為的發生。以財產保險為例，如果被保險人對保險標的並無保險利益的要求，而以他人房屋的焚毀為保險人賠償的條件，則該房屋隨時有被縱火的危險。反之，如果有保險利益存在，在房屋被焚毀的情況下被保險人也僅能獲得原有利益的補償，除非存在特殊原因，否則沒有縱火的必要。因此保險利益的存在，確實是維護公序良俗所必需的。

第三，限定補償性保險合同中損失補償的額度。保險的宗旨是補償被保險人在保險事故發生後遭受的經濟損失，但不允許獲得額外的利益。投保人依據保險利益所確定的金額投保，保險人依據保險利益確定是否承保或者是否賠償，並在其額度內賠付保險金。例設甲、乙二人共同出資10萬元購買房產，其中甲出資7萬元，乙出資3萬元。甲乙二人以自己為被保險人為該房屋投保了10萬元保險金額的家庭財產保險，當保險事故發生導致房屋全部損失時，甲並不能要求保險人將10萬元保險金全部賠償給自己，因為他只擁有該房屋70%的所有權，並不享有全部的保險利益。投保人或被保險人僅以其所擁有的保險利益為限，而獲得其應有的補償。

二、財產保險的保險利益

1. 財產保險的保險利益的成立要件

財產保險的保險利益，是由於投保人或被保險人對於保險標的具有某種利害關係而發生的。這種利害關係，通常是指因法律上或合同上的權利或責任所產生的關係。基於這種利害關係而具有的保險利益，包括財產上的現有利益和預期利益。在 1805 年 *Lucena v. Craufurd* 案中，勞倫斯（Lawrence）法官指出，保險合同的本質是保護人不受不確定事件可能給他們造成的損害；不僅保護那些因這些事件可能遭受損失並導致喪失對這些物質的佔有的人，而且，保護那些由於這種事件而失去本來正常預期可以獲得的好處或利潤的人。勞倫斯法官關於可保利益的觀點本質上是建立在一種對實際利益的預期的理論之上。[8] 財產保險的保險利益，不論是現有利益或預期利益，其成立要件包括以下三點：

第一，保險利益必須是合法利益，也就是為法律所承認的利益。如果盜賊以贓物為標的投保財產保險，貨主以違禁品為標的投保海上貨物運輸保險，由於是不法利益，自然不能成為財產保險合同的保險利益。家庭財產保險合同中一般不承保違章建築、非法佔用的財產，原因也在於此。另外，被保險人對保險標的所生的保險利益，不僅限於所有權為基礎，租賃權人對於租賃物、抵押權人對於抵押物所產生的保險利益，也應以合法為要件。

第二，保險利益必須是客觀存在的、確定的利益。保險利益的存在，僅有當事人的主觀信任是不夠的，還需要以社會一般觀念的客觀確認為必要。無論是現有利益還是預期利益，在保險事故發生時都應當是可以確定的，否則無從進行損失認定，保險賠償也無法實現。例如甲在遺囑中指定其名下所有的房屋遺贈於乙，乙將該房屋作為保險標的向保險公司投保火災保險並以自己為被保險人。此時乙作為受遺贈人，在立遺囑人甲尚未死亡之前，雖然對於受贈的該幢房屋有期待權，但立遺囑人在死亡前仍然可以變更其遺囑，

---

8. 陳欣（2000）。《保險法》。北京：北京大學出版社。36-37 頁。

而將該房屋另行處置。所以乙對於該房屋並沒有確定可以實現的法律上的利益，不可作為認定保險利益的依據。[9]

第三，保險利益必須是可以通過貨幣計量的經濟利益。財產保險合同以補償損失為主要目的，如果損失不能以貨幣來計量，即使有損失也無法補償，保險的補償功能也就無從實現。日本《保險法》第三條規定：「損害保險契約的目的僅限於可用金錢衡量的利益。」[10] 例如文件、相片、帳冊、圖表等，雖然對其所有權人而言具有相當的利益，但其利益無法用金錢計算，在家庭財產保險中通常不予承保。

2. 財產保險的保險利益的認定

財產保險的保險利益產生於投保人或被保險人對保險標的所具有的利害關係，根據當事人與保險標的之間不同的法律關係，可以將財產保險的保險利益分為現有利益、期待利益、責任利益和合同利益等類型。一般來説，包括物權、佔有、使用、保管、合同關係、法定責任等為基礎形成的合法權益均可以成為保險利益。依據不同的法律關係，同一保險標的上可以同時成立數個保險利益。

2.1 對保險標的具有所有權或其他物權

凡是對財產享有法律上的財產權利，無論是所有權，還是抵押權、質押權、留置權等其他物權，也不論這種權利是現有的還是將來的，都可認定有保險利益。以抵押權為例，在抵押人沒有為抵押財產投保的情況下，抵押財產的損毀、滅失，可能影響到抵押權的實現。在這種情況下，由於抵押權人對抵押財產具有保險利益，同樣可以為抵押財產投保，但其保險金額不應超過其擔保的債權數額。如果抵押人已經為抵押財產投保了財產保險，按照《最高人民法院關於適用〈中華人民共和國擔保法〉若干問題的解釋》第八十條的

9. 梁宇賢（2004）。《保險法實例解説（修訂新版）》。北京：中國人民大學出版社。26–27 頁。
10. 岳衛（2009）。《日本保險契約複數請求權調整理論研究：判例・學説・借鑑》。北京：法律出版社。213 頁。

規定，在抵押物滅失、毀損的情況下，抵押權人可以就該抵押物的保險金優先受償。在美國，法院確定的基本原則是抵押借款人和抵押貸款人都對抵押財產具有利益，各自可以單獨投保。抵押借款人作為財產的所有權人可以投保該財產的全部價值；抵押貸款人作為債權人可以就其利益程度進行投保。為避免雙重賠付，一旦保險人賠付了抵押貸款人損失，他就取得了對抵押貸款和其他債務證據的代位追償權，即保險公司取得抵押貸款人在抵押借貸關係中的一切權利。這是，保險人作為抵押貸款債權的擁有人，在貸款到期時能夠收回相同額度的貸款，他就可以得到補償。[11]

2.2 對保險標的依法佔有、使用或保管

經濟生活中，經常出現當事人依法或依約定佔有、使用或保管他人所有的財產的情形，如基於租賃合同、保管合同、加工承攬合同等。此時佔有人、使用人或保管人對財產的毀損或滅失有經濟上的利害關係，應認定當事人有保險利益。例設甲從其朋友乙處借用了一輛汽車，並且以自己為投保人和被保險人，向保險公司投保車輛損失保險和盜搶險，保險公司同意承保。後來該車輛丟失，甲要求保險公司給予賠償。此時被保險人因借用而獲得財產使用權屬於法律所承認的合法權利類型之一，隨之而產生的財產利益應當屬於保險利益。[12] 本章案例導讀中的保險合同糾紛即屬於這種情形。

2.3 基於合同關係產生的保險利益

基於合同關係產生的保險利益範圍比較廣，例如基於貨物買賣合同中的風險分配使得買方對在途貨物擁有保險利益。[13] 這裏僅討論信用保險與保證保險的保險利益。在合同履行過程中，債權人在債務人不能償還債務時會遭受非正常的信用損失，符合保險利益的特徵。債權人基於對債務人的信用所具

---

11. 〔美〕所羅門‧許布納‧小肯尼思‧布萊克、伯納德‧韋布，陳欣等（譯）（2002）。《財產和責任保險（第四版）》。北京：中國人民大學出版社。57-58 頁。

12. 王靜（2013）。《保險類案裁判規則與法律適用》。北京：人民法院出版社。65 頁。

13. 〔美〕小羅伯特‧H‧杰瑞，道格拉斯‧R‧里士滿，李之彥（譯）（2009）。《美國保險法精解（第四版）》。北京：北京大學出版社。115 頁。

有的保險利益，可投保信用保險；債務人基於對自身的信用所具有的保險利益，可投保保證保險。實踐中如商業信用保險、僱員忠誠保險、房屋貸款返還保證保險等合同中的保險利益均屬於此種類型。

2.4　基於法律責任產生的保險利益

　　公民、法人或非法人組織依法對他人承擔的賠償責任也構成一種保險利益，這種保險利益被稱為責任利益。責任保險中所說的責任一般是指民事賠償責任，包括侵權責任、違約責任、締約過失責任等，在沒有法律規定或合同特別約定的情況下，目前實務中的責任保險通常承保被保險人對他人依法承擔的侵權損害賠償責任，包括職業責任、產品責任、公眾責任等。實踐中投保最多的責任保險是機動車交通事故第三者責任保險。近年來國內在責任保險領域出現不少創新產品，例如訴訟財產保全責任保險，以因民事糾紛向法院申請財產保全的民事訴訟當事人或利害關係人為被保險人，被保險人在保險期間內因訴訟財產保全申請錯誤致使被申請人遭受損失的，經法院判決由被保險人承擔損害賠償責任而被保險人沒有予以賠償的，保險人按照其向法院出具的保單和保險條款承擔賠償責任。[14] 為實現保險的社會管理職能，目前政府和監管部門在食品安全責任保險、醫療責任保險、環境污染責任保險、旅行社責任保險等領域都有政策推動。

2.5　期待利益

　　期待利益是指投保人或者被保險人對保險標的的利益雖然尚未存在，但基於其現有權利在未來可以確定獲得的利益。勞倫斯法官在闡述期待利益時指出：「……（可保）利益並不一定意味着對一件物品擁有全部或部分的權利，也不一定是該物品的全部喪失；但是，（可保利益是指）對保險保單具有某種關係，或者某種擔心，如果發生承保危險，這種關係或者擔心會受

---

14. 《最高人民法院關於人民法院辦理財產保全案件若干問題的規定》第七條規定：「保險人以其與申請保全人簽訂財產保全責任險合同的方式為財產保全提供擔保的，應當向人民法院出具擔保書。擔保書應當載明，因申請財產保全錯誤，由保險人賠償被保全人因保全所遭受的損失等內容，並附相關證據材料。」

到如此之影響，而對投保人產生損害、傷害或危害；如果一個人處於這種狀態下，其相關物品面臨某些危險或風險，以致達到一種心理上肯定獲利或獲益的程度，那麼，就這些危險或風險而言，可以說他對該物品具有可保利益。」[15] 期待利益也包括消極的期待利益和積極的期待利益。消極的期待利益指基於現有利益而期待某種責任不發生的利益，主要針對責任保險而言。積極的期待利益，即當事人基於其現有財產或事業的安全而可獲得的利益，如預期利潤、租金收入、運費等。實踐中與積極的期待利益相關的險種如利潤損失保險、租金損失險、運費保險等。

　　除上述各種典型的財產保險的保險利益外，由於社會生活的多樣性，法律不可能以逐一列舉的方式說明財產保險的被保險人對保險標的具有保險利益的情形。由於《保險法》沒有具體規定財產保險中被保險人對保險標的具有保險利益的情形，因此在中國司法審判實踐中，當事人對財產保險項下的保險利益經常產生爭議。例如基於股權是否能夠產生保險利益的問題，甲、乙二人共同出資設立一家有限責任公司，甲出資九萬元佔全部投資的90%，乙出資一萬元佔全部投資的10%。乙建議以公司名義為公司的某一財產投保，如果甲作為大股東表示反對，則乙的建議無法通過股東會決議的方式得以實現。在此情形下，乙作為股東為公司所有的財產投保，其對公司財產是否具有保險利益呢？對此各國有不同的看法。英國法院認為股東對公司財產不具有可保利益，股東對公司的權利只是分享紅利、表決權及在公司解散或破產時分配公司的剩餘財產。美國法院則認為股東對公司的財產具有可保利益，理由是股東對公司分配的紅利具有權利，並且在公司解散時擁有分享公司財產變賣所得的權利。[16] 在中國也有學者不贊成股東對公司財產具有保險利益。[17] 但從司法實踐來看，法院在審理財產保險合同糾紛案件時，對保險利益的定義經歷了從嚴謹到寬鬆的過程。總體來看，只要被保險人對於某項財產或者財產權益具有法律所承認的利益，即應當認定被保險人對於保險標的具有保險利益。凡不是法律所明確禁止的非法利益，均應當被承認為正當的

15. 陳欣（2000）。《保險法》。北京：北京大學出版社。40 頁。

16. 〔美〕所羅門‧許布納、小肯尼思‧布萊克、伯納德‧韋布，陳欣等（譯）（2002）。《財產和責任保險（第四版）》。北京：中國人民大學出版社。50 頁。

17. 許崇苗、李利（2006）。《中國保險法原理與適用》。北京：法律出版社。125 頁。

保險利益，而不能以法律對於某項利益沒有明文認可為由，對被保險人的正當利益予以排除。因此在上例中，乙作為股東為公司財產投保，具有保險利益，但保險金額以其出資額即以公司全部財產的 10% 為限。[18]

3. 財產保險的保險利益的存在時間

在財產保險中，一般要求保險事故發生時被保險人必須對保險標的具有保險利益，否則保險人不承擔保險責任或者被保險人失去保險金請求權；至於合同訂立時是否有保險利益存在，在所不問。例如《1906 年英國海上保險法》第六條第一款規定：「在保險契約訂立時，被保險人對於標的物固無發生利益關係之必要，但在標的物發生滅失時，被保險人必須享有保險利益。」如此規定有利於財產保險業務的開展，實務中財產保險合同訂立時保險利益雖然尚未確定，但在損失發生時可以確定的，保險人應承擔保險責任。反之，如果合同訂立時原有的保險利益，在損失發生時已經喪失的，保險人不承擔保險責任。因為在保險事故發生時，如果被保險人對於保險標的已經沒有利害關係，則已經沒有可享有的利益，也就沒有損失與補償可言了。

當然也有不同的法例，如《德國保險合同法》將保險利益作為補償保險的生效要件並且要求在合同履行過程中始終維持，該法第八十條規定：「如果保險合同生效時保險利益不存在或者當保險合同是為將來計劃或其他利益訂立，但上述利益並未實現的，投保人可以免除繳納保險費之義務。但保險人有權請求投保人支付合理的業務費用。保險合同生效後保險利益消失的，保險人有權保有從保險合同生效之日起到保險利益消失之日止的保險費。如果投保人為了獲取非法財產利益而以虛構之保險利益投保，則保險合同當屬無效；保險人有權保有從合同生效至其知曉合同無效事由這段時間之保險費。」[19] 這一規定與中國 2002 年《保險法》類似，2002 年《保險法》第十二條中沒有區分財產保險與人身保險，統一規定投保人對保險標的應當具有保險利益。投保人對保險標的不具有保險利益的，保險合同無效。但 2009 年

---

18. 劉建勳（2010）。《新保險法經典、疑難案例判解》。北京：法律出版社。306–307 頁。

19. 本書中引用的《德國保險合同法》通過日期為 2007 年 11 月 23 日，生效日期為 2008 年 1 月 1 日。參見孫宏濤（2012）。《德國保險合同法》。北京：中國法制出版社。79 頁。

《保險法》第十二條已經對此進行了修訂，不再要求財產保險的投保人在訂立合同時具有保險利益，而是要求被保險人在保險事故發生時，對保險標的應當具有保險利益。並在該法第四十八條規定了欠缺保險利益的法律後果，即保險事故發生時，被保險人對保險標的不具有保險利益的，不得向保險人請求賠償保險金。實務中，被保險人在保險事故發生時對保險標的不具有保險利益，可能是因為保險標的已經轉讓，或者被保險人未能如期取得保險利益，從而不能享有保險合同的保障。

三、人身保險的保險利益

1. 人身保險的保險利益的確定

人身保險合同訂立時，要求投保人對於被保險人的生命或身體，具有利害關係而有保險利益的存在。即被保險人的生存或者身體健康能保證其原有的經濟利益，而當被保險人死亡或傷殘、患病時，將使投保人遭受經濟損失。這種利益或損失，可以通過保險合同的成立而獲得保障。

人身保險的保險利益決定於投保人與被保險人之間的關係：第一，投保人如果以自己的生命或身體為保險標的訂立保險合同，由於個人生活的安定是最大的利害關係所在，因此當然具有保險利益。第二，如果投保人以他人的生命或身體為保險標的而訂立保險合同，其保險利益的存在通常有兩種情形：一是愛情與親情關係。投保人基於婚姻或血統而與他人有愛情或親情的密切利害關係的，相互之間分享共同生活的經濟利益，可推定其有保險利益。這種基於親屬情感產生的重大利益是認定保險利益存在的基礎，中國《保險法》第三十一條中規定的投保人對其配偶、子女、父母，以及除此以外與投保人有撫養、贍養或者扶養關係的家庭其他成員、近親屬，具有保險利益，即屬於此種情形。二是經濟利益關係。人身保險中投保人對於他人的生命或身體所具有的保險利益，還有基於經濟上的利害關係而存在的。如債權人對於債務人在償還債務之前死亡、合夥人對其他合夥人早期死亡、財產所有人對財產管理人早期死亡等都具有直接的利害關係，因此通常前者對後者具有

保險利益。但是目前中國《保險法》對人身保險中基於經濟利益關係所形成的保險利益的認定，僅限於投保人對與其有勞動關係的勞動者才具有。

2. 人身保險的保險利益的法律規定

2.1 人身保險的保險利益的立法原則

英美法系國家一般是把投保人與被保險人之間存在經濟利害關係作為投保人對被保險人具有保險利益的標準，且規定人身保險必須是具有保險利益的才能投保。《1774 年英國人身保險法》規定，任何人或團體不得為無任何利益關係的他人之生命或其他危險投保，也不得以賭博目的購買保險；否則，違反本法規定而訂立的保險合同一律無效。1881 年美國法院在 *Warnock v. Davis* 案的判決中指出，可保利益必須存在於人身保險中。「任何情況下，保險各方之間的關係必須存在合理的基礎，或者是金錢的，或者是血緣的，或者是姻親的，能夠自被保險人生命的延續中受益或得到好處。否則，（壽險）合同就是一種賭博，取得保單的一方直接關心的是被保險人儘早死去。」[20]

根據英國的判例，投保人為自己的生命，或者夫妻一方為另一方的生命投保，被認定為具有保險利益，無須舉證。除此之外，投保人必須證明自己對被保險人的生存具有保險利益，而且這種利益必須是金錢上的利益，否則不能投保。經過判例的積累，以下幾類主體之間一般被認定為具有保險利益：僱主與僱員；共同債務人；合夥人。此外債權人對於債務人、地方政府對於該政府的工作人員也具有保險利益。[21]

美國保險法中保險利益的概念比較廣，並且不限於金錢利益。在一定條件下，一方對另一方所具有的期待，以及雙方之間所存在的血緣、愛情關係也能構成保險利益。在美國，保險利益原則起初是通過司法強制推行的，但是如今許多州已經制定了成文法。這些成文法或者是對與保險利益原則有關的普通法規則的彙編，或者是對這些普通法規則稍作修正。在沒有就保險利益原則作出成文化規定或者沒有對有關保險利益原則的判決予以總結的州，

---

20. 陳欣（2000）。《保險法》。北京：北京大學出版社。45 頁。
21. 許崇苗、李利（2006）。《中國保險法原理與適用》。北京：法律出版社。128–129 頁。

通常（援引紐約州法律）當保單持有人對於被保險人的生命之持續具有「由於愛和情感產生的充分利益」或者「合法且充分的經濟利益」時，可以被認定符合保險利益原則。[22] 在壽險領域，保險人不會詢問保單持有人對被保險人的生命是否擁有「法定利益」，而會問這兩人之間是否有緊密的血緣關係或法律關係；如果沒有，那就看兩者之間是否有經濟關係，使得一方會因被保險人繼續生存而獲得經濟利益，或者因被保險人死亡而承受損失。具體而言，每個人對自己的生命擁有保險利益；配偶之間、父母與未成年子女之間相互也存在保險利益；其他的家庭關係是否足以構成保險利益要根據家庭關係的緊密程度而定，如果伴有經濟關係則比較容易認定保險利益成立；另外比如合夥人之間、僱主對僱員、債權人對債務人等都可以單憑經濟利益而滿足保險利益的要求。[23]

而大陸法系國家如德國、法國、日本在人身保險合同中通常沒有對保險利益作出明確要求，也沒有規定保險利益的認定標準。只是規定以他人的死亡為保險事故訂立保險合同時須經被保險人同意保險合同才能生效，對僅包含生存給付的險種則沒有這一要求。需要注意的是，這裏所要求的被保險人「同意」並不是用於認定投保人對被保險人具有保險利益，而是用於確認含有死亡給付的保險合同的效力。回顧保險利益的歷史發展，1805 年德國的首位保險利益學說先驅 Benecke 也曾提出人身保險中保險利益存在的必要性，進而主張若對於他人的生命具有利害關係，即可以他人的生命為保險的標的，但保險金額不得超過其因該他人死亡而喪失的金錢利益之數。但此說在德國現代保險法中已不被採用，此可由其將保險利益規定於財產損害保險章，而非保險法第一章總則中可知。在人壽保險和意外傷害保險中，對以他人的生命身體為保險標的的，都規定須經該他人的書面同意，以代替保險利益在財產保險中的功能，防止主觀危險事故的發生。[24]

---

22. 見 New York Ins. Law § 3205。參見肯尼斯‧S‧亞伯拉罕，韓長印等（譯）（2012）。《美國保險法原理與實務（原書第四版）》。北京：中國政法大學出版社。294-295 頁。

23. 參見〔美〕小羅伯特‧H‧杰瑞，道格拉斯‧R‧里士滿，李之彥（譯）（2009）。《美國保險法精解（第四版）》。北京：北京大學出版社。121-126 頁。

24. 參見江朝國（2002）。《保險法基礎理論》。北京：中國政法大學出版社。69-73 頁；許崇苗、李利（2006）。《中國保險法原理與適用》。北京：法律出版社。131 頁。

《德國保險合同法》在第二章（補償保險）中明確規定了保險利益，但在人身保險的規定中沒有出現保險利益的概念。第二編第五章（人壽保險）第一百五十條第一款規定：「投保人可以為自己或他人購買人壽保險」，該條第二款規定：「以他人之死亡為保險事故訂立保險合同並且約定之賠償金額超過普通喪葬費用的，須經他人書面同意保險合同才能生效。在公司養老保險計劃的團體人壽保險中，上述規定不予適用。如果他人為無行為能力人或限制行為能力人或有監護人的，即使投保人是其代理人，也不能代其作出書面同意。」該法第七章（意外傷害保險）第一百七十九條第一款規定：「投保人可以為自己或他人購買意外傷害保險」，該條第二款規定：「以他人可能遭受的傷害為標的購買保險的，必須得到該人的書面同意，保險合同才能生效。」在第八章健康保險中就沒有這樣的要求。

　　法國保險法中對以他人為被保險人訂立死亡保險，規定由第三者訂立以被保險人之死亡為保險事故的保險契約時，被保險人如不以載有一次性給付保險金額或養老金額之書面同意，則該契約無效。由第三者訂立的他人之生命保險契約的利益之轉讓、抵押或受益人之變更，須徵得被保險人的書面同意，未經同意者無效。

　　日本《保險法》第三十八條規定：「以生命保險契約當事人以外之人為被保險人的死亡保險契約（保險人約定就被保險人的死亡支付保險給付的生命保險契約），未經被保險人同意不發生效力。」該法第六十七條規定：「以傷害疾病定額保險契約當事人以外之人為被保險人的傷害疾病定額保險契約，未經被保險人同意不發生效力。但被保險人（當保險給付乃與被保險人的死亡相關之給付時，被保險人或其繼承人）為保險金受領人的，不在此限。」[25] 日本學界認為，對投保人的資格不作限制，只要徵得被保險人同意，任何人都可以投保，能夠充分滿足人對他人之生命保險的需求。而保險利益這個概念非常模糊，判斷標準也不夠明確。按照現行規定，被保險人有權決定是否同意投保人以自己的生命投保，通過這種被保險人本人的判斷可以達到防止賭博和道德危險的目的。[26]

---

25. 岳衛（2009）。《日本保險契約複數請求權調整理論研究：判例·學說·借鑑》。北京：法律出版社。224，233頁。

26. 許崇苗、李利（2006）。《中國保險法原理與適用》。北京：法律出版社。133頁。

2.2　中國保險法對人身保險的保險利益的認定

中國保險法對人身保險的保險利益採取了兩種認定標準，投保人對被保險人是否具有保險利益，或者以投保人和被保險人相互之間是否存在金錢上的利害關係或其他利害關係為判斷標準，或者以投保人是否取得被保險人的同意為判斷標準。按照中國《保險法》第三十一條的規定，投保人對本人，配偶、子女、父母，前項以外與投保人有撫養、贍養或者扶養關係的家庭其他成員、近親屬，以及與投保人有勞動關係的勞動者，有法定的保險利益。如果沒有上述法定保險利益關係，被保險人同意投保人為其訂立合同的，視為投保人對被保險人具有保險利益。此時無須投保人與被保險人之間另存利益關係。這裏所規定的被保險人「同意」是用於確認保險利益是否存在的。

對《保險法》中關於人身保險的保險利益的規定需要注意以下幾點：第一，配偶、子女、父母相互間具有親屬、血緣以及經濟上的利害關係，相互之間具有保險利益。實踐中，投保人的子女包括投保人的婚生子女、非婚生子女、養子女和有撫養關係的繼子女。父母包括生父母、養父母和有贍養關係的繼父母。第二，「家庭其他成員、近親屬」的範圍有限定，主要包括投保人的祖父母、外祖父母、孫子女、外孫子女等直系血親，投保人的親兄弟姐妹、養兄弟姐妹、有扶養關係的繼兄弟姐妹等。投保人對他們是否有保險利益，以投保人與他們之間是否存在撫養、贍養或者扶養關係為前提。第三，與投保人有勞動關係的勞動者。這裏所說的勞動關係以中國《勞動合同法》所調整的勞動關係為準，即中國境內的企業、個體經濟組織、民辦非企業單位等組織與勞動者通過訂立勞動合同所建立的勞動關係。[27] 用人單位為與其有勞動關係的勞動者投保通常是以團體保險形式出現，儘管 2015 年頒佈的《中國保監會關於促進團體保險健康發展有關問題的通知》（保監發〔2015〕14號）中對團體的認定更加寬鬆，甚至允許不以購買保險為目的而組成的團體成員成為團體保險的被保險人，但是關於保險利益的認定還是要以《保險法》為準。

實踐中還需要注意的是，儘管《保險法》第三十一條第一款明確規定投保人對法律規定範圍內的被保險人具有保險利益，可為對方投保。但現實生

---

27. 吳定富主編（2009）。《〈中華人民共和國保險法〉釋義》。北京：中國財政經濟出版社。85–86 頁。

活中，即使雙方具有血緣或親屬關係，也發生過故意傷害的案件。因此《保險法》第三十四條規定以死亡為給付保險金條件的合同，未經被保險人同意並認可保險金額的，合同無效。也就是說，即使在具有法定保險利益的情況下，以他人為被保險人投保含有死亡給付的人身保險，也要經過被保險人對合同及保險金額的確認。《保險法》還規定，除父母為其未成年子女投保外，投保人不得為無民事行為能力人投保以死亡為給付條件的人身保險，保險人也不得承保。例如，黃某的兒子、兒媳一直在外務工，黃某扶養孫子長大，在孫子滿一周歲時，黃某為孫子投保醫療費用保險是可以的，因為有法定的保險利益；但是黃某不可以為孫子投保終身壽險，因為終身壽險含有死亡給付，只有父母才能為未成年子女投保。可見，對人身保險合同，中國保險法以保險利益原則為基礎，以被保險人同意與法定限制為補充，以解決為他人投保時的道德風險問題。另外針對團體保險中可能產生的道德風險，《保險法》規定投保人為與其有勞動關係的勞動者投保人身保險，不得指定被保險人及其近親屬以外的人為受益人。如果用人單位為勞動者訂立以死亡為給付條件的合同，仍然必須得到被保險人即勞動者的同意並認可保險金額，否則合同無效。

3. 人身保險的保險利益的存在時間

　　中國《保險法》第十二條第一款規定：「人身保險的投保人在保險合同訂立時，對被保險人應當具有保險利益。」同時在該法第三十一條第三款中進一步明確規定，人身保險的投保人在訂立合同時，對被保險人不具有保險利益的，合同無效。這也說明，如果人身保險的投保人在訂立保險合同時對被保險人具有保險利益，但在合同訂立後不再具有保險利益的，合同並不因此而無效。例設甲、乙二人在婚姻關係存續期間，丈夫甲為妻子乙投保了終身壽險，指定甲為死亡保險金受益人，後來二人離婚。當妻子乙因保險事故死亡時，只要受益人沒有變更，甲就有權向保險公司申請死亡保險金，保險公司不能以離婚後甲乙二人已經沒有保險利益為由，主張合同失效從而拒賠。人身保險中只能根據投保人在投保時是否具有保險利益來確定合同效力，不能隨着保險合同成立後的情況變化來確定合同效力。按照《保險法司法解釋三》第三條的規定，人民法院審理人身保險合同糾紛案件時，應主動審查投保人

訂立保險合同時是否具有保險利益，以及以死亡為給付保險金條件的合同是否經過被保險人同意並認可保險金額。另外，按照《保險法司法解釋二》第二條的規定，人身保險中，因投保人對被保險人不具有保險利益導致保險合同無效，投保人主張保險人退還扣減相應手續費後的保險費的，人民法院應予支持。

四、保險利益的變動

保險利益的存在並不是一成不變的，常因各種原因而使保險利益發生轉移或消滅，對保險合同產生不同的影響。

1. 保險利益的轉移

在保險事故發生前，被保險人死亡、保險標的轉讓以及投保人破產等情形往往會導致保險利益發生變動。

1.1 繼承

在財產保險中，如果被保險人死亡，除保險合同另有約定外，保險利益原則上因繼承而移轉於其繼承人。在人身保險中，被保險人死亡，如果屬於死亡保險，即為保險事故發生，不發生保險利益轉移；如果屬於醫療費用保險、長期護理保險等不包含死亡給付的險種，則屬於保險標的消滅，合同終止，也不發生保險利益轉移。

在投保人與被保險人不是同一人的情況下，如果投保人死亡，在財產保險中，由於現行保險法並不要求投保人對保險標的具有保險利益，保險利益並不因投保人死亡而有變化或受到影響，投保人在保險合同中的權利義務由其繼承人繼承。在人身保險中，如果投保人對被保險人的保險利益不具有專屬性，例如投保人為債權人、被保險人為其債務人，則投保人死亡後保險合同仍為其繼承人的利益而存在。如果投保人對被保險人的保險利益具有專屬性，投保人死亡後其保險利益是否由其繼承人繼承，在理論和實務中爭議

較大。一種觀點認為，這種具有專屬性的保險利益不能繼承；另一種觀點認為，《保險法》對於投保人死亡對保險合同的影響並未明確規定，而且《保險法》對人身保險合同也僅要求在訂立合同時具有保險利益即可。因此該投保人擁有的保險單作為其遺產，應由投保人指定的繼承人或投保人的法定繼承人繼承。[28] 實踐中，保險公司在保全業務中通常會涉及到投保人的變更。一般來說，如果指定繼承有明確的遺囑並已進行公證，保險公司可將遺囑及公證書作為依據，在被保險人同意的情況下，直接變更投保人。但是當投保人未指定繼承人時，保險合同的投保人變更，應由原投保人的法定繼承人全體處置。為維護投保人、被保險人及其法定繼承人的合法權益，保險公司對變更投保人的處理都比較謹慎，而且審核和變更手續很嚴格。[29]

1.2　轉讓

在財產保險中，保險標的所有權的移轉，保險利益會隨之同時移轉，保險合同仍為受讓人的利益而存在。中國《保險法》第四十九條規定：「保險標的轉讓的，保險標的的受讓人承繼被保險人的權利和義務。」同時規定除了貨物運輸保險合同和另有約定的合同外，保險標的轉讓時，被保險人或受讓人有義務通知保險公司。因保險標的轉讓導致危險程度顯著增加的，保險人自收到通知起三十日內，可以按照合同約定增加保險費或者解除合同。保險人解除合同的，應當將已收取的保險費，按照合同約定扣除自保險責任開始之日起至合同解除之日止應收的部分後，退還投保人。如果被保險人、受讓人沒有通知，因轉讓導致保險標的危險程度顯著增加而發生的保險事故，保險人不承擔賠償保險金的責任。在人身保險中，壽險保單也可能發生轉讓，《保險法》第三十四條第二款規定：「按照以死亡為給付保險金條件的合同所簽發

---

28. 《最高人民法院關於適用〈中華人民共和國保險法〉若干問題的解釋（三）（徵求意見稿）》第二十七條規定了投保人死亡時合同解除權的歸屬，「人身保險合同的投保人死亡，其繼承人要求承受投保人在保險合同中的權利的，人民法院應予支持。當事人以投保人繼承人對被保險人不具有保險利益為由主張保險合同無效的，人民法院不予支持。」這一規定沒有出現在《保險法司法解釋三》的正式文件中，說明還存在爭議，但也反映了司法機關對這個問題的一種解決思路。

29. 張俊岩、趙軍主編（2012）。《人身保險基礎知識與實務》。北京：中國人事出版社。135–136 頁。

的保險單，未經被保險人書面同意，不得轉讓或者質押。」但壽險保單轉讓通常並不涉及保險利益移轉的問題。

1.3　投保人破產

在財產保險中，由於保險法所規範的財產保險利益的連結主體為被保險人，投保人破產時，如果投保人與被保險人為同一人，其財產轉移給破產財產管理人，保險利益也將隨破產程序而轉移給破產管理人，此時保險合同仍為破產債權人的利益而存在。如果投保人與被保險人不是同一人，因投保人並不是保險利益連結的對象，保險利益並不因投保人破產而有變化或受影響。[30] 台灣《保險法》第二十八條規定：「要保人破產時，保險契約仍為破產債權人之利益而存在，但破產管理人或保險人得於破產宣告三個月內終止契約。其終止後之保險費已交付者，應返還之。」在人身保險中，如果團體保險業務的投保企業破產，保險利益並不會因此而轉移。如果投保企業是因合併、分立而解散，並且有新的主體承繼其權利義務，此時申請變更投保人，保險合同應繼續有效。

2.　保險利益的消滅

在財產保險中，保險標的滅失，保險利益即歸消滅。在人身保險中，如果投保人與被保險人之間失去了構成保險利益的各種利害關係，如夫妻之間婚姻關係終結，或者僱員跳槽離開原單位，原則上保險利益隨之消滅。但由於人身保險合同僅要求在訂立時具有保險利益，並不要求始終維持該保險利益，合同訂立後保險利益的消滅並不影響合同效力。《保險法司法解釋三》第四條規定：「保險合同訂立後，因投保人喪失對被保險人的保險利益，當事人主張保險合同無效的，人民法院不予支持。」

---

30. 江朝國（2012）。《保險法逐條釋義（第一卷 總則）》。台北：元照出版有限公司。762-763 頁。

第五章

損失補償原則

案例導讀

2013 年 6 月，原告董某為其自卸營業貨車在保險公司投保一份機動車商業險，承保險種中包括機動車損失保險及不計免賠率附加險，機動車損失保險的保險金額按投保時新車購置價確定為 27 萬元。2013 年 10 月 17 日，被保險機動車出險，保險公司經現場查勘，確認出險經過為行駛中側翻，出險原因為傾覆，具體損失不詳。受董某委託，某價格認證中心認定該車輛在認證基準日的損失價格為人民幣 144,895 元（扣除殘值 4,000 元），董某為此支付鑑證費 3,600 元。董某另外支付某汽車維修公司事故救援費 5,000 元，並已在該公司修復車輛，支付維修費 145,500 元（維修用料明細表中載明車輛殘值為 4,000 元）。董某就此事故造成的損失向保險公司申請理賠。保險公司認為董某的保險賠償請求數額違反了保險合同約定的損失計算標準，拒絕按照董某要求的數額進行賠付，主要理由是，董某主張的車損數額超過了保險標的實際價值，違反了《保險法》第五十五條的規定。根據雙方簽訂的保險合同的約定（機動車損失保險條款第三條）「本保險合同為不定值保險合同」。所謂不定值保險是指保險合同未約定保險標的的價值，在保險事故發生時須重新確定該標的的價值作為計算損害的標準。中國《保險法》第五十五條第二款規定：投保人和保險人未約定保險標的的保險價值的，保險標的有所損失時，以保險事故發生時保險標的的實際價值為賠償計算標準。在本案中，保險標的購買於 2008 年 6 月 5 日，其新車購置價為 27 萬元，至 2013 年 10 月 17 日發生涉案事故時，已經使用了 64 個月，根據保險條款約定的月折舊 1.1% 的折舊率計算，事故發生時，涉案車輛的實際價值為 79,920 元（27 萬元－[27 萬元 × 1.1% × 64 個月]）。董某提交的價格認證中心出具的價格認證結論，鑑定的車損為 144,895 元，已超過事故發生時車輛的實際價值，根據《保險法》第五十五條的規定，車輛損失以實際價值為最高限額。另外，董某單方委託價格認證違反了《民事訴訟法》關於鑑定的相關程序規定，也違反了保險合同中關於雙方協商定損的約定。雙方因保險理賠產生糾紛，董某遂將保險公司訴至法院。[1]

---

1. 參見山東省商河縣人民法院（2013）商商初字第 708 號民事判決書。

一、損失補償原則的含義及適用範圍

損失補償是保險的基本職能，也是保險產生和發展的最初目的和最終目標。損失補償原則是保險的重要原則，但需要指出的是，補償原則對於補償性保險合同來說是理賠時應遵循的重要原則，但對於定額給付性保險合同在實務中並不適用。

1. 損失補償原則的含義

損失補償原則是指當保險標的發生保險責任範圍內的損失時，保險人對其作出補償，以使其恢復到損失前所處的經濟狀況。損失補償原則的基本精神是：在保險事故發生後，被保險人僅能以其所受的實際損失請求保險人補償，而不得因此獲得超過損失的額外利益。損失補償原則起源於海上保險，並逐漸成為包括財產保險在內的所有補償性保險合同的一個核心原則。財產保險中的諸多重要制度，如代位求償、物上代位、重複保險的損失分擔等，都是依據損失補償原則而產生的。

在財產保險中，補償意味着對遭受的實際損失的償付，按照損失補償原則的要求，被保險人獲得的保險賠償金的數額受到實際損失、保險金額和保險利益的限制。

第一，損失補償以被保險人的實際損失為限。損失補償以保險責任範圍內的損失發生為前提，即有損失發生則有損失補償，無損失則無補償。在財產保險中，保險標的遭受損失後，保險賠償不應超過被保險人所遭受的實際損失，全部損失時全部賠償，部分損失時部分賠償。例外的情形是重置價值保險。[2] 重置價值保險是指以被保險人重置或重建保險標的所需費用或成本來確定保險金額的保險，其目的在於滿足被保險人對受損財產進行重置或重建的需要。在通貨膨脹、物價上漲等因素的影響下，保險人按重置價值賠付時，可能出現保險賠償金超過實際損失的情形。

---

2. 中國保監會《關於保險價值確定等問題的答覆》（保監廳函〔2007〕71號）對重置價值的定義：重置價值，是指以同一或類似的材料和質量重新置換受損財產的價值或費用，為財產保險中確定保險價值的一種方法。

第二，損失補償以合同中約定的保險金額為限。保險賠償金額只應低於或等於合同中約定的保險金額，而不應高於保險金額。因為保險金額是以保險人已收取的保險費為條件確定的保險最高限額，保險費與保險人所承擔的保險金額之間具有對價平衡性，超過此限額將使保險人處於不平等的地位。當然，在財產保險中，保險金額還受到保險價值的限制，以符合損害填補性。

第三，損失補償以被保險人所具有的保險利益為限。在財產保險中，保險利益與保險價值關係密切，保險價值可以理解為保險標的所承載的保險利益的金錢價值。紐約標準火險保單的第一頁指出，賠償僅限於被保險人具有的利益。如果被保險人僅僅對保險標的具有部分利益，則保險公司對其的賠償僅限於其所具有的利益的程度。[3] 損失補償以被保險人所具有的保險利益為限，也使得損失賠償的金額受到保險價值的制約。這一點在前文分析保險利益的作用時已有說明。

2. 損失補償原則的適用範圍

從中國《保險法》的規定來看，財產保險合同屬於補償性合同，適用損失補償原則；而人身保險合同，包括人壽保險、人身意外傷害保險、健康保險、養老保險等，是否均不適用補償原則，理論和實務中存在不同意見。一種意見認為，損失補償原則的規範目的在於防止變相產生超額保險、防止發生超額給付，而人身保險屬於定額給付保險，故不適用補償原則。尤其是從《保險法》第四十六條的規定來看，「被保險人因第三者的行為而發生死亡、傷殘或者疾病等保險事故的，保險人向被保險人或者受益人給付保險金後，不享有向第三者追償的權利，但被保險人或者受益人仍有權向第三者請求賠償。」該條所表述的代位求償權作為補償原則的一個重要的派生原則，依照法律規定在人身保險中並不適用。[4] 另一種意見認為，損失補償原則的適用範圍不限於財產保險，其適用於所有的補償性保險合同。雖然人身保險大多是定額給付保險，但其中也有補償性保險合同，例如健康保險中的補償性醫療費用

---

3. 〔美〕所羅門・許布納、小肯尼思・布萊克、伯納德・韋布，陳欣等（譯）（2002）。《財產和責任保險（第四版）》。北京：中國人民大學出版社。48 頁。

4. 許崇苗、李利（2006）。《中國保險法原理與適用》。北京：法律出版社。99-101 頁。

保險。該險種的目的在於補償被保險人因治療疾病或者醫治傷害所發生的費用，應當適用損失補償原則和代位求償制度。[5]

如前所述，保險合同根據不同的分類標準，可以有多種分類。人身保險合同與財產保險合同的區分，只是根據保險標的的不同所作的一種分類。如果依據保險金給付的不同方法，可以將保險合同分為定額給付保險和損失補償保險。所謂定額給付保險，是指事先由雙方當事人約定一定數額的保險金額，待保險事故發生時，由保險人依照約定負給付保險金之責任。損失補償保險則是指在保險事故發生時，由保險人評定其實際損失而支付保險金。[6]雖然定額給付保險在人身保險中較為常見，損失補償保險以財產保險居多，但不能因此將定額給付保險直接等同於人身保險，或者將損失補償保險等同於財產保險。

健康保險中的醫療費用保險是否適用補償原則，《保險法》中並無明文規定。中國保監會 2006 年頒佈的《健康保險管理辦法》（中國保險監督管理委員會令 2006 年第 8 號）中指出，醫療保險按照保險金的給付性質分為費用補償型醫療保險和定額給付型醫療保險。其中，費用補償型醫療保險是指，根據被保險人實際發生的醫療費用支出，按照約定的標準確定保險金數額的醫療保險。費用補償型醫療保險的給付金額不得超過被保險人實際發生的醫療費用金額。定額給付型醫療保險是指，按照約定的數額給付保險金的醫療保險。這兩類險種在市場上都有銷售，前者如住院費用補償醫療保險，後者如住院定額個人醫療保險或者住院日額津貼保險。由此可見，醫療費用保險本身也有損失補償和定額給付之分，如果從條款約定來看，某一款醫療費用保險補償的是被保險人因疾病或意外傷害在醫院治療所發生的醫療費用損失，該損失可以用金錢來衡量，該款產品就應當適用補償原則。[7]上海市高級人民法院在《關於審理保險代位求償權糾紛案件若干問題的解答（一）》中規定，在保險代位求償權糾紛中，法院應根據保險合同的約定，確定系爭保險是否屬

---

5. 江朝國（2002）。《保險法基本原理》。北京：中國政法大學出版社。83 頁；劉建勳（2012）。《保險法典型案例與審判思路》。北京：法律出版社。90 頁；韓長印、韓永強（2010）。《保險法新論》。北京：中國政法大學出版社。208 頁。

6. 袁宗蔚（2000）。《保險學——危險與保險》。北京：首都經濟貿易大學出版社。215 頁。

7. 參見王靜（2013）。《保險類案裁判規則與法律適用》。北京：人民法院出版社。286–287 頁。

於補償性醫療保險。如果保險合同明確約定本保險適用補償原則、「以實際支出醫療費作為賠付依據」等內容的，保險人在向被保險人支付保險賠償金後，有權向第三者行使保險代位求償權。

　　針對司法實踐中對醫療費用保險是否適用補償原則存在的爭議，最高人民法院在《保險法司法解釋三》第十八條中明確規定：「保險人給付費用補償型的醫療費用保險金時，主張扣減被保險人從公費醫療或者社會醫療保險取得的賠償金額的，應當證明該保險產品在釐定醫療費用保險費率時已經將公費醫療或者社會醫療保險部分相應扣除，並按照扣減後的標準收取保險費。」根據該條規定，在司法實踐中保險人如果主張產生爭議的保險合同為費用補償型醫療保險，需要證明以下兩點：第一，保險公司在經營醫療費用保險時，已經區分被保險人是否擁有公費醫療、社會醫療保險的不同情況，設計了不同的保險條款，在條款中約定了不同的保險責任範圍，並且實行差別費率；第二，保險人在銷售保險產品時，已經明確詢問被保險人是否擁有公費醫療、社會醫療保險和其他補償型醫療保險的情況，向投保人明確說明不同保險產品的保障範圍，說明保險人在給付保險金時是否會扣除被保險人從其他途徑獲得的補償。在此基礎上指導投保人選擇恰當的保險產品。如果保險人無法舉證證明上述內容，法院通常會認定保險條款中有關保險人在給付保險金時將扣減被保險人從其他途徑獲得補償的醫療費用的內容無效，保險人將承擔由此產生的不利益。[8]

二、代位求償權

1.　保險代位求償權的含義

　　代位求償權，又稱權利代位、代位追償權，是指因第三者對保險標的的損害而造成保險事故，保險人自向被保險人賠償保險金之日起，在賠償金額範圍內代位行使被保險人對第三者請求賠償的權利。代位求償權制度的規定是為了避免被保險人取得雙重利益。因為保險標的的損失如果是由第三者的

---

8. 劉建勳（2010）。《新保險法經典、疑難案例判解》。北京：法律出版社。288 頁。

行為導致的，被保險人可以基於侵權法或其他法律的規定對第三者提出損害賠償的請求；與此同時，由於保險合同的存在，被保險人對於保險標的的損失也可以基於保險合同請求保險人賠償保險金。如果被保險人從這兩個途徑都獲得賠償，則其反而因損失的發生而獲利，顯然違背了損失補償原則。在一般情況下，要求侵權人賠償損失常常要通過法律訴訟途徑，對受害人來說這樣做較之向保險人索賠，需要耗費更多的時間和金錢。因此，如果被保險人首先向保險人索賠並且取得保險金，其對第三者的侵權損害賠償請求權即轉移給保險人，保險人得代位行使被保險人對第三者的請求權。這一制度設計既防止被保險人不當得利，又維持了第三者的損害賠償責任。

中國《保險法》將代位求償權規定在第二章第三節「財產保險合同」部分，另外《海商法》第二百五十二條也規定：「保險標的發生保險責任範圍內的損失是由第三人造成的，被保險人向第三人要求賠償的權利，自保險人支付賠償之日起，相應轉移給保險人。」而就人身保險而言，《保險法》第四十六條明確規定：「被保險人因第三者的行為而發生死亡、傷殘或者疾病等保險事故的，保險人向被保險人或者受益人給付保險金後，不享有向第三者追償的權利，但被保險人或者受益人仍有權向第三者請求賠償。」一般而言，認為代位求償權僅適用於財產保險，在人身保險方面並不適用。因為代位求償權的行使與財產的損失有關，而人身保險的標的為人的生命與身體，其價值不容易用金錢來估計，因此不發生雙重獲利的問題。但近年來在補償性醫療費用保險合同中，逐漸增加保險人有代位求償的權利。[9] 如前所述，在此類保險合同中，如果排除保險人的代位追償權，將導致被保險人支出的醫療費用同時獲得保險賠付和第三者的損害賠償，超過損失的賠償即為不當得利。[10] 因此，就人身保險是否適用代位求償權規範而言，應具體區分其給付基礎在實質上究屬損害保險抑或定額保險而異其適用，以符合保險法的損害補償原則之法理。[11]

9. 袁宗蔚（2000）。《保險學 ── 危險與保險》。北京：首都經濟貿易大學出版社。250 頁。

10. 江朝國（2013）。《保險法逐條釋義（第二卷 保險契約）》。台北：元照出版有限公司。232 頁；張洪濤（2014）。《保險學（第四版）》。北京：中國人民大學出版社。63 頁；劉建勛（2012）。《保險法典型案例與審判思路》。北京：法律出版社。101 頁。

11. 樊啟榮（2008）。〈「人身保險無保險代位規範適用」質疑 ── 我國保險法第 68 條規定之妥當性評析〉，《法學》。上海：華東政法大學。1 期，16-25 頁。

2. 代位求償權的取得

2.1 當然代位與請求代位

當發生向第三者追償的保險理賠案件時，保險人按照保險合同約定向被保險人賠償保險金後，如何取得代位求償權，有兩種不同的模式：一種是當然代位主義，即代位求償權的取得以理賠為要件，只要保險人向被保險人賠償後，就自動取得代位求償權；一種是請求代位主義，即保險人向被保險人賠償後，並不能自動取得代位求償權，還須有被保險人將其享有的對第三者的損害賠償請求權轉讓給保險人這一行為。中國《保險法》第六十條採用當然代位方式，即只要保險人支付了保險賠償金，就依法取得向第三者請求賠償的權利，而無須被保險人同意。針對海上保險業務，中國《海事訴訟程序特別法》第九十三條也規定：「因第三人造成保險事故，保險人向被保險人支付保險賠償後，在保險賠償範圍內可以代位行使被保險人對第三人請求賠償的權利。」在中國的保險實踐中，保險人在支付賠款的同時，往往要求被保險人簽發賠款收據和權益轉讓書。儘管從法律規定來看，被保險人是否簽發權益轉讓書不影響保險人取得代位求償權，但事實上，權益轉讓書能起到確認保險人的賠償金額和賠付時間的作用。

當然，保險人擁有代位追償權並不等於保險人一定或必須進行代位追償。在保險人擁有代位追償權的條件下，甚麼情況下進行代位追償，甚麼情況下不進行代位追償，這本身不是一個法律問題，而是一個成本收益問題。一般只有在追償所得大於追償費用時，保險人才會對代位追償產生興趣。[12] 另一方面也有人對保險人的代位求償權產生質疑，保險人是根據大數法則計算保險費承擔風險的，如果保險人可以通過代位求償收回全部或部分賠付的保險金，那麼他收取保險費所承擔的風險又在哪裏呢？實踐中，保險人僅僅是取得了代位求償的權利，只有當第三者向保險人履行應盡義務後，保險人的代位求償權才得以實現，如果第三者不自覺履行其賠償義務，保險人仍然有實現不了代位求償的風險。另外，保險人行使代位求償權總體上可以減少其

---

12. 陳欣（2000）。《保險法》。北京：北京大學出版社。200 頁。

保險給付負擔，這一因素將降低保險人厘算保險費時的預期保險給付，從而最終降低保險費率，減輕投保人的保險費負擔。[13]

2.2　保險人取得代位求償權的構成要件

根據保險法的規定，保險人取得代位求償權的構成要件包括：首先，保險事故發生導致保險標的受損是由於第三者的原因導致的。實踐中，保險標的的損害可能是由於自然災害、意外事件、被保險人自身原因或者第三者的原因導致的，只有是由於第三者的行為導致保險標的受損，且該損害事實同時屬於保險合同約定的保險責任範圍內的事故時，被保險人才可能因保險標的受損而同時獲得兩個請求權，也才有成立保險代位求償權的可能。其次，被保險人對第三者依法享有賠償請求權。這是保險人行使代位求償權的先決條件。被保險人對第三者的賠償請求權可能是基於侵權救濟，也可能是基於合同行為或者其他法定權利。例如保險人按照保險合同約定賠付了被保險人的火災損失後，發現這個被保險人從房屋的承租人那裏根據租賃合同約定獲得了同樣數額的損害賠償，法院判決保險人有權要求被保險人退回其所賠償的款項，否則被保險人就獲得了雙倍的賠償。第三，保險人已經向被保險人賠償了保險金。保險代位求償權的主體是保險人，而保險人取得該權利的前提是已經向被保險人賠付了保險金。如果允許保險人不履行賠付義務即取得代位求償權，將可能使之獲益而損及被保險人的利益。

3.　代位求償權的行使

3.1　保險人以自己的名義行使代位求償權

在保險人以誰的名義行使代位求償權的問題上，一般有兩種做法，即保險人以自己的名義行使或者以被保險人名義行使代位求償權。保險人以被保險人的名義行使代位求償權，其理論依據在於，代位求償權是保險人代替被保險人向第三者行使請求權，該請求權本質上仍然是被保險人對第三者的權

---

13. 吳定富主編（2009）。《〈中華人民共和國保險法〉釋義》。北京：中國財政經濟出版社。146 頁。

利，僅僅是由保險人代為主張而已。採用程序代位理論的英美保險法體系採納此種做法。保險人以自己的名義行使代位求償權，其理論依據在於，保險代位求償權是保險人獨立享有的法定權利，本質上是一種債權轉移，原債權債務關係的內容不變，但是權利主體發生了變更。保險人作為新的債權人可直接以自己的名義向第三者追償。採取法定債權轉移理論的大陸法系保險法中採納此種做法。

中國《保險法》中對保險人以誰的名義行使代位求償權未作規定，《保險法司法解釋二》第十六條明確指出，保險人應以自己的名義行使保險代位求償權。相應地，中國《海事訴訟特別程序法》第九十四條和第九十五條規定，保險人行使代位請求賠償權利時，若被保險人未向造成保險事故的第三人提起訴訟，保險人應當以自己的名義向該第三人提起訴訟。如果被保險人已經向造成保險事故的第三人提起訴訟，保險人可以向受理該案的法院提出變更當事人的請求，代位行使被保險人對第三人請求賠償的權利。《最高人民法院關於適用〈中華人民共和國海事訴訟特別程序法〉若干問題的解釋》第六十五條進一步規定：「保險人依據海事訴訟特別程序法第九十五條規定行使代位請求賠償權利，應當以自己的名義進行；以他人名義提起訴訟的，海事法院應不予受理或者駁回起訴。」

3.2　對保險人行使代位求償權的限制

3.2.1　代位求償金額的限制

對保險人行使代位求償權的限制主要表現在求償金額方面。設計保險代位求償制度的目的主要是防止被保險人不當得利，但同樣也不允許保險人因此獲得額外的利益。中國《保險法》第六十條規定保險人僅得「在賠償金額範圍內」代位行使被保險人對第三者請求賠償的權利。也就是說，當保險人支付的賠償金額低於第三者應向被保險人支付的損害賠償金額時，除獲得被保險人的特別授權外，保險人僅能行使與其實際賠償金額相等的求償權。如果保險人行使求償權獲得的數額超過保險人的賠償金額，超過的部分仍歸被保險人。相應地，如果保險事故發生後，被保險人已經從第三者處取得損害賠償的，保險人賠償保險金時，可以扣減被保險人從第三者處已取得的賠償金額。

3.2.2 代位求償對象的限制

保險代位求償權的義務主體為保險合同當事人以外、對被保險人負有賠償責任的第三者。對於求償權的對象，不少國家和地區的保險立法都有限制性規定。例如規定保險人對於被保險人一定範圍內的親屬或僱員不得行使代位求償權，因為如果被求償的親屬或僱員與被保險人具有一致的經濟利益，求償權的行使將使保險賠償失去實際意義。《德國保險合同法》第八十六條第三款規定：「如果投保人對與其共同居住之家庭成員享有損害賠償請求權，則保險人不能依據本條第一款之規定主張代位權，除非投保人之家庭成員故意導致損害之發生。」

中國《保險法》第六十二條規定：「除被保險人的家庭成員或者其組成人員故意造成本法第六十條第一款規定的保險事故外，保險人不得對被保險人的家庭成員或者其組成人員行使代位請求賠償的權利。」被保險人可能是自然人，也可能是法人或非法人組織。當被保險人是自然人時，保險人原則上對其「家庭成員」不得行使代位求償權。中國法律沒有明確規定「家庭成員」的內涵或其外延，保險條款中有約定的可按約定處理，例如有的保險人在條款的釋義部分將「家庭成員」界定為「直系血親和在一起共同生活的其他親屬」，或者如中國保險行業協會在《機動車綜合商業保險示範條款》中將「家庭成員」界定為「配偶、子女、父母」。如果條款中對此沒有約定的，在適用時從保護被保險人利益的角度出發，可對「家庭成員」作廣義的理解，包括基於姻親、血親及收養形成的法律關係。除被保險人的配偶、父母、子女等因血親、姻親關係而共同生活的人之外，還應包括雖非共同生活但與被保險人有扶養、瞻養、撫養關係的人，例如與被保險人有遺贈扶養協議的人，或主要由喪偶兒媳瞻養的公、婆等。當被保險人是法人或非法人組織時，保險人對其「組成人員」不得行使代位求償權。一般認為，本條規定的被保險人的「組成人員」，是被保險人內部與其存在共同經濟利害關係的人員，實踐中包括被保險人的僱傭人員、合夥人等。[14]

需要注意的是，為了防範道德風險，如果被保險人的家庭成員或其組成人員是故意造成保險事故，依照《保險法》第六十二條的規定，保險人仍然可

---

14. 吳定富主編（2009）。《〈中華人民共和國保險法〉釋義》。北京：中國財政經濟出版社。154 頁。

以在向被保險人作出賠償之後，依法行使代位求償權。實務中也有不少保險人在財產保險條款中直接將「被保險人及其家庭成員、僱傭人員的故意或違法行為」造成的損失列為除外責任，依照該約定保險人對由此造成的損失和費用將不予賠償。

3.2.3　被保險人的賠償請求權優先

在保險代位求償實踐中，由於合同約定或者不足額保險等原因，保險人賠付的金額可能無法完全補償被保險人所遭受的損失。對於未從保險合同中得到補償的損失，被保險人仍然可以向造成損失的第三者請求賠償。此時，如果第三者的清償能力不足或者依法應承擔的責任數額少於被保險人的損失，致使被保險人的賠償請求權與保險人的代位求償權發生衝突時，被保險人的賠償請求權優先，即在被保險人獲得全部清償前，保險人不得行使代位權。中國《保險法》第六十條第三款也規定，保險人行使代位請求賠償的權利不影響被保險人就未取得賠償的部分向第三者請求賠償的權利。

3.3　保險人行使代位求償權的訴訟時效

3.3.1　代位求償權的訴訟時效期間

保險人的代位求償權是請求權的一種，因此也會因時效期間的經過而歸於消滅。中國《保險法》並未規定代位求償權時效期間的長短，依據法定債權轉移理論，保險人的代位求償權屬於法定的債權轉讓，保險人的代位求償權並不是新產生的權利，應當適用原請求權的訴訟時效。也就是説，代位求償權的訴訟時效應當與被保險人對第三者的賠償請求權的訴訟時效一致，即應當依據被保險人對第三者的請求權類型來確定具體的訴訟時效期間。如果被保險人對第三者的賠償請求權適用兩年的訴訟時效，則保險人行使代位權也應當適用兩年訴訟時效；如果被保險人的賠償請求權的訴訟時效期間為一年（例如基於海上貨物運輸向承運人要求賠償的請求權），則保險人行使代位權也應適用一年訴訟時效。

2001 年 1 月 3 日，最高人民法院在《關於中國上海抽紗進出口公司與中國太平洋保險公司上海分公司海上貨物運輸保險合同糾紛請示的覆函》中指

出，「保險人取得的代位求償權是被保險人轉移的債權，保險人取得被保險人的法律地位後，對承運人享有的權利範圍不得超過被保險人；凡承運人得以對被保險人而享有的抗辯權同樣可以對抗保險人，該抗辯權包括因訴訟時效超過而拒絕賠付的抗辯權。保險人只能在被保險人有權享有的時效期間提起訴訟，即保險人取代被保險人向承運人代位求償的訴訟時效亦為一年，應自承運人交付或應當交付貨物之日起。」

3.3.2　代位求償權訴訟時效的起算點

關於保險人行使代位求償權的訴訟時效從何時開始計算，理論上存在爭議。一種觀點認為，保險人的代位求償權自其向被保險人賠償保險金後才取得，因此，其訴訟時效應當從賠償保險金之日起計算。另一種觀點認為，保險人代位求償權的訴訟時效期間，應當從被保險人向保險人轉讓權利之時起開始計算。第三種觀點認為，保險人的代位求償權不是獨立的權利，在本質上仍然是被保險人對第三者的賠償請求權，因此保險人代位求償權的訴訟時效起算點應該按照被保險人對第三者的賠償請求權的訴訟時效起算時點確定。[15]

目前第三種觀點的支持者較多。如前所述，保險人的代位求償權在性質上屬於債權的法定轉移，即損害賠償請求權的主體發生變更，但請求權的內容不因此而有所變化；即便保險人以自己的名義對第三者行使代位求償權，該請求權亦由被保險人處轉移而來，第三者原來對被保險人可主張之抗辯均可對抗保險人，因此，保險人代位求償權訴訟時效的起算時間，應為被保險人可以行使賠償請求權之日，即被保險人知道或者應當知道權利被第三者侵害之日。[16] 理論上說，「任何受讓人無法因受讓債權而得到大於原債權人之利益，任何債務人，亦無法因債權轉移而蒙受大於原債務人之損害。民法上之意定轉移如此，保險法上之法定轉移亦是如此。」[17] 如果加害人由於存在保險代位求償權與否而面臨不同的時效起算點，也並不合理。「加害人依法所享受

---

15. 王靜（2013）。《保險類案裁判規則與法律適用》。北京：人民法院出版社。402 頁。

16. 吳定富（2009）。《〈中華人民共和國保險法〉釋義》。北京：中國財政經濟出版社。149–150 頁。

17. 林群弼（2002）。《保險法論》。台北：三民書局。302 頁。

之時效利益，不因保險人代位行使而剝奪。第三者雖不能主張因被保險人之有保險金契約而受益，但亦不宜使之因此而受有不利。」[18]

儘管如此，考慮到保險實務中因保險理賠需要鑑定甚至訴訟，或者由於被保險人怠於對第三者行使權利，容易導致保險人代位求償權超過訴訟時效而無法實現，為更好地保護保險人的利益，鼓勵保險人積極行使代位求償權，《保險法司法解釋二》第十六條第二款沒有採納上述第三種觀點，而是規定「根據保險法第六十條第一款的規定，保險人代位求償權的訴訟時效期間應自其取得代位求償權之日起算」。理論上說，保險法中的相關規定可以避免這兩種訴訟時效起算點相差過久，一方面，投保人、被保險人或者受益人知道保險事故發生後，應當及時通知保險人；另一方面，保險人應當及時履行賠償或者給付保險金的義務。在《保險法司法解釋二》發佈之後，最高人民法院又在 2014 年 12 月 25 日發佈了《關於海上保險合同的保險人行使代位請求賠償權利的訴訟時效期間起算日的批覆》（法釋〔2014〕15 號），規定海上保險合同的保險人行使代位請求賠償權利的訴訟時效期間起算日，應按照《中華人民共和國海商法》第十三章規定的相關請求權之訴訟時效起算時間確定。這使得海上保險合同中保險人代位求償權的起算點又回到了上述第三種觀點，即按照被保險人對第三人的賠償請求權的訴訟時效起算時點確定。

3.4　保險人行使代位求償權時管轄法院的確定

儘管中國《民事訴訟法》第二十四條規定：「因保險合同糾紛提起的訴訟，由被告住所地或者保險標的物所在地人民法院管轄。」但是行使保險代位求償權的基礎是被保險人和第三者之間的法律關係，應當根據保險人代位行使的賠償請求權所依據的法律關係來確定管轄法院，而不是依據保險合同關係來確定管轄。因此在提起保險代位求償權訴訟時，應根據保險人所代位的

---

18. 江朝國（2008）。〈論保險代位權之本質〉，《月旦法學雜誌》。台北：元照出版有限公司。159 期，407 頁。

被保險人與第三者之間的法律關係來確定管轄法院。如果被保險人與第三者之間簽署有協議管轄條款，該條款對保險人同樣具有約束力。[19]

在最高人民法院發佈的關於代位求償權糾紛的指導案例中，法院判決認為，保險人代位求償權源於法律的直接規定，屬於保險人的法定權利，並非基於保險合同而產生的約定權利。因第三者對保險標的的損害造成保險事故，保險人向被保險人賠償保險金後，代位行使被保險人對第三者請求賠償的權利而提起訴訟的，應根據保險人所代位的被保險人與第三者之間的法律關係確定管轄法院。第三者侵害被保險人合法權益，因侵權行為提起的訴訟，依據《民事訴訟法》第二十八條的規定，由侵權行為地或者被告住所地法院管轄，而不適用財產保險合同糾紛管轄的規定，不應以保險標的物所在地作為管轄依據。在該指導案例中，第三者實施了道路交通侵權行為，造成保險事故，被保險人對第三者有侵權損害賠償請求權；保險人行使代位權起訴第三者的，應當由侵權行為地或者被告住所地法院管轄。[20]

3.5 被保險人的協助義務

保險人的代位求償權受讓於被保險人對第三者的損害賠償請求權，因此代位求償權的順利實現也離不開被保險人的協助。《保險法》規定被保險人有義務協助保險人實現代位求償權，應當向保險人提供必要的文件和所知道的有關情況。實踐中，被保險人的協助義務主要包括：向保險人提供所能提供的、與行使代位求償權有關的資料，包括保險單或保險憑證、收據、發票等原始記錄、出險調查報告、出險證明書及損失鑑定證明等確認損失發生的時間、性質及損失程度等的材料。必要時，應保險人的要求出具權益轉讓書或類似文件。向保險人說明第三者侵害事實及其賠償能力等。如果被保險人因故意或者重大過失違反協助義務，致使保險人不能行使代位求償權的，保險

---

19. 參見〈中國人民財產保險股份有限公司廣東省分公司、中國太平洋財產保險股份有限公司廣東分公司、中國平安財產保險股份有限公司佛山分公司與上海電氣集團股份有限公司追償權糾紛審判監督民事裁定書〉（最高人民法院（2015）民提字第 165 號）。
20. 最高人民法院審判委員會討論通過，2014 年 1 月 26 日發佈，指導案例 25 號：〈華泰財產保險有限公司北京分公司訴李志貴、天安財產保險股份有限公司河北省分公司張家口支公司保險人代位求償權糾紛案〉。

人可在保險代位求償權受影響的範圍內，依法扣減或要求被保險人返還相應數額的保險金。

需要注意的是，被保險人作為權利人，可就其對第三者的賠償請求權進行處分，該處分行為因發生時間的不同而會對保險代位求償權產生不同的影響。

有些案例中被保險人是在損失發生前即免除其對第三者的賠償請求權，例如在租賃合同中約定免除承租人對房屋的損害賠償責任，或者在物業管理合同中約定物業公司對小區內所停車輛和車內物品的丟失不負責任等。如果被保險人在保險事故發生之前，有時甚至在投保之前，免除了第三者將來可能承擔的責任，根據代位求償過程中第三者對被保險人的有效抗辯適用於保險人的原則，保險人同樣要受這種免除責任約定的約束，但被保險人不應因此而失去相應的保險保障。如果保險人認為被保險人可能給予第三者的責任免除非常重要，就應該在訂立合同時對此進行詢問，否則就應推定保險人願意在存在這種責任免除的情況下給予被保險人保險保障。

如果被保險人是在損失發生之後未經保險人的同意即免除了第三者的責任，被保險人就損害了保險人代位求償的權利。中國《保險法》第六十一條規定了在這種情況下保險人所享有的救濟權利，即保險事故發生後，保險人未賠償保險金之前，被保險人放棄對第三者請求賠償的權利的，保險人不承擔賠償保險金的責任。當然，如果被保險人只是部分放棄其賠償請求權，保險人僅在被保險人的放棄行為致使其不能行使代位求償權的範圍內不承擔賠償保險金的責任。如果在保險人向被保險人賠償保險金後，被保險人未經保險人同意放棄對第三者請求賠償的權利，該行為無效，保險人仍然可以向第三者代位求償。

三、物上代位

1. 物上代位的含義

在財產保險中，保險標的的損失分為全部損失和部分損失，其中全部損失又分為實際全損和推定全損。中國《海商法》第二百四十五條規定：「保險

標的發生保險事故後滅失，或者受到嚴重損壞完全失去原有形體、效用，或者不能再歸被保險人所擁有的，為實際全損。」而推定全損，是指保險標的遭受保險事故尚未達到完全損毀或完全滅失的狀態，但實際全損已不可避免；或修復和施救費用將超過保險價值；或失蹤達一定時間，保險人按照全損處理的一種推定性損失。[21] 在推定全損的情況下，保險標的在保險事故發生後一般還有殘餘物。此時如果被保險人在接受保險人支付的全部保險賠償金後仍保有殘餘物，將獲得額外利益，從而有違損失補償原則。針對此種情形，保險法中規定有物上代位制度。

保險代位包括權利代位與物上代位兩種。權利代位即代位求償權，而物上代位則是指所有權的代位。保險人對於保險標的所發生的損失，在給付保險金後，即可取得所有有關保險標的的權利者，謂之物上代位。簡言之，保險人於給付保險金後，得代行被保險人對標的物之權利。[22] 中國《保險法》第五十九條規定：「保險事故發生後，保險人已支付了全部保險金額，並且保險金額等於保險價值的，受損保險標的的全部權利歸於保險人；保險金額低於保險價值的，保險人按照保險金額與保險價值的比例取得受損保險標的的部分權利。」其中，保險金額低於保險價值的，屬於不足額保險。對於不足額保險，即使保險人按照約定支付了全部保險金額，也僅能按照保險金額與保險價值的比例取得保險標的殘餘物上的部分權利。

需要注意的是，實踐中曾有保險人在條款中約定放棄物上代位，即無論何種情形，保險標的殘值均歸被保險人，並在保險賠款中扣減相應金額。此條款約定不符合保險法的規定，對被保險人也有失公平，除非當事人事後協商一致，否則司法機關一般不予以支持。中國保監會也曾在《關於認真解決保險條款中存在問題的通知》（保監發〔2005〕111 號）中要求保險公司修改此類條款。

---

21. 張洪濤（2014）。《保險學（第四版）》。北京：中國人民大學出版社。61 頁。
22. 袁宗蔚（2000）。《保險學 —— 危險與保險》。北京：首都經濟貿易大學出版社。249 頁。

2. 海上保險中的委付制度

2.1 委付的定義

在海上保險合同中，與保險代位相關的是委付制度。海上保險中的委付是指被保險人在發生推定全損的情況時，放棄自己對保險標的物已經和可能具有的一切權利，並將這種權利永久讓予保險人，而請求支付保險標的的全部保險金額的一種行為。[23] 換言之，被保險人在推定全損的情況下，為了取得按實際全損獲賠的利益，就必須將其在保險標的上的所有殘餘利益和一切權利放棄給保險人。

實踐中，當被保險人得知保險標的發生損失，符合推定全損的條件，並選擇把保險標的上的權利轉移給保險人，要求按照全損獲得保險賠償時，他必須把這種選擇明確地告知保險人，這種告知就是委付通知。被保險人必須在得知保險標的的損失發生後的合理時間內向保險人發出委付通知。如果不發出委付通知，其損失只能按部分損失對待。《1906 年英國海上保險法》第六十二條對委付通知作出了詳細規定，中國《海商法》中對此沒有具體規定。

2.2 委付的條件

中國《海商法》第二百四十九條規定：「保險標的發生推定全損，被保險人要求保險人按照全部損失賠償的，應當向保險人委付保險標的。保險人可以接受委付，也可以不接受委付，但是應當在合理的時間內將接受委付或者不接受委付的決定通知被保險人。委付不得附帶任何條件。委付一經保險人接受，不得撤回。」委付的成立通常需要具備三個條件：第一，委付時要對保險標的物全部進行委付，不能只委付保險標的物的一部分，這被稱為委付的不可分性。第二，委付必須是無條件的和完全的。委付是以迅速結束當事人之間的保險關係為目的，如果附有條件，必然會增加糾紛，違反委付的目的。因此，不論委付以何種方式提出，必須是意思明確和無條件的。第三，委付須經保險人接受或法院判決才能生效。對於被保險人來說，發出委付通知並不等於能馬上按全損取得賠償，能否取得賠償取決於保險人是否接受委

---

23. 魏潤泉、陳欣（2001）。《海上保險的法律與實務》。北京：中國金融出版社。114 頁。

付。保險人可以接受委付，也可以拒絕委付。不過，委付一經接受就不能撤回。由於委付不僅轉移給保險人權利，同時也轉移給保險人義務。所以一般情況下保險人對於委付是拒絕接受的。這時被保險人可以通過訴訟由法院判決來確定委付是否有效。

2.3　委付的效果

一旦保險人接受了被保險人的委付申請，推定全損即告成立，保險人須按全損給付保險金。之後保險人取代被保險人成為保險標的物的所有權人，附屬於保險標的物上的權利與義務即從被保險人轉移給了保險人。

中國《海商法》第二百五十條規定：「保險人接受委付的，被保險人對委付財產的全部權利和義務轉移給保險人。」而按照該法第二百五十六條關於物上代位的規定，除非發生保險事故後保險人放棄對保險標的權利，否則保險標的發生全損、保險人支付全部保險金額的，取得對保險標的全部權利；但是，在不足額保險的情況下，保險人按照保險金額與保險價值的比例取得對保險標的部分權利。上述規定體現出委付與保險代位的區別。一方面，在保險代位的情況下，保險人僅取得殘餘物的權利，而不承擔義務。但保險人接受委付後，他就成為委付財產的完全所有權人，不僅擁有委付財產的殘餘價值，而且具有由委付財產所有權產生的、自損失發生那一時刻開始的一切權利和義務。在海上保險中，這些義務可能是支付給第三方救助費用、清除事故船舶殘骸、清除石油泄漏污染等，履行這些義務的花費往往會超過保險標的的殘值。這也是為甚麼保險人一般會拒絕委付的原因。[24] 另一方面，保險代位所產生的權利是有限的，保險人不能因此而獲利。但在委付的情況下，保險人可以將委付的船舶或貨物出售，全部的銷售價金歸保險人所有，即使銷售所得高於保險人賠付給被保險人的金額，超過的部分也歸保險人所有。

---

24. 中國《海商法》第二百五十五條規定：「發生保險事故後，保險人有權放棄對保險標的權利，全額支付合同約定的保險賠償，以解除對保險標的義務。」

四、重複保險的損失分攤

重複保險的損失分攤，是指在重複保險的情況下，當保險事故發生時，通過採取適當的分攤方法，在各保險人之間分配賠償責任，使被保險人既能得到充分補償，又不會超過其實際的損失而獲得額外的利益。它也是損失補償原則所派生出來的一項重要制度，是補償原則的補充和體現。

1. 重複保險的概念與構成要件

重複保險簡稱複保險，按照中國《保險法》第五十六條的規定，重複保險是指投保人對同一保險標的、同一保險利益、同一保險事故分別與兩個以上的保險人訂立保險合同，且保險金額總和超過保險價值的保險。該規定強調「保險金額總和超過保險價值」這一要件，因此如果投保人對同一保險標的、同一保險利益、同一保險事故分別與兩個以上保險人訂立保險合同，保險金額總和不超過保險價值的，被稱為複合保險。複合保險由各保險人在各自保險金額內按照合同約定承擔相應的保險責任，法律上並無特別規制的必要。

根據法律規定及重複保險的立法宗旨，重複保險的成立須同時具備以下條件：

第一，重複保險中是否須為同一投保人，對此有不同觀點。一種觀點認為須同一投保人基於同一保險利益而投保，才能構成重複保險。[25] 也有觀點認為，重複保險中被保險人同一即可。由於重複保險的立法目的是防止被保險人不當得利，如果投保人與被保險人不是同一個人，投保人並不是保險金請求權人，不存在不當得利的問題。而被保險人是享有保險金給付請求權的主體，有不當得利的可能性，因此重複保險應以被保險人是同一人作為要件。[26] 假設甲向乙保險人投保家庭財產保險，保險金額為五萬元；之後，甲的妻子在所在單位為全體員工向丙保險人投保家庭財產保險，其中甲家的保險金額為十萬元。半年後，甲家發生火災，經核定家庭財產在火災發生時的實際價

---

25. 劉宗榮（2009）。《新保險法：保險契約法的理論與實務》。北京：中國人民大學出版社。200 頁。

26. 江朝國（2012）。《保險法逐條釋義（第一卷 總則）》。台北：元照出版有限公司。878–879 頁；韓長印、韓永強（2010）。《保險法新論》。北京：中國政法大學出版社。219 頁。

值為十萬元，此時應認定為重複保險。[27] 中國《保險法》中並沒有強調重複保險須為同一投保人。如果重複保險的投保人不是同一人，實踐中還需要考慮《保險法》第五十六條第一款規定的重複保險的投保人的通知義務該如何履行，因為不同的投保人可能對其他保險合同的存在並不知情。

第二，同一保險標的、同一保險利益、同一保險事故。如要構成重複保險，被保險人須對於同一保險標的具有相同的保險利益。如果甲就其所有的車輛向乙保險人投保車輛損失保險，並就同一車輛向丙保險人投保交強險，前者是基於所有權形成的保險利益，後者是基於侵權法律責任而形成的保險利益，而且兩個保險合同所承保的責任範圍也不同，因此不構成重複保險。再如，甲以其所有的房屋向乙保險人投保家庭財產保險後，又向丙保險人投保國內市場上新近推出的地震保險，雖然甲是基於同一保險利益向兩個保險人投保，但兩份合同所承保的保險事故不同，也不構成重複保險。如果基於同一保險利益訂立的兩份保險合同中的保險事故不完全相同，但存在重合，就存在重合的保險事故而言，也構成重複保險。

第三，與數個保險人分別訂立數個保險合同。如果投保人與數個保險人訂立一個保險合同，則為共同保險。在共同保險中，保險金額的總和不超過保險價值。如果投保人是與一個保險人訂立數個保險合同，而且保險金額超過保險價值，則為超額保險。[28] 實踐中投保人與同一個保險人訂立保險合同時，保險人的核保系統中也比較容易發現該投保人的投保記錄，投保人希望通過購買多份保險來獲得超過其實際損失的額外利益的目的也很難實現。

第四，保險責任期間須重合。重複保險的成立，以數個保險合同的保險責任期間在時間上有「全部重合」或者「部分重合」為必要。全部重合，是指數個保險合同的保險責任起止時間完全相同。部分重合，是指數個保險合同的保險責任起止時間雖然不是完全同一，但其保險責任期間有時間上的重疊性，若在重合期間內發生保險事故，仍然會產生與全部重合相同的法律問題。在部分重合的情況下，學理上多以保險事故發生時間作為判斷時點來界定是否構成重複保險。

---

27. 吳定富主編（2009）。《〈中華人民共和國保險法〉釋義》。北京：中國財政經濟出版社。139 頁。

28. 江朝國（2012）。《保險法逐條釋義（第一卷 總則）》。台北：元照出版有限公司。879 頁。

第五，保險金額總和超過保險價值。現行《保險法》強調「保險金額總和超過保險價值」這一要件，是從防止被保險人不當得利、獲得超過其財產上實際損害的保險給付這一重複保險的立法本意出發，確保損失補償原則得以落實。從這個要件出發，有學者認為，即使在補償型保險中，也需要保險標的可以用金錢來估計，才能判斷保險金額合計是否超過保險價值，也才適用於重複保險的規定。如果保險標的無法用金錢來估計，如責任保險、費用補償性醫療費用保險等，是否適用重複保險制度值得商榷。[29]

另外，在英美法保險實務中，保險人對於「同一事故，同一保險標的物受同一損害，複數保險人皆對該被保險人理賠保險金時」如何理賠的特約條款，如溢額保險條款、不負責任條款、比例分攤條款等，歸納總稱為保險競合。這類案件的爭議焦點在於，保險人在面臨其他保險人也會同時給付保險金時，何時應負責、應負責多少、何時又無需負責。[30] 保險競合的概念與重複保險有關，但目前中國保險法中並無保險競合的規定，實務中也少有此類條款的約定，在此不予詳述。

2. 重複保險的法律後果

對於重複保險的法律後果，其他國家和地區的立法中多區分投保人主觀上是善意還是惡意而作不同的規定。惡意重複保險是指投保人為獲取非法財產利益而訂立的重複保險，具有此種惡意的保險合同無效。《德國保險合同法》第七十八條第三款規定：「如果投保人訂立複保險的目的是為了獲取非法財產利益，則基於上述意圖訂立的保險合同當屬無效。」台灣《保險法》第三十七條規定：「要保人故意不為前條之通知，或意圖不當得利而為複保險者，其契約無效。」而對善意的重複保險，法律並不使之必然無效，而是通過對多個保險人之間的賠償責任按一定規則進行分攤的方式，來平衡保險人與善意重複保險的投保人、被保險人之間的利益關係。

在中國保險立法中，鑑於投保人的主觀狀態較難認定，容易引發爭議，而投保人重複投保也可能是出於增加安全保障的考慮，因此沒有區分善意重

---

29. 參見江朝國（2012）。《保險法逐條釋義（第一卷 總則）》。台北：元照出版有限公司。881-887頁。

30. 參見江朝國（2012）。《保險法逐條釋義（第一卷 總則）》。台北：元照出版有限公司。888-894頁。

複保險與惡意重複保險，而是將立法的重點放在解決重複保險情形下的具體賠付規則問題，確保損失補償原則在重複保險中得以落實。[31]

2.1　重複保險投保人的通知義務

　　按照《保險法》第五十六條的規定，重複保險的投保人應當將重複保險的有關情況通知各保險人。首先，該通知義務是投保人的法定義務，應主動向各保險人履行，而不以保險人詢問為前提。其次，保險法中未規定通知的具體內容，對條文中「重複保險的有關情況」的解釋，既應當有助於實現重複保險的規範目的，也不應使投保人負擔過重。一般情形下，重複保險的投保人通知的事項至少應包括保險人的名稱、保險期限及保險金額。關於通知的方式，法律中也未作特別要求，可解釋為口頭和書面皆可。

　　保險法對通知義務的履行時間也未作規定。在實務中，如果投保人是同時與數個保險人訂立數個保險合同，構成重複保險時，投保人應在合同訂立時將所有的其他保險人的名稱及保險金額等分別告知各保險人。如果投保人是先後與數個保險人訂立數個保險合同構成重複保險的，則分為兩種情況：對於訂立時間在後的保險合同，應在訂立保險合同時將先行訂立的保險合同的保險人名稱及保險金額等告知訂立在後的保險合同的每一個保險人，此時通知的時間點是在訂約時；對於訂立時間在前的保險合同，投保人嗣後另外訂立保險合同時，應將該訂立在後的保險合同的保險人名稱及保險金額等，通知先行所訂立的保險合同的保險人，此時通知的時間點是在訂約後。

2.2　重複保險各保險人的分攤原則

　　中國保險法中沒有規定重複保險的投保人不履行通知義務的法律後果，根據《保險法》第五十六條第二款與第三款，重複保險的法律後果表現為以下三個方面：

---

31. 吳定富主編（2009）。《〈中華人民共和國保險法〉釋義》。北京：中國財政經濟出版社。141頁。

第一，各保險人賠償保險金的總和不得超過保險價值。重複保險情形下，各保險合同均有效力。但是按照損失補償原則，各保險人實際賠償的保險金總和不應超過保險價值，以避免被保險人因重複投保而獲利。

　　第二，除合同另有約定外，各保險人按照比例承擔賠償責任。為確保重複保險各保險人實際賠償的保險金總和不超過保險價值，《保險法》規定了各保險人之間的比例責任分攤原則。根據該規定，除合同另有約定外，對於被保險人因保險事故遭受的實際損失，各保險人按照其保險金額與保險金額總和的比例承擔賠償保險金的責任。即各保險人承擔的賠償金額＝損失金額 × 承保比例，其中承保比例就是各保險人自身承保的保險金額與所有保險人承保的保險金額總和的比例。各保險人之間不承擔連帶責任，也不存在保險責任承擔上的先後順序。

　　例如投保人以其價值 100 萬元的房屋，分別向甲、乙、丙三家財產保險公司投保家庭財產保險，三家保險公司承保的保險金額分別為 40 萬元、60 萬元和 100 萬元。當保險標的因保險事故而遭受全部損失，損失金額達到 100 萬元時，被保險人所獲得的保險賠付金額總和不應超過 100 萬元。按照比例分攤方式，三家保險公司賠償的金額分別為 20 萬元、30 萬元和 50 萬元。

　　第三，投保人有權請求各保險人按比例返還保險費。對重保險的各保險人而言，由於其僅按照承保金額與保險金額總和的比例承擔賠償責任，根據保險合同中保險費與所承擔風險保障責任的對應關係，自然無權收取未承擔風險部分保險金額所對應的保險費。因此，投保人可以就保險金額總和超過保險價值的部分，請求各保險人按比例返還保險費。

第六章

近因原則

案例導讀

某敬老院向保險公司投保團體意外傷害保險，為敬老院內 40 名老人投保人身意外傷害保險、附加意外傷害團體醫療險、意外傷害住院津貼險，共繳納保費 6,000 元。合同約定意外傷害保險的身故保險金額為 40,000 元，保險期限為一年。在合同履行過程中，敬老院內的老人胡某意外跌傷，經醫院診斷為左股骨骨折，臥床治療後引發深度肺部感染，造成墜積性肺炎，經搶救無效死亡。敬老院認為，胡某意外摔傷骨折，引發肺部感染進而死亡的事實，屬於保險合同中約定的意外傷害死亡。雙方簽訂的保險合同合法有效，而投保人有按時足額繳納保險費，因此保險公司應當按照合同約定承擔保險責任。保險公司則認為，死者胡某並非因意外傷害而死亡，不屬於保險合同約定的保險責任範圍，故不同意給付保險金。雙方因此發生爭議，敬老院向法院提出訴訟，請求判令保險公司給付保險金 40,000 元。[1]

在保險合同履行過程中，損失原因的確定對於決定保險人是否應當承擔保險合同所約定的保險責任是至關重要的。因果關係的存在是確定承擔保險責任的前提。在保險事故發生後，保險人承擔保險賠償責任的前提在於被保險人所遭受的損失與承保風險之間存在因果關係，如果兩者之間不存在因果關係，則保險人不承擔保險賠償責任，這正是保險法上因果關係意義最重要的所在。[2]《1906 年英國海上保險法》規定，保險人對以承保危險為近因的損失承擔賠償責任，對非以承保危險為近因所造成的損失不承擔賠償責任。我們把保險中確定損失原因的這一原則稱為「近因原則」。雖然中國《保險法》中還沒有明文規定近因原則，但該原則仍然是目前中國保險學和保險法理論界的主流學說。司法實踐中，法院也經常在保險案件的審理中運用近因原則。[3]

---

1. 上海市浦東新區人民法院（2009）浦民二（商）初字第 5838 號民事判決書。《人民司法·案例》。北京：《人民司法》雜誌社。2010 年第 10 期。40–42 頁。
2. 江朝國（2002）。《保險法基礎理論》。北京：中國政法大學出版社。338 頁。
3. 王靜（2013）。《保險類案裁判規則與法律適用》。北京：人民法院出版社。207 頁。

一、近因原則的含義

　　風險事故的發生，與損失結果的形成，應該有直接因果關係的存在，才構成保險人對損失負賠償或者給付責任的要件。保險法上的因果關係與民法上的因果關係既有聯繫又有區別。在民法領域，因果關係分為責任成立的因果關係和責任範圍限制的因果關係兩個層面。而保險法上的因果關係旨在解決保險人填補責任的有無，側重於危險（承保危險和免責危險）與損害之間的因果關係有無的判斷。[4] 由此，因果關係在保險法上只用於解決事故是否是由承保風險所致，至於保險人承擔的保險賠償或給付責任範圍，則交由保險條款約定及法律規定來解決，無需借助因果關係予以限定。

　　近因原則是判斷風險事故與保險標的損害之間的因果關係從而確定保險賠償或給付責任的一項基本原則。近因原則在實踐中的運用包括兩個方面，第一步是確定導致保險事故的近因，第二步是根據保險條款來判斷近因是否屬於保險合同約定的承保範圍。如果近因在保險責任範圍內則保險人承擔保險責任，如果近因屬於除外風險或者未承保風險則保險人不承擔保險責任。其中判斷的難點在於第一步即判斷何者為近因。理論上說，近因是指在風險和損害之間，導致保險標的損害發生的最直接、最有效、起決定性作用的因素。在 *Russell v. German Fire Insurance Company* 一案中，[5] 法院在判決中指出：「近因的含義並不是指在時間上或空間上最近，也不僅僅指在造成損失的當時發生作用的原因，而是指導致損害結果的、能動的、起決定性作用的原因。」[6] 根據《布萊克法學詞典》的解釋，「這裏所謂的最近，不必是時間或空間上的最近，而是一種因果關係的最近。損害的近因是主因或動因或有效原因。」在明確近因概念的另一個重要案例 *Leyland Shipping Co. v. Norwich Union Fire Ins. Society* 中，[7] 英國上議院大法官 Lord Shaw 指出：「把近因看作是時間上最接近

---

4. 〔英〕Malcolm A. Clareke，何美歡、吳志攀等（譯）（2002）。《保險合同法》。北京：北京大學出版社。694–695 頁。

5. *Russell v. German Fire Insurance Company*, 111 N. W. 400 (Minn. 1907).

6. R. Dennis Withers (1985). "Proximate Cause and Multiple Causation in First-Party Insurance Cases," *The Forum* (Section of Insurance, Negligence and Compensation Law, American Bar Association), Vol. 20, No. 2 (Winter 1985), pp. 256–277.

7. *Leyland Shipping Co. v. Norwich Union Fire Ins. Society* [1917] I. K. B. 873, [1918] A. C. 350.

的原因是不正確的，把原因單純地說成是環環相扣或者是毫無聯繫也是不對的。因果關係鏈只是一種便捷的表達方式，但它的形象卻不準確。因果關係不是鏈狀的，而是網狀的。在每個點上，影響、力量、事件已經並正在交織在一起；並從每一交匯點成放射狀無限延伸出去。在各種影響力的彙集處，就需要法官根據事實宣佈哪一個彙集在這一點上的原因是近因，哪一個是遠因。」「近因不是指時間上的接近，真正的近因是指效果上的接近，是導致承保損失的真正有效的原因。近因所表示的是對結果產生作用最有效的因素。如果各種因素或原因同時存在，要選擇一個作為近因，必須選擇可以將損失歸因於那個具有現實性、決定性和有效性的原因。」[8] 因此，理解近因的重點在於對原因的「有效性」的判斷。簡言之，近因就是指除非存在着這種原因、否則損失根本不可能或幾乎不可能發生的原因。

二、近因的認定方法

認定近因的關鍵是確定危險因素與損害之間的因果關係。對此有兩種基本方法：一是從事件鏈上的第一個事件開始，思考合乎邏輯地發展的下一個事件可能是甚麼，如果答案把我們從第一個事件依次引向下一個事件，直至最終事件，那麼第一個事件就是最後一個事件的近因。如果在這一過程中的某一階段，事件鏈上的兩個環節之間沒有明顯的聯繫，那麼事件鏈就會中斷，損失的原因肯定是另外的某一事件。二是從結果推斷原因，即從損失開始，逆着事件鏈的方向，一直追溯到最初的事件，只要事件鏈不中斷，則最初的事件就是近因。[9] 假設大樹遭雷擊而折斷，並壓倒了房屋，房屋中的電器因房屋倒塌而損壞，如果事件鏈條上的各環節沒有邏輯上的中斷，則用上述兩種方法認定近因的結果是相同的，即雷擊為電器損失的近因。雖然在法律上關於近因有不同的學說，但在各個國家或地區的司法實踐中，對近因的認定有一些基本的規則，可供保險理賠時適用。

---

8. 陳欣（2000）。《保險法》。北京：北京大學出版社。145-146 頁。
9. 〔英〕約翰‧Ｔ‧斯蒂爾，孟興國等（譯）（1992）。《保險的原則與實務》。北京：中國金融出版社。40-43 頁。

1. 單一原因情況下的近因認定

如果導致保險事故發生並造成損失的原因只有一個，則該原因為近因。根據近因原則，如果該近因屬於承保風險，保險人應承擔賠付責任；如果該近因屬於除外風險或未承保風險，則保險人不承擔賠付責任。例如家庭房屋因地震而損毀時，地震為近因，如果該房屋只投保了家庭財產保險，由於地震屬於該險種的除外風險，則保險人不承擔賠償責任；如果該房屋在投保家庭財產保險的同時附加投保了地震保險，按照地震保險條款約定，「因破壞性地震震動或由此引起的海嘯、火災、爆炸、滑坡、地陷所造成的直接物質損壞或滅失」屬於該附加險的保險責任，保險人應依據地震保險予以賠償。

2. 多種原因存在時的近因認定

當存在多個導致損失的原因時，根據近因原則來判斷何者為導致事故的近因更為複雜。多個導致損失的原因可能同時產生作用，也可能按先後順序產生作用。當多個導致損失的原因按先後順序發生作用時，那麼順序發生的原因之間從最初的原因到最終的損失可能是連續不間斷的，也可能存在順序上的中斷而使最初的原因和最終的損失相分離。在後一種情況下，一定存在着新的獨立的原因介入，它的力量使原有的因果關係鏈中斷。實踐中，很多保險理賠糾紛是多個原因造成一種損失，其中一個或幾個原因在承保責任範圍內，而其他原因則不屬於承保責任。這些情形都增加了判斷近因的困難。近因原則確定了一個標準，根據這個標準可以找出最有效的原因，排除其他原因，確定到底是哪個原因造成了最終的損失。

2.1 多種原因同時並存的情形

對於有多種原因同時發生並對最終的損失產生作用的情形，首先要看同時發生的多種原因中是否存在除外風險或者未承保風險，以及損失的結果是否可以分解。如果同時發生作用導致損失的多種原因均屬於保險責任範圍，則保險人應承擔賠付責任；反之，如果同時發生作用導致損失的多種原因均不屬於保險責任範圍，則保險人不承擔任何賠付責任。

當同時發生作用並導致損失的多種原因中既有承保風險又有除外風險或者未承保風險時，就需要進一步分析損失結果是否可以分解。如果損失結果可以分解，則保險人只對承保風險所導致的損失承擔賠付責任。反之，如果損失結果不能分解，則除外風險或未承保風險為近因，保險人不承擔賠付責任。[10] 除外風險和未承保風險的含義將在下文說明，英國學者克拉克對這兩個概念統一採用了「除外」的表述，「從形式上講，除外可以是明示的或暗示的。明示的除外是那些寫在保險合同中的條款。暗示的除外則是保險合同中所寫承保範圍在通常意義上的內涵限制。例如火險毫無疑問不包括爆炸。」[11] 之所以在損失結果不能分解時保險人不承擔保險責任，是因為從合同條款本身的效力來看，除外責任約定的效力應該高於保險責任條款的約定。例如在終身壽險中，保險責任中約定當被保險人身故時給付身故保險金，同時在責任免除部分約定如果被保險人是由於吸食毒品或酒後駕駛導致身故時保險人不承擔給付保險金的責任。如果認定保險責任條款約定的效力優先，那麼責任免除條款的約定就沒有意義了。

在 Ford Motor 案中，[12] 廠房的部分損失是由暴亂（承保風險）、生產中止或溫度變化（除外風險）共同引起的，但二者獨立發生作用，各自獨立引起部分損失。在損失結果能夠分解的情況下，法院判定被保險人只能就損失中單獨由暴亂引起的部分損失獲得賠償。而在 Wayne Tank 案中，[13] 被保險人安裝的機械設備起火。設備在運行前被打開進行試用但卻沒有留下人員照看，所以沒有人注意到設備的一段管線完全不適合於所用的用途，結果這部分管線融化導致起火燃燒。被保險人投保的是責任險保單，如果沒有使用這種管線（屬

---

10. 參見袁宗蔚（2000）。《保險學 —— 危險與保險》。北京：首都經濟貿易大學出版社。260 頁。在這個問題上，按照美國保險法關於近因的「從寬認定法」和「從嚴認定法」，會得到不同的結果。如果是承保責任與未承保責任共同導致損失的發生，目前來看不會有法院判被保險人得不到賠付；同樣，如果承保責任是有效近因，那麼即使未承保責任是助因，被保險人也仍然可以得到賠付。只有當承保責任與除外責任共同致損時，被保險人才需要自己承擔損失。〔美〕小羅伯特．H．杰瑞，道格拉斯．R．里士滿（2009），李之彥（譯）《美國保險法精解（第四版）》。北京：北京大學出版社。126 頁。

11. 〔英〕Malcolm A. Clarke，何美歡、吳志攀等（譯）（2002）。《保險合同法》。北京：北京大學出版社。488 頁。

12. *Ford Motor Co. of Canada Ltd. v. Prudential Assurance Co. Ltd.*, 14 DLR (2d) 7（安大略，1958），[1958] SCR 539 確認。

13. *Wayne Tank & Pump Co Ltd v. Employers' Liability Assurance Corp Ltd* [1974] QB 57.

除外風險，原因甲），將不會起火；同時要不是整夜無人看管（屬承保風險，原因乙），也不會起火。這兩個原因都是當時環境下的持續狀態，它們是相互獨立的，因為一個原因並不引起另一個原因；同時它們又是相輔相成的，因為離開哪一個原因都不會引起火災。兩個原因同時起作用導致火災的發生，一個為承保風險一個為除外風險，且損失結果不能分解，法院判定應按除外風險為近因處理，保險人不承擔保險責任。因為在保險合同中，除外的約定界定了所承擔的義務的範圍。[14]

2.2 多種原因連續發生的情形

如果多種原因連續發生導致最終的損失，並且前因和後因之間在邏輯上的因果關係未曾中斷，則整個事件鏈條最初的原因為近因。只要該近因屬於保險責任，即使其後發生的原因中既有除外責任又有未承保責任，保險人也要承擔賠付義務。例如在人身意外傷害保險中，被保險人因狩獵騎馬摔倒重傷，在山中濕地上不能行動，因而患上肺炎導致身故。儘管疾病不屬於意外傷害保險的保險責任範圍，但是意外摔倒是整個事件鏈條最初的原因，意外傷害與死亡之間的因果關係並沒有因為肺炎而中斷，該近因屬於意外險的保險責任，保險人應負給付保險金的責任。反之，如果多種原因連續發生但近因不屬於保險責任，其後發生的具有因果關係的原因中即使有屬於保險責任的情形，保險人也不承擔賠付義務。例如因戰爭而引起火災，使建築物遭受損毀，則戰爭為導致損失的近因。在家庭財產保險中，戰爭屬於除外責任，故保險人對此建築物的損失不負責任。

在前文中提到的明確近因概念的重要案例 *Leyland Shipping Co. v. Norwich Union Fire Ins. Society* 中，被保險船舶的水險保單承保海上危險，但把「一切敵對行為或類似戰爭行為的後果」作為除外責任。保險期間內該船被敵對方潛艇的魚雷擊中，船殼被炸開兩個大洞，一號船艙進水。隨後該船舶還是駛入了港口，但港務當局擔心船會沉沒並阻礙碼頭的使用，就命令該船離開港口、錨泊在防波堤外。當船舶停靠在防波堤外後，由於海床不平和船被魚雷

---

14. 〔英〕Malcolm A. Clarke，何美歡、吳志攀等（譯）（2002）。《保險合同法》。北京：北京大學出版社。690頁。

擊中後頭重腳輕的共同作用，使船殼隨着潮汐漲落而嚴重扭曲，最終沉沒。保險人認為近因是魚雷擊中，屬於除外責任。被保險人則主張船舶的沉沒是由於停靠在防波堤邊反復擱淺造成的。法庭判決保險人勝訴，並指出近因所表示的是對結果產生作用最有效的因素。[15] 這個案例就屬於按照多種原因連續發生且邏輯上沒有中斷，因而判斷事件鏈條最初的原因為近因的情形。

在本章案例導讀所引述的案例中，法院在審理後認為，認定因果關係的關鍵在於確認導致損害發生的近因是意外摔傷還是肺部感染。被保險人摔跤導致骨折而後臥床治療，在生病護理期間導致肺部感染，進而因肺部感染導致最終死亡。在實際生活中，受傷臥床極易導致肺部感染併發症從而導致死亡，尤其是在被保險人是年事已高的老人的情況下，三者之間存在因果聯繫的可能性較高。本案中，意外骨折和肺部感染都是導致被保險人死亡的原因，意外骨折和肺部感染作為導致保險事故發生的連續的原因，有先後之分。骨折、肺部感染和死亡之間具有先後的因果關係，骨折是死亡的誘發因素。這裏所運用的近因判斷方法也是多種原因連續發生且邏輯上沒有中斷，因而事件鏈條最初的原因為近因。[16]

2.3　多種原因間斷發生的情形

在保險案件中，被引用較多的近因定義是 1893 年麻省法院審理的 *Lynn Gas & Electric Co. v. Meriden Fire Insurance Co.* 案中的界定：[17]「本案所說的直接近因，指的是能積極有效地推動因果鏈上的事件向前發展、最終產生結果的原因，這當中不需要有新的、獨立的原因進行干預。」[18] 換言之，如果連續發生並導致損失的原因有多種，並且在一連串發生的原因中有間斷情形，即有新的、獨立的原因介入且發揮作用，使原有的因果關係中斷，並導致最終的損失，則這一新介入的、獨立的原因為近因。此時再來判斷近因是否屬於保險責任範圍。如果近因屬於承保風險，則保險人對由近因造成的損失應承

---

15. 陳欣（2000）。《保險法》。北京：北京大學出版社。145 頁。

16. 王靜（2013）。《保險類案裁判規則與法律適用》。北京：人民法院出版社。194 頁。

17. *Lynn Gas & Electric Co. v. Meriden Fire Ins. Co.*, 58 Mass. 570, 33 N. E. 690 (1893).

18. 〔美〕小羅伯特·H·杰瑞，道格拉斯·R·里士滿，李之彥（譯）（2009）。《美國保險法精解（第四版）》。北京：北京大學出版社。255 頁。

擔保險責任；如果近因不屬於承保風險，則保險人對由近因所導致的損失不承擔保險責任。

例如，投保人為一批水果投保了水險，保單約定部分滅失或損壞不賠，除非這種滅失或損壞是由於承運船舶與其他船舶碰撞所引起的。承運船舶在航行中發生了碰撞，需要進港修理。為了修理船舶，需要將水果先卸到駁船上，等承運船舶修好後再裝船繼續運輸。當船舶抵達目的港時，發現水果損壞嚴重。一部分損失是由於把水果卸到駁船上和再裝船所造成的，一部分損失是由於自然腐爛。後者損失的近因不是碰撞或者海難，而是貨物的易腐爛特性，加上裝卸不當。因此被保險人的這部分損失不能得到保險賠償。

需要注意的是，如果新介入的、獨立的原因即近因屬於除外風險或未承保風險，但在該近因發生之前已經有屬於承保風險的其他原因導致的損失發生，對該損失保險人還是應該予以賠償。例如甲投保有人身意外傷害保險，條款中明確將猝死列入責任免除範圍。後甲遭遇交通事故並導致下肢傷殘，在康復過程中因既往患有的高血壓性心臟病發作導致心源性猝死。對死亡保險事故而言，近因為疾病，不屬於意外傷害保險的承保範圍，因此保險人不承擔給付意外死亡保險金的責任。但是如果被保險人在死亡之前已經進行了傷殘鑑定並且屬於人身保險傷殘評定標準（行業標準）所列傷殘程度之一的，則保險人應按合同約定承擔給付意外傷殘保險金的責任。反過來說，如果近因屬於承保風險，即使之前的原因屬於除外風險或未承保風險，對近因造成的損失保險人仍須承擔保險責任；但由於因果關係中斷，對屬於除外風險或未承保風險的前因所造成的損失保險人不承擔保險責任。

三、近因原則的適用

中國《保險法》對於近因原則未作規定，在保險實務中造成保險標的損失的原因又往往錯綜複雜，其中既有保險責任範圍內的承保風險，也有保險責任範圍之外的未承保風險，還有列入免責範圍的除外不保風險。如何認定保險法上的因果關係，進而正確判斷保險人是否應當承擔保險責任，是目前司法實踐中的一個重要問題。

1. 承保風險、未承保風險與除外不保風險

　　保險合同所允諾的保險保障的範圍既可以用積極的條款做出正面的聲明，也可以使用否定條款消極地進行規定。[19] 保險合同中的保險責任條款和責任免除條款正是上述所說的兩類條款，兩者相輔相成，分別在積極和消極意義上劃定保險保障的範圍，直接關係着保險合同的目的是否能夠實現，關係着保險合同雙方主體的切身利益。在案件審理過程中，要釐清保險責任範圍條款與除外責任條款之間的邏輯關係。保險合同的核心是風險的承擔，基於不同險種、不同費率精算基礎的考量，只有經過明確約定的風險與損失才屬於保險人應當承擔的。[20] 這就是上文提到的保險責任範圍內的承保風險。以保險人承擔的保險責任為前提，在此範圍內被排除的風險屬於列入免責範圍的除外不保風險。如果某種風險本身就不在保險責任範圍內，則屬於未承保風險。例如在人身意外傷害保險中，保險保障的內容是被保險人在保險期間內因遭受意外傷害導致的身故和殘疾。但保險人並不是對所有因意外傷害導致被保險人身故或殘疾的情形都承擔保險責任，例如被保險人因違法、犯罪或者抗拒依法採取的刑事強制措施而導致身故、殘疾的，因其通常被列為責任免除範圍的除外不保風險，故保險人對此不承擔給付保險金責任。而對被保險人因疾病導致身故或殘疾的情形，很多意外險條款中並未明確將其列為除外責任，在這種情況下，根據意外傷害的定義，疾病本身就不屬於意外傷害保險的承保範圍，故屬於未承保風險。因此，在適應近因原則的過程中不能認為只要沒有在免責條款中加以排除，就推定屬於保險人應予賠付的情形。只有先確定保險人承擔責任的範圍才能在該範圍內確定免除的部分，[21] 如果事故不屬於保險責任範圍的，就無須再審查事故是否屬於免責範圍以及相關免責條款的效力；如果事故屬於保險責任範圍的，才需要進一步審查事故是否

---

19. 〔英〕Malcolm A. Clarke，何美歡、吳志攀等（譯）（2002）。《保險合同法》。北京：北京大學出版社。488 頁。

20. 江朝國（2002）。《保險法基礎原理》。北京：中國政法大學出版社。283 頁。

21. 最高人民法院民事審判第二庭（2013）。《最高人民法院關於保險法司法解釋（二）理解與適用》。北京：人民法院出版社。228–229 頁。

屬於免責條款規定的情形，以及免責條款是否有效。[22] 這就是區分承保風險、未承保風險與除外不保風險的意義所在。

2. 司法實踐中對近因原則的適用

除理論上的分析之外，還要關注司法機關對近因原則的理解與適用。儘管中國《保險法》中尚未規定近因原則，但司法實踐中已經有部分法院明確了近因原則的適用，例如《福建省高級人民法院民二庭關於審理保險合同糾紛案件的規範指引》（2010 年 7 月 12 日印發）第三條規定：「所謂近因，是指導致標的物損害發生的最直接、最有效、起決定性作用的原因，而非指時間上或空間上最近的原因。如果近因屬於承保風險，保險人應承擔賠付責任；如果近因屬於除外風險或未保風險，則保險人不承擔賠付責任。」再如，《山東省高級人民法院關於審理保險合同糾紛案件若干問題的意見（試行）》（2011年 3 月 17 日印發）第十四條規定：「如事故是由多種原因造成，保險人以不屬於保險責任範圍為由拒賠的，應以其中持續性地起決定或主導作用的原因是否屬於保險責任範圍為標準判斷保險人是否應承擔保險責任。」

在美國，按照大多數州法院所採取的方法，如果同時存在多項原因，而其中最主要、最重要、起控制作用的原因是承保危險的話，全部損失都應由保險人賠付；反之，則全部都得不到賠付。[23] 這種作法被稱為「全有或全無原則」。為減少這種「全有或全無原則」的限制，最高人民法院總結實踐中的司法審判經驗，在《保險法司法解釋（三）》第二十五條規定：「被保險人的損失是由承保事故或者非承保事故、免責事由造成難以確定，當事人請求保險

---

22. 參見《江蘇省高級人民法院關於審理保險合同糾紛案件若干問題的討論紀要》（蘇高法審委〔2011〕1號）。

23. 〔美〕小羅伯特・H・杰瑞，道格拉斯・R・里士滿，李之彥（譯）（2009）。《美國保險法精解（第四版）》。北京：北京大學出版社。236-237 頁。

人給付保險金的,人民法院可以按照相應比例予以支持。」[24] 該規定本身並未出現近因的表述,只是規定了在損失原因難以確定的情況下比例因果關係的適用。但實踐中往往被解讀為近因原則在司法解釋中首次被確認。值得注意的是,按照前文對近因原則適用的梳理,該條所規定的比例分攤原則只在損害是由承保風險與除外風險或未承保風險等多種原因同時發生共同造成的情形下,才能適用。而在多種原因連續發生,或者多種原因間斷發生有新介入的獨立原因的情況下並不適用。實踐中不應將其運用於多種原因導致保險事故發生時判斷近因的所有情形。

3. 舉證責任的分配

中國《民事訴訟法》第六十四條規定:「當事人對自己提出的主張,有責任提供證據。」《最高人民法院關於民事訴訟證據的若干規定》第二條進一步要求:「當事人對自己提出的訴訟請求所依據的事實或者反駁對方訴訟請求所依據的事實有責任提供證據加以證明。」這種舉證責任通常被稱為「誰主張誰舉證」。保險合同糾紛訴訟也遵循這一原則,中國《保險法》第二十二條規定:「保險事故發生後,按照保險合同請求保險人賠償或者給付保險金時,投保人、被保險人或者受益人應當向保險人提供其所能提供的與確認保險事故的性質、原因、損失程度等有關的證明和資料。」按照該規定,保險金請求權人履行上述證明義務時,以其能力所及為限。在一般情況下,如果被保險人或受益人請求賠償,保險人拒絕履行保險合同項下的賠付義務,被保險人或受益人提起訴訟的,此時被保險人或受益人首先要證明導致事故發生的近因屬於保險責任。例如,在人身意外傷害保險合同糾紛中,被保險人索賠傷殘保險金時,首先要證明傷殘是由於意外傷害所導致的。如果保險人拒賠,此時保險人必須要證明被保險人遭受傷害的近因不屬於保險責任範圍,或者雖

---

24. 與該條文的表述稍有不同,《最高人民法院關於適用〈中華人民共和國保險法〉若干問題的解釋(二)(徵求意見稿)》第二十二條規定,「多個原因造成保險標的損失,其中既有承保風險又有非承保風險,承保風險與損失之間的因果關係難以確定的,人民法院可以按照承保風險所佔事故原因的比例或者程度認定保險人的保險責任。」《最高人民法院關於適用〈中華人民共和國保險法〉若干問題的解釋(三)(徵求意見稿)》第四十五條規定,「保險標的的損害原因既有承保事故又有免責事由,被保險人或受益人要求保險人按照承保事故所佔事故原因的比例給付保險金的,人民法院應予支持。」

然在保險責任範圍內但屬於保險合同所約定的免除保險責任的情形，才有可能免除保險合同項下的給付責任。

　　針對人身保險中一些典型的除外責任情形，《保險法司法解釋三》對舉證責任作出了明確的規定。例如，保險人以被保險人自殺為由拒絕給付保險金的，由保險人承擔舉證責任。受益人或者被保險人的繼承人以被保險人自殺時無民事行為能力為由抗辯的，由其承擔舉證責任。再如，保險人主張根據《保險法》第四十五條的規定不承擔給付保險金責任的，應當證明被保險人的死亡、傷殘結果與其實施的故意犯罪或者抗拒依法採取的刑事強制措施的行為之間存在因果關係。被保險人在羈押、服刑期間因意外或者疾病造成傷殘或者死亡，保險人主張根據《保險法》第四十五條的規定不承擔給付保險金責任的，人民法院不予支持。另外，《保險法》第四十五條規定的「被保險人故意犯罪」的認定，應當以刑事偵查機關、檢察機關和審判機關的生效法律文書或者其他結論性意見為依據。

　　儘管有關於舉證責任分配的規定，近因原則在實踐中適用的難點主要還是近因的判斷。例如，在宋某等四原告訴某財產保險公司意外傷害保險合同糾紛案中，被保險人于某旅行過程中，於凌晨五時左右被發現從酒店四樓跌落地面，送院後經搶救無效死亡。公安機關出具的調查結論為：于某因高墜致顱腦損傷死亡，該人死亡不屬於刑事案件。被保險人投保有旅遊安全意外傷害保險，其繼承人向保險公司請求給付保險金時，保險人以出險原因是自殺不屬於保險責任範圍為由拒絕給付保險金。在訴訟過程中，審理案件的法院需要判斷的問題是，被保險人在旅遊住宿期間墮樓身故，是否屬於意外傷害事件所造成的死亡。在該案中，原告提供的證據足以證明保險事故的原因（被保險人墮樓）、結果（被保險人死亡）以及二者之間的直接因果關係。保險人如果認為被保險人的死亡並非由於意外傷害，而是死於自殺，並且因此而主張免除保險責任，應當就免責事由的存在承擔證明責任，即保險人應當向法院證明被保險人身故是由於自殺所致。審理案件的法院經查勘現場發現，被保險人墮樓前所入住賓館房間的窗戶，距離地面 86.5 厘米，且窗口相對狹小，在通常情況下，失足墜落的可能性微乎其微。但是，並不能因此而得出被保險人是自殺的結論。保險人在庭審過程中結合被保險人住宿房間窗戶的現狀，對於被保險人是自殺行為所作出的分析雖然具有一定的合理性，但不具有必然性，缺乏確切證據證明。結合該案件中的事實情況，按照條款

中關於意外傷害的定義，「指遭受外來的、突發的、非本意的、非疾病的使身體受到傷害的客觀事件」，如果說保險人證明事故近因為自殺存在一定困難，原告證明事故近因為意外傷害也並不容易。最終法院根據雙方當事人的舉證能力及對自殺認定所持的慎重態度，判決保險人敗訴。[25]

25. 劉建勳（2010）。《新保險法經典、疑難案例判解》。北京：法律出版社。242–255 頁。

第三編　保險合同法

中國《合同法》第二條規定：「本法所稱合同是平等主體的自然人、法人、其他組織之間設立、變更、終止民事權利義務關係的協議。」《合同法》分則中並沒有專章規定保險合同，對保險合同的規定主要體現在《保險法》第二章，另外《海商法》第十二章專門對海上保險合同作出規定。雖然從《保險法》的章節篇幅來看，有關保險合同的規定僅有第二章的五十七個條文，遠遠少於保險業法的規範，但無論是理論研究還是司法實踐中，目前國內對保險合同法的關注程度和研究深度都要遠高於保險業法。

第七章

保險合同概述

案例導讀

2001 年 11 月 26 日，原告鍾某之子楊某向某保險公司投保兩全保險和定期壽險各一份，並填寫了《人壽保險投保書》。其中兩全保險的保險金額為 30,000 元，標準保費為 1,254 元；定期壽險的保險金額為 15 萬元，標準保費為 585 元。楊某在該兩份投保書上填寫了保險公司詢問的相關內容，並在身故受益人一欄填寫了馮某（楊某的女朋友）的名字。11 月 27 日，楊某向保險公司交納了前述兩個險種的首期保險費共計 1,839 元，保險公司向楊某出具了兩份金額分別為 1,254 元及 585 元的「人身險暫收收據」，該暫收收據的附註聲明載明如下內容：「本公司在收到本收據列明的首期保險費，確認投保人 / 被保險人已完成本公司規定的投保手續，至本公司同意承保簽發保險單期間內（以不超過三十天為限），如被保險人因意外傷害事故身亡，本公司按照投保人所申請的意外身故保險金，累積給付最高限額不超過 20 萬元……」11 月 28 日，保險公司的初審員、暫收員、錄入員、覆核員分別在該兩份投保書上簽名或蓋章。2001 年 11 月 30 日，保險公司向投保人楊某出具兩份《新契約審核（體檢）通知書》，要求楊某「重新指定本保險的被保險人的身故受益人為直系親屬或法定以滿足可保利益，並請客戶於『填寫欄』內簽名認可。」楊某在上述兩份《新契約審核（體檢）通知書》上按要求重新指定其所購買的兩個主險的被保險人的身故受益人為「法定」，但保險公司未在楊某所填寫的兩份《人壽保險投保書》承保日期一欄內確認蓋章。2001 年 12 月 4 日，楊某無證駕駛兩輪摩托車發生交通意外死亡。經查明，本案中楊某未婚，其父親已經死亡，鍾某是楊某的母親。鍾某作為受益人與保險公司就保險合同是否成立及保險公司應否進行理賠發生爭議，遂訴至法院。[1]

---

1. 一審：廣東省惠州市惠東縣人民法院（2002）惠東法民初字第 163 號民事判決；二審：廣東省惠州市中級人民法院（2003）惠中法民一終字第 9 號民事判決。參見周玉華（2008）。《最新保險法經典疑難案例判解》。北京：法律出版社。82–84 頁。

一、保險合同的概念和特徵

1. 保險合同的概念

保險合同是保險法律關係得以產生的依據，其概念關係到對保險本質的認識。如本書第一章所述，從經濟學的角度說，保險是為確保經濟生活的安定，對特定危險事故發生所導致的經濟損失，集合多數經濟單位，根據合理計算，共同聚資建立基金，以為補償的經濟制度。換言之，保險是受同類危險威脅之人為滿足其成員損害補償之需要，而組成之雙務性且具有獨立之法律上請求權之共同團體。保險合同就是為此共同團體（保險人）和其成員（投保人或被保險人）以保險為目的所訂立的合同。[2]

中國《保險法》所規範的是通過訂立保險合同來實現的商業保險關係，有別於《社會保險法》所規範的依法形成的社會保險關係。《保險法》第十條規定：「保險合同是投保人與保險人約定保險權利義務關係的協議。」根據該協議，投保人按照約定向保險人支付保險費，保險人在合同約定的保險事故發生或達到合同約定的年齡、期限等條件時，承擔賠償或給付保險金責任。

保險合同屬於債的關係，債法的基本原則是尊重當事人的自由意思決定。因此保險法中有關保險合同的規定多屬於任意性規定，有關保險合同成立、生效、內容及效果等均可由當事人按照意思自治的法理基礎來約定。但是保險制度本身的專業性、技術性較強，尤其是保險合同的內容大多由保險人單方面擬定，一般公眾難以準確理解。因此保險合同雖然是由債法來規範，但其中也有強制性的法律規定。這種強制性的規定分為兩種，一種是絕對強制性規定，例如人身保險合同訂立時投保人對被保險人必須具有保險利益，否則合同無效。再比如投保人不得為無民事行為能力人投保以死亡為給付保險金條件的人身保險，保險人也不得承保。這些規定涉及到保險法所維護的社會經濟秩序和社會公共利益，不能通過當事人之間的約定加以排除。另一種是相對強制性規定，例如關於核賠時限的要求，《保險法》規定保險人收到被保險人或者受益人的賠償或者給付保險金的請求後，應當及時作出核定；情形複雜的，應當在 30 日內作出核定，但合同另有約定的除外。儘管

---

2. 江朝國（2002）。《保險法基礎理論》。北京：中國政法大學出版社。32 頁。

對核賠時限可以通過約定來改變，但不能因此而損害被保險人或者受益人的利益。

2. 保險合同的特徵

2.1 雙務有償合同

雙務合同是指當事人雙方互負對待給付義務的合同，即一方當事人願意負擔履行義務，旨在使他方當事人因此負有對待給付的義務。或者說，一方當事人所享有的權利，即為他方當事人所負有的義務。[3]與之相對應的是單務合同，是指合同當事人僅有一方負擔給付義務的合同。由中國《保險法》第二條的規定來看，保險合同的雙方當事人都負有特定的給付義務。其中投保人的主要義務是交納保險費，保險人的主要義務是承擔被保險人的風險保障。需要注意的是，保險人的義務並不僅僅是當保險事故發生後賠償或給付保險金，在整個保險期間內，保險人均負有風險保障的義務。只有這樣才能合理解釋當保險合同在事故發生前終止時，保險人無須返還終止前的合同有效期間內所對應的保費。

有償合同是指一方通過履行合同規定的義務而給對方某種利益，對方要得到該利益必須為此支付相應代價的合同；而無償合同是指一方給付對方某種利益，對方取得該利益時並不支付任何報酬的合同。有償合同是商品交換的最典型的法律形式。在保險合同中，投保人通過交納保險費，使被保險人獲得保險人提供的風險保障。從保險的本質來看，投保人交納的保險費聚集在一起形成了保險人承擔賠償或給付責任的資金來源。保險合同原則上為有償合同。因此，中國保監會對保險公司贈送保險的行為作出嚴格限制，在《中國保監會關於規範人身保險公司贈送保險有關行為的通知》中規定，人身保險公司可以以促銷或公益事業為目的贈送人身保險，但不得贈送財產保險。人身保險公司贈送的人身保險產品僅限於意外傷害保險和健康保險，而且保險期間不能超過一年。對每人每次贈送保險的純風險保費不能超過 100 元，以公益事業為目的的贈送保險不受此金額限制。人身保險公司贈送人身保險對

---

3. 參見王澤鑒（2001）。《債法原理（第一冊）》。北京：中國政法大學出版社。144 頁。

應的保費，根據會計準則不應確認為保費收入，但應按照監管規定計提責任準備金，同時將賠款計入賠付成本。

2.2 附和合同

保險合同大多屬於附和合同。傳統契約自由思想的基礎是合同的訂立不受外部力量的干預，合同雙方通過平等磋商、自由選擇最終達成合意。[4]而附和合同的大量運用改變了合同雙方過去自由、平等的合同地位，保險合同是其中的典型。附和合同是指一方當事人為與不特定的多數人進行交易而預先擬定，另一方當事人只能接受或拒絕而不能對合同內容進行變更的合同。中國《合同法》與《保險法》中均採用了格式條款的概念，《合同法》第三十九條規定：「格式條款是當事人為了重複使用而預先擬定，並在訂立合同時未與對方協商的條款。」隨着保險業的發展，保險合同的內容逐漸定型化和格式化，保險人將承保範圍和承保條件等要素以標準條款的形式事先擬定好再提供給投保人。雖然在實踐中保險合同的訂立通常都是由投保人提出要約的意思表示，但在一般情形下，投保人對保險合同的內容只能表示接受或不接受，一般不能進行實質性改變。儘管大部分保險合同都是附和合同，但是實踐中也有少數例外，對於企業、團體的保險，尤其是針對一些特殊風險的保險，保險合同的條件可能是雙方協商討論後方能確定的，例如工程保險、核保險、航天保險等。

保單標準化的過程有其必然性。除了節約交易成本的考量之外，保險公司在經營過程中需要運用大數法則對各種經濟活動中未來的風險進行分析、評估和管理。根據大數法則，保險公司集合的同質同分佈的風險單位越多，損失發生的概率和損失程度就越有規律性，精算人員制定的保險費率也更準確合理，從而保證保險經營的穩定。為獲得足夠多的面臨同樣風險的同種類標的，保險人必須出售相同的定型化保單。[5]就附和合同而言，如果提供格式條款的一方在擬定條款時能立於公平正義的立場，不僅考慮本身利益，亦兼顧

---

4. 〔英〕P．S．阿蒂亞，程正康、周忠海（譯）（1982）。《合同法概論》。北京：法律出版社。5頁。

5. 參見肯尼斯．S．亞伯拉罕，韓長印等（譯）（2012）。《美國保險法原理與實務》。北京：中國政法大學出版社。33頁。

他方的利益，則此種合同並非無可取之處。但是絕大多數條款擬定人都未能把持超然的地位，以合同自由的美名，利用其豐富的經驗及可使用的人力制定出只保護自己的條款。[6] 因此保險法上設立了一些規則來救濟通常是接受格式條款一方的投保人的利益，例如《保險法》第十七條規定保險人對其提供的格式條款要履行說明義務，以及《保險法》第三十條規定對合同條款發生爭議時的疑義利益解釋原則等。

2.3　射幸合同

射幸合同中當事人一方或雙方應為的給付，取決於合同成立後偶然事情的發生。與之相對應的是實定合同，該類合同的當事人應為的給付及給付的範圍在合同成立時已經確定。保險合同屬於射幸合同，保險人與投保人所約定的保險事故是不確定會否發生的事件。在保險合同中，保險人對投保人交納的保險費給出的對價，是向投保人作出承諾，一旦發生約定的保險事故，即向其支付相應保險金。[7] 保險合同中，投保人依照約定交付保險費的義務是確定的，但保險人的保險金給付或賠償義務，只有當承保範圍內的風險實際發生，即合同約定的保險事故發生，並造成損失時才需要履行。如前所述，風險的發生是不確定的，風險發生的不確定性決定了保險責任承擔的不確定性，這就使得保險合同具有射幸性。保險合同的射幸性特徵決定了不能以保險人是否履行了保險賠償或給付責任來判斷保險合同公平與否，因為保險人履行保險責任是有前提條件的，並不是必然的。

保險合同所具有的射幸因素，在財產保險中少有例外。在人壽保險方面如終身壽險及生死兩全保險等，其保險金的支付有一定的必然性，只是給付時間不確定，因此兼有儲蓄性質。

---

6. 江朝國（2012）。《保險法逐條釋義〔第一卷 總則〕》。台北：元照出版有限公司。47 頁。

7. 參見齊瑞宗、肖志立（2005）。《美國保險法律與實務》。北京：法律出版社。120 頁。

2.4　諾成合同

諾成合同是指當事人一方的意思表示一旦經對方同意即能產生法律效果的合同。此種合同的特點在於當事人雙方意思表示一致合同即告成立。與之相對應的是實踐合同，又稱要物合同，是指除當事人雙方意思表示一致以外尚須交付標的物才能成立的合同，如中國《合同法》第三百六十七條規定的保管合同。按照保險法的規定，投保人與保險人經過要約與承諾，意思表示達成一致，保險合同即告成立。有觀點認為保險合同的成立須以投保人交納保險費為前提，尤其是實踐中人身保險業務通常要求投保人預交保費的做法加深了這種認識。然而根據保險法的規定，保險費的交付與否可能會由於當事人的特別約定而影響到保險合同的效力或者保險責任的承擔，但是與保險合同的成立並無直接關聯。因此，保險合同屬於諾成合同即非要物合同，經當事人意思表示一致即可成立。

目前國內的人身保險合同通常將交納保險費約定為保險合同的生效要件，例如條款中約定「本合同成立、本公司收取保險費並簽發保險單為本合同的生效條件，合同生效日期在保險單上載明。」而在財產保險合同中，有的也將交納保險費約定為合同的生效要件，如中國保險行業協會頒佈的《機動車綜合商業保險示範條款（2014）》中約定「除本保險合同另有約定外，投保人應在保險合同成立時一次交清保險費。保險費未交清前，本保險合同不生效。」但是更多的財產保險合同是將交納保險費約定為投保人的合同義務，例如「投保人應按約定交付保險費。約定一次性交付保險費的，投保人在約定交費日後交付保險費的，保險人對交費之前發生的保險事故不承擔保險責任。」無論是上述何種約定，保險費的交付均與合同成立無關。

2.5　非要式合同

要式合同是指必須根據法律規定的方式而成立的合同。非要式合同則是指當事人訂立的合同依法並不需要採取特定的形式，當事人可以採取口頭形式，也可以採取書面形式。中國《保險法》第十三條規定：「投保人提出保險要求，經保險人同意承保，保險合同成立。保險人應當及時向投保人簽發保險單或者其他保險憑證。」可見，保險合同經過要約承諾，意思表示一致即可成立，並不以書面形式為成立要件。簽發交付保險單或者其他保險憑證是保

險人的法定義務，但此時的保險單或者其他保險憑證，只是經過口頭或書面接洽所訂立的保險合同的一種證據文書而已。實踐中通常把簽發保險單約定為保險合同的生效要件。

2.6　繼續性合同

合同以其所發生的債的關係，在時間上有無繼續性為區別標準，可分為一時性合同與繼續性合同。前者債的關係的內容，一次即可實現，如買賣、贈與等；後者則須繼續的給付方可實現，如租賃、委託等。[8] 換言之，債務人所負的債務，如果是在特定的時點即時清結的，那麼就構成一個一時性債務關係；反之，如果構成債務內容的給付義務，須延伸一段時間，則成立繼續性債務關係。[9] 在繼續性合同中，債務的履行是在債務存續的全部期間內進行，而非特定的到期日，因此，繼續性債務關係通常的消滅原因是期限屆滿。保險合同屬於繼續性合同，保險人是在整個保險責任期間內負有承擔危險的義務。危險承擔的內涵不僅體現於保險事故發生後保險人負有賠償或給付的義務，還在於保險合同生效後保險事故發生前由於保險人的危險承擔而使被保險人免於精神上或經濟上的憂慮。[10] 因此在對保險合同進行法律調整時，必須要顧及繼續性合同的特殊之處。假如在合同有效期內，保險標的的危險程度顯著增加的，被保險人應當按照合同約定及時通知保險人，保險人可以按照合同約定增加保險費或者解除合同。反之，在合同有效期內，據以確定保險費率的有關情況發生變化，如保險標的的危險程度明顯減少，除合同另有約定外，保險人應當降低保險費，並按日計算退還相應的保險費。

繼續性合同也常以特殊的信賴關係為先決條件，保險合同訂立時，除必須基於最大誠信外，對於合同雙方彼此的信譽等也有考慮。從這一點可以理解，財產保險中當保險利益隨同保險標的的轉移而轉移時，儘管現行保險法規定保險標的的受讓人承繼被保險人的權利和義務，但是除貨物運輸保險合

---

8. 江朝國（2012）。《保險法逐條釋義（第一卷 總則）》。台北：元照出版有限公司。43 頁。

9. 參見〔德〕迪特爾·梅迪庫斯，杜景林、盧諶（譯）（2004）。《德國債法總論》。北京：法律出版社。11–12 頁。

10. 參見江朝國（2002）。《保險法基礎理論》。北京：中國政法大學出版社。281 頁。

同和另有約定的合同外，被保險人或者受讓人應當及時通知保險人。因為在繼續性合同中，一方當事人的變化需要考慮另一方當事人的信賴。

二、保險合同的分類

依據不同的分類標準，可以將保險合同分作不同的類別。這裏不對保險合同的分類作全面的介紹，只說明幾種主要的分類。

1. 財產保險合同與人身保險合同

依據保險標的的不同性質為標準，可以將保險合同區分為財產保險合同和人身保險合同，這也是《保險法》第二章對保險合同所作的主要分類。保險標的是保險合同存在的基礎，也是確定承保條件、保險金額以及計算保險費率和賠償標準的依據。財產保險合同以財產及其有關利益為保險標的，人身保險合同以人的壽命和身體為保險標的。財產保險合同與人身保險合同在保險法的規定和實務中有不少差異，例如財產保險合同中要求被保險人在保險事故發生時對保險標的要具有保險利益，而人身保險合同中則要求投保人在訂立合同時對被保險人要具有保險利益；再如，保險法規定受益人是指人身保險合同中由被保險人或者投保人指定的享有保險金請求權的人，將受益人規定為人身保險合同中所具有的概念。保險業務實踐中，人身保險合同通常將交納保險費約定為保險合同的生效要件，而財產保險合同中有時將交納保險費約定為投保人的合同義務。

財產保險合同與人身保險合同的分類對保險監管而言更有意義。依照《保險法》、《人身保險公司保險條款和保險費率管理辦法》、《財產保險公司保險條款和保險費率管理辦法》等的規定，監管部門將保險業務分為人身保險業務和財產保險業務分別予以監管。其中人身保險業務，包括人壽保險、年金保險、健康保險、意外傷害保險等保險業務；財產保險業務，包括財產損失保險、責任保險、信用保險、保證保險等保險業務。保險人不得兼營人身保險業務和財產保險業務。但是，經營財產保險業務的保險公司經國務院保險監督管理機構批准，可以經營短期健康保險業務和意外傷害保險業務。

2. 補償型保險合同與定額保險合同

以保險合同的保障性質為標準，可以將保險合同分為補償型保險合同與定額保險合同。補償型保險合同設立的目的是補償被保險人因保險事故所遭受的損失，即在保險事故發生時，保險人根據對被保險人所受損失的評定，按照保險合同約定在保險金額範圍內予以補償。定額保險合同是指當保險事故發生時，保險人按照合同約定的保險金額給付保險金的保險合同。各種財產保險合同均屬於補償型保險合同，補償型保險合同以損失的存在為前提，只有在保險事故發生造成被保險人經濟損失時，保險人才賠償保險金。而在人身保險合同中，由於生命、身體是無價的，保險合同當事人可約定保險金額，在保險事故發生時，通常直接按照該保險金額為給付。但是在人身保險合同中也有屬於補償型保險合同的，這一點在前文介紹補償原則時已有說明。《健康保險管理辦法》第四條將醫療保險按照保險金的給付性質分為費用補償型醫療保險和定額給付型醫療保險。其中費用補償型醫療保險，目的僅在補償被保險人因治療所產生的費用，被保險人不得因接受治療而不當得利，因此保險人代位求償權也可以適用，學說上稱之為「中間性保險」。[11]

補償型保險合同與定額保險合同的分類對保險合同法而言更有意義，保險合同法中關於損失補償原則及其派生的各項制度的規定在補償型保險合同中多有適用，但對定額保險合同則不適用。由上述分析可知，凡是財產保險，均屬於補償型保險，而人身保險中也有屬於補償型保險者，因此僅通過將保險合同區分為財產保險合同和人身保險合同來區別有關不當得利禁止原則法條的適用範圍，並不妥當。

3. 特定危險保險合同與一切險保險合同

以保險人所承保的危險事故的不同範圍來分類，可以將保險合同分為特定危險保險合同與一切險保險合同。特定危險保險合同是指保險人僅承保特定的一種或數種危險的保險合同，例如地震保險、退貨運費險、盜搶險等。一切險保險合同又稱為「綜合保險合同」，該類合同中保險人承保的危險為合

---

11. 江朝國（2002）。《保險法基礎理論》。北京：中國政法大學出版社。82-83頁。

同中明確列舉的不保危險之外的一切危險。例如市場上常見的《財產一切險》條款中約定：「在保險期間內，由於自然災害或意外事故造成保險標的直接物質損壞或滅失，保險人按照本保險合同的約定負責賠償。」然後在責任免除部分列明不負責賠償的原因、損失或費用。

因此，以一切險保險合同方式規定承保危險的保險，承保了除保險合同中明文規定的除外責任以外的一切原因給被保險人造成的保險標的的損失。與此不同，以特定危險保險合同方式規定承保危險的保險，僅承保由於保單中具體列明的原因給保險標的造成的損失，對未列明的原因造成的損失不承擔保險責任，例如重大疾病保險對條款中未列明的重大疾病概不承擔保險責任。另外在特定危險保險合同中也會有除外責任的約定。訂立一切險保險合同對於被保險人的好處在於，可以避免分別投保幾種特定危險保險合同可能會出現的承保範圍的缺口，使被保險人的損失落在承保範圍之外而無法獲賠。

4. 原保險合同與再保險合同

依保險合同的次序分類，保險合同可以分為原保險合同與再保險合同。相對於原保險合同而言，再保險合同是指投保人與保險人最初訂立的保險合同。如果沒有再保險合同的訂立，也就無所謂原保險合同。再保險合同是原保險合同的保險人將其承擔的保險業務以分保形式部分轉移給其他保險人的合同。原保險合同與再保險合同既相互依存，又相互獨立。原保險合同的當事人為投保人與保險人；再保險合同的當事人為原保險人（再保險分出人）與再保險人（再保險接受人）。再保險人不一定是專業的再保險公司，經中國保監會批准，保險公司均可以從事再保險業務。

按照中國《保險法》第二十九條的規定，原保險合同與再保險合同中有以下幾點需要注意：第一，再保險人不得向原保險的投保人要求支付保險費。由於原保險合同與再保險合同各自獨立，因此再保險人不能因原保險人不交付保險費而直接向原保險合同的投保人請求交付；同理，原保險人也不能以原保險合同的投保人不交付保險費為由而拒絕向再保險人交付再保險費。第二，原保險的被保險人或者受益人不得向再保險人提出賠償或者給付保險金的請求。由於原保險合同與再保險合同各自獨立，原保險合同中保險事故發生後，被保險人與受益人對再保險人並無直接關係，因此不能向再保險人主

張保險金請求權。第三，再保險分出人不得以再保險接受人未履行再保險責任為由，拒絕履行或者遲延履行其原保險責任。由於原保險合同的被保險人或受益人對再保險人並無保險金請求權，保險事故發生後，其請求保險金的對象為原保險人。原保險人不得以再保險人未履行再保險責任為由，拒絕履行或者遲延履行其本身的合同義務。

三、保險合同的形式

儘管中國《合同法》中規定訂立合同可以採用書面形式、口頭形式和其他形式，但是鑑於保險合同的專業性、技術性較強，訂立保險合同依法應該採用書面形式。中國《保險法》第十三條規定：「投保人提出保險要求，經保險人同意承保，保險合同成立。保險人應當及時向投保人簽發保險單或者其他保險憑證。保險單或者其他保險憑證應當載明當事人雙方約定的合同內容。當事人也可以約定採用其他書面形式載明合同內容。」實踐中保險合同條款的第一條大多是「合同構成」條款，其中有類似的約定：「本合同是投保人與保險人約定保險權利義務關係的協議，包括本保險條款、保險單或其他保險憑證、投保單、與保險合同有關的投保文件、合法有效的聲明、變更申請書、批註、批單及其他投保人與保險人共同認可的書面協議。」在保險實務中，可用於證明合同雙方當事人權利義務的保險合同的書面形式主要包括保險人簽署了承諾的投保單、暫保單、保險單、保險憑證、批單以及保險協議書等。

1. 保險人簽署了承諾的投保單

投保單是投保人以其投保的意思向保險人提出時所填寫的書面文件，實踐中通常由保險人預先製作供投保人提出保險要求時使用，具有統一格式，列明訂立保險合同的主要內容，包括合同主體的信息、保險標的、所投保的險種類別、保險金額、保險費及保險期間等。在保險合同訂立過程中，投保單本身並非保險合同的正式文本，而是投保人向保險人提出投保要約的意思表示的書面文件。保險人的承諾一般採取簽發保險單或者其他保險憑證的書

面方式，也可以是在投保單上直接簽章表示同意。投保單一旦經保險人簽署了承諾後，就成為保險合同的有機組成部分，是保險合同成立的重要憑據。

就一般情形而言，投保時都需要填寫投保單。實踐中如果投保人收到保險單後發現其內容與自己在投保單中所填寫的內容不符，可以提出異議並要求保險人按照投保單的內容進行修正。《德國保險合同法》第五條第一款規定，當保險單的內容與投保人填寫的投保單及雙方達成的協議不符時，投保人可以在收到保險單之日起一個月內以書面形式提出異議。英美法中許多判例也對投保人的修正權予以保護。在 *Sun Life of Canada v. Jervis* 一案中，法官判決認為：如果投保單是根據對保單持有人利益的說明作出的，而保險公司簽發的保險單不如投保單對投保人有利的情況下，投保人有權對保險單予以修正以達到與投保單一致。[12] 從這個意義上說，保險實務中通常將投保單影印件作為合同文件放入保單冊中交給投保人，也是將其作為證明雙方當事人權利義務的證據之一。

中國《保險法司法解釋二》第十四條規定：「投保單與保險單或者其他保險憑證不一致的，以投保單為準。但不一致的情形是經保險人說明並經投保人同意的，以投保人簽收的保險單或者其他保險憑證載明的內容為準。」如果保險人簽發的保險單或者其他保險憑證上記載的內容與投保人所填寫的投保單上記載的內容不一致的，應當屬於反要約。投保人簽收並且未提出異議則構成對該反要約的承諾。因此，這種情況下應當以投保人簽收的保險單或者其他保險憑證載明的內容為準。[13]

2. 暫保單

暫保單，是保險合同訂立時保險人對投保人所作的臨時書面憑證，即正式保險單簽發前的臨時保險合同。在投保人投保後，如果保險人需要時間來決定是否承保，或者投保單是交給保險人的代理人，而代理人需要將其交給保險人來決定承諾與否，這就在發出要約與作出承諾之間有一定的時間間隔。為保護投保人、被保險人的利益，並確保保險業務的正常開展，保險人

---

12. 鄧成明等（2002）。《中外保險法律制度比較研究》。北京：知識產權出版社。48 頁。

13. 參見王靜（2013）。《保險類案裁判規則與法律適用》。北京：人民法院出版社。143–144 頁。

通常會依據慣例簽發暫保單給投保人，目的是在正式保險單出具前為被保險人提供臨時保障，是一種非正式卻有效的保險合同。[14] 澳洲 1984 年的《保險合同法》第十一條第二款規定：「暫時保險合同是由保險人簽發的旨在為投保人提供暫時保護的保險合同。」台灣《保險法》第四十三條規定：「保險契約，應以保險單或暫保單為之。」

暫保單的內容比較簡單，一般只載明保險標的、承保風險、保險費、承保期限及保險金額等重要事項。暫保單的有效期較短，通常約定為三十天，期限屆滿，暫時保險合同終止；如果投保人的投保申請被接受，當保險單簽發時，暫時保險合同也終止。正在草擬過程中的《歐洲保險合同法原則》第 2:403 條規定：「如果投保人得到暫保，則暫保期間終止於保險合同確定的承保期間開始之時或者投保人收到保險人明確拒絕承保的通知時。」[15]

在美國，暫保單多適用於財產與責任保險的情形，[16] 人壽與健康保險中臨時保險合同的表現形式則為附條件收據。[17] 中國早在 1997 年《中國人民銀行關於機動車輛保險業務有關問題的通知》中就出現了啟用機動車輛提車暫保單的規定。目前由於人身保險中的預收保險費的做法，使得在保險人收取保險費後尚未作出是否承保的意思表示前發生保險事故時，當事人就保險人是否應承擔保險責任爭議較大，為減少糾紛，保險公司在人身保險中也逐漸使用暫保單。在本章案例導讀所述的案件中，二審法院判決認為楊某因交通事故意外死亡的情形符合保險公司在暫收收據的聲明中自定的賠償條件，故保險公司應按約定給付意外事故保險金。2009 年 7 月，中國保險行業協會在《關於推薦使用〈人身保險產品條款部分條目示範寫法〉的通知》中，「建議各保險公司按照新《保險法》的要求做到保險合同自成立時生效。若對合同效力約定附條件或者附期限，則鼓勵各公司根據實際情況在投保人支付首期保險費起至本公司同意承保或發出拒保通知書並退還保險費期間為被保險人提供臨時

---

14. 吳定富主編（2009）。《〈中華人民共和國保險法〉釋義》。北京：中國財政經濟出版社。36 頁。

15. 「歐洲保險合同法重述」項目組，韓永強（譯）（2011）。〈歐洲保險合同法原則〉。見梁慧星主編，《民商法論叢》。北京：法律出版社。48 卷，8 頁。

16. 〔美〕馬克‧S‧道弗曼，齊瑞宗等（譯）（2009）。《風險管理與保險原理》。北京：清華大學出版社。149 頁。

17. Jeffrey W. Stempel (1994). *Interpretation of Insurance Contracts: Law and Strategy for Insurers and Policyholders*. New York: Little, Brown and Company. p. 61.

保障。」該規定對保護被保險人利益具有積極意義。由於暫保單簽發及生效的前提是保險人已收到投保人支付的保險費，因此實踐中有的保險人為避免對簽發正式保險單之前發生的事故是否承擔責任產生爭議，改變預收保險費的作法，不要求投保人在投保時交付保險費，而是在核保完成後再根據核保結果決定是否收取保險費及出具保險單。

3. 保險單

保險單是投保人與保險人之間訂立的保險合同的正式證明文件，一般由保險人簽發給投保人，是保險合同的正式載體，載明合同雙方當事人的權利、義務。保險單一般只由保險人簽名，此處的簽名實踐中只須具有簽名權的人複製簽名並加蓋公司印章即可。如前所述，保險單是保險合同的重要組成部分，簽發保險單並不是保險合同成立的法定要件，而是保險合同成立後保險人的法定義務。國內的保險實踐中通常把簽發保險單約定為保險合同的生效要件，合同的生效日期也以保險單上載明的時間為準。

保險單作為保險合同的證明文件，投保人或被保險人可以憑藉保險單來證明保險人對於保險單內所記載的事項確已作出承諾的意思表示。被保險人或者受益人向保險人申請領取保險金時，按照合同約定通常須提供保險單。如果保險單丟失、損毀等，可由投保人向保險公司申請補發。

隨着互聯網保險業務的興起，除紙質保險單外，中國的法律允許保險單以電子數據的形式呈現。《保險法》第十三條規定：「保險單或者其他保險憑證應當載明當事人雙方約定的合同內容。當事人也可以約定採用其他書面形式載明合同內容」；《合同法》第十一條規定：「書面形式是指合同書、信件和數據電文（包括電報、電傳、傳真、電子數據交換和電子郵件）等可以有形地表現所載內容的形式」；《中華人民共和國電子簽名法》第四條規定：「能夠有形地表現所載內容，並可以隨時調取查用的數據電文，視為符合法律、法規要求的書面形式。」因此，以數據電文形式簽訂的保險單與紙質保單具有同等效力，也應同紙質保單一樣遵循監管規定。

4. 保險憑證

保險憑證又稱小保單，是保險人簽發給投保人的證明保險合同已經成立或保險單已經正式簽發的一種書面憑證。保險憑證上一般不記載保險條款，但明確合同內容以保險單載明的保險條款為準，其與保險單具有同等法律效力，實質上是一種內容和格式簡化了的保險單。凡是保險憑證上沒有載明的內容，均以同一合同的保險單上載明的內容為準。如果保險憑證上所記載的內容與保險單的內容衝突，則以保險憑證上的內容為準。如果保險憑證記載的內容不一致的，按照中國《保險法司法解釋二》第十四條的規定，保險憑證記載的時間不同的，以形成時間在後的為準。保險憑證存在手寫和打印兩種方式的，以雙方簽字、蓋章的手寫部分的內容為準。

由於保險憑證是一種簡化的保險單，一般在團體保險、汽車保險和一些貨物運輸保險中使用，起到方便攜帶以資證明的作用：第一，在團體保險業務中，由於保險人僅簽發一份保險單給投保人，按照規定應向團體保險合同的被保險人簽發保險憑證。中國保監會在 2015 年 1 月頒佈的《關於促進團體保險健康發展有關問題的通知》（保監發〔2015〕14 號）中規定，除特殊情形外，保險公司應當及時向被保險人簽發保險憑證，投保人和被保險人未要求提供紙質保險憑證的，可以提供電子保險憑證，同時應向被保險人提供網絡、電話和櫃面等保險憑證查詢渠道。保險憑證應當載明保險期間、保險責任範圍和被保險人在該團體保險合同項下享有的各項權利，以及被保險人和受益人的基本信息（包括姓名、性別、身份證件類型和號碼、聯繫方式）。第二，在汽車保險中，保險憑證的簽發可以證明被保險人依法參加了車輛損失險和第三者責任險，保險憑證便於攜帶，便於接受道路交通管理機關的檢查。第三，在貨物運輸保險中，如果雙方採取預約保險這種承保方式，保險雙方在保險合同中約定總的承保範圍，包括運輸貨物的種類、每批發運貨物的最高保險金額、費率和保險費結算方法等。凡屬於合同約定範圍內的貨物一經起運，合同自動生效。在合同有效期內，被保險人每發運一批貨物時，應當填寫起運通知書，及時向保險人申報貨物的名稱、價值、數量、保險金額等。保險人可根據被保險人的要求，按每批起運通知書另行簽發相關的保險憑證，以記載保險標的、保險金額、航程等事項。

5. 批單

批單是保險合同當事人就保險單的內容進行修改或變更的書面文件。批單通常在兩種情況下使用：一是對格式化的標準保險條款進行部分修訂。需要注意的是，根據保險監管部門的規定，保險單中的基本保險條件一般不得改變。中國保監會在《關於規範人身保險業務經營有關問題的通知》（保監發〔2011〕36 號）中指出，「保險公司可以在經中國保監會審批或備案保險條款的基礎上出具批單或在保單上加批註，批單和批註不得改變條款中規定的保險責任和保險期間，批單和批註上應加蓋保險公司公章、經授權出單的分支機構公章或上述兩者的合同專用章」；二是保險合同有效成立後，當事人協商一致對合同內容進行修改，例如變更身故保險金受益人、改變保險金額等。投保人如果想更改合同，應先向保險人申請，經保險人同意後在原保險單或者保險憑證上批註或附貼便條作為批單，以資證明。批單一經簽發，就成為保險合同的重要組成部分。當批單的內容與保險單正文的內容不一致時，以批單記載的內容為準。

通過批單修改或變更保險合同的內容必須依法進行，例如在《中國保監會關於促進團體保險健康發展有關問題的通知》中規定，團體保險應當使用經審批或者備案的保險條款和保險費率。保險公司以批單、批註或者補充協議形式進行變更的，應當由總公司統一批准和管理。保險公司以批單、批註或者補充協議形式對保險期間超過一年的團體保險進行變更並且改變其保險費率、保險責任和定價方法的，應按照《人身保險公司保險條款和保險費率管理辦法》的有關要求進行審批或變更備案。保險公司以批單、批註或者補充協議形式對保險期間不超過一年的團體保險進行變更的，不需要將保險條款和保險費率重新報送審批或備案，但應當在年度產品總結報告中進行專題報告。在《關於加強機動車輛商業保險條款費率管理的通知》（保監發〔2012〕16 號）中也規定，保險公司應當嚴格執行經保監會批准的商業車險條款和費率，不得通過批單、特別約定等方式對經保監會批准的商業車險條款和費率作出實質性變更。

6. 保險協議書

保險協議書是協議保險合同的表現形式。如前文在介紹保險合同的特徵時所述，並不是所有的保險合同都是附和合同，某些針對特殊風險承保的保險合同如工程保險、核保險、航天保險等，允許雙方當事人協商合同條款。投保人和保險人依據各自的主觀意願，按照協議的一般形式和權利義務對等的原則，通過平等協商，將彼此的權利、義務和責任用文字的形式固定下來，形成合同文書。投保人和保險人或其代理人應當在協議書上簽字或蓋章，並註明簽字或蓋章的日期和地點。

第八章

保險合同的主體

原告某物流公司就其運輸貨物向被告保險公司進行投保，保險公司在保險合同締約過程中，未就貨物運輸險的權利義務、特別是保險利益歸屬向物流公司進行告知和說明。保險公司出具的物流貨物保險單載明投保人為物流公司，被保險人為物流公司的貨主，條款第五條「特別約定」稱：「保險人不放棄該保單項下對於事故責任人的追償權益，僅當物流公司為被保貨物的實際承運人的情況除外。」後物流公司受貨主丙公司委託，運輸一批橡膠貨物。承運過程中發生交通事故造成貨物損失。物流公司在向丙公司賠償完畢後，依據保險合同請求保險公司承擔保險責任，保險公司以物流公司並非被保險人，缺乏保險利益為由拒賠。物流公司遂提起訴訟。法院認為，物流公司對於其承運的貨物不享有貨主的所有人利益，故其投保貨物運輸險自始不具有保險利益，與其利益匹配的應為物流責任險。保險公司作為專業保險機構，完全有能力區分這兩個險種在保險利益歸屬及投保人利益保護上的不同，其在向投保人推介保險產品時應當進行說明。現物流公司在向貨主賠償完畢後，因欠缺保險利益而無法自其投保的貨物運輸險中得到賠償，其損失發生與保險公司未盡說明義務存在因果關係，法院認定其在承保過程中存在過錯。物流公司在締約時未審慎合理了解保險產品、履約中存在違約行為，亦應自擔部分損失。法院最終判令保險公司賠償物流公司 60% 的貨物損失。[1]

主體是保險合同不可缺少的要素之一。保險合同的主體是指保險合同的參加者，即保險合同權利的享有者和義務的承擔者。保險合同的主體一般包括當事人和關係人，其中與保險合同發生直接關係者，即為保險合同的當事人；與保險合同發生間接關係者，即為保險合同的關係人。一般認為，保險合同的當事人為投保人和保險人。保險合同的關係人則是指被保險人和受益

---

1. 參見上海市虹口區人民法院（2018）滬 0109 民初 9552 號判決。

人。[2] 除此之外還有在保險合同的訂立、履行過程中起輔助作用的主體，即保險合同的輔助人，包括保險代理人、保險經紀人和保險公估人。對保險合同的輔助人將在保險中介章節介紹，本章主要分析保險合同的當事人和關係人。

一、投保人

1. 投保人是保險合同的當事人

保險合同是雙方當事人之間約定保險權利義務關係的協議。保險人作為保險合同的一方當事人，是沒有爭議的。但對於保險合同的另一方當事人是誰，則存在爭議。一種觀點認為，保險合同的另一方當事人是投保人；另一種觀點認為，保險合同的另一方當事人應該是被保險人。有學者認為，英美法中通常將被保險人作為與保險人相對的另一方保險合同的當事人。[3] 中國《海商法》中也將被保險人作為保險合同的另一方當事人，《海商法》第二百一十六條第一款規定：「海上保險合同，是指保險人按照約定，對被保險人遭受保險事故造成保險標的損失和產生的責任負責賠償，而由被保險人支付保險費的合同。」但大陸法系一般將投保人作為保險合同的一方當事人。當投保人與被保險人不是同一人時，被保險人並非合同的當事人，僅是合同的關係人之一。[4] 中國《保險法》中也明確規定投保人與保險人是保險合同的當事人。《保險法》第十條規定：「保險合同是投保人與保險人約定保險權利義務關係的協議。」

按照中國《保險法》的規定，投保人是指與保險人訂立保險合同，並按照合同約定負有支付保險費義務的人。當投保人為自己的利益訂立保險合同時，投保人與被保險人是同一個人；當投保人為他人的利益訂立保險合同時，投保人與被保險人是不同的人。由於中國《保險法》中規定投保人與被保

2. 袁宗蔚（2000）。《保險學 —— 危險與保險》。北京：首都經濟貿易大學出版社。203 頁。

3. 韓長印、韓永強（2010）。《保險法新論》。北京：中國政法大學出版社。74 頁；許崇苗、李利（2006）。《中國保險法原理與適用》。北京：法律出版社。183 頁。

4. 江朝國（2012）。《保險法逐條釋義（第一卷 總則）》。台北：元照出版有限公司。642 頁。

險人的權利義務是不同的，實踐中仍需注意區分這兩類主體以及他們享有的不同權利和承擔的不同義務。司法機關中也注意到，人身保險合同的主體，除保險人與投保人外，還有被保險人和受益人，理論界與實務界對被保險人與受益人的法律地位存在不同認識。儘管《保險法》明確指出投保人是保險合同當事人，但仍有觀點認為，被保險人也是保險合同當事人。為此，《保險法司法解釋三》遵循合同相對性基本原理，以投保人作為保險合同當事人來構建保險合同法律關係，同時注重維護被保險人的合法權益。[5]

英美法中對保險合同的當事人還有另外的解讀，即在保險合同中，保單或者保險合同的一方——被稱作保單所有人，向另一方——被稱作保險人，支付規定的報酬即保險費。[6]保單所有人，又稱為保單持有人，是擁有保險合同並能實施保單項下所有權利的人。中國《保險法》中並沒有出現保單所有人或者保單持有人的概念，但在中國保監會的部門規章和規範性文件中使用過。2000年7月發佈的《關於規範人身保險經營行為有關問題的通知》（保監發〔2000〕133號）中規定，保險公司在簽發保單時，必須向保單持有人發送對應的保險條款，使投保人、被保險人或受益人能夠隨時知道自己的權益和保險公司承擔的責任。2008年9月發佈的《保險保障基金管理辦法》（中國保監會令2008年第2號）中在規定保險保障基金的用途時指出，該基金是在規定的情形下用於救助保單持有人、保單受讓公司或者處置保險業風險的非政府性行業風險救助基金。同時將保單持有人界定為是在保險公司被依法撤銷或者依法實施破產的情形下，對保單利益依法享有請求權的保險合同當事人，包括投保人、被保險人或者受益人。

如果壽險保單貼現業務能夠在實踐中得以實施，那麼理解保單持有人的概念就非常重要，因為只有保單持有人才能進行保單貼現。在中國保險法關於保險合同主體的現有框架下如何理解保單持有人？通常與保險人簽訂合同的人才是保單持有人。因此，在合同沒有特別約定的情況下，原則上投保人是保單持有人。只是在英美的保單中，投保人與被保險人為同一人的情形頗

---

5. 楊臨萍、劉竹梅、林海權（2016）。〈《關於適用保險法若干問題的解釋（三）》的理解與適用〉，《人民司法·應用》。北京：《人民司法》雜誌社。1期，17–25頁。

6. 〔美〕肯尼思·布萊克、哈羅德·斯基博，孫祁祥等（譯）（2003）。《人壽與健康保險（第十三版）》。北京：經濟科學出版社。4頁。

多，才常直接稱被保險人為保單持有人或者保單所有人。[7] 在美國，除了人壽保險裏存在特殊的關係外，投保人通常都是以自己為被保險人與保險人訂立保險合同。而在人壽保險中，被保險人是以其生命作為保險標的的那個人，但他不一定是與保險人簽訂合同的那個人。人們有可能簽訂保險合同以他人的生命投保。此時與保險人簽訂合同的人是保單持有人，但此人並非該合同中的被保險人。[8]

2. 投保人的資格

作為保險合同當事人的投保人，可以是自然人，也可以是法人或者其他組織。對投保人的資格並無特殊限制，只是按照《合同法》的規定投保人應當具有相應的民事權利能力和民事行為能力。另外人身保險的投保人在訂立合同時需要對被保險人具有保險利益。

自然人從出生到死亡，都具有民事權利能力。關於自然人的民事行為能力，中國《民法通則》第十一條規定：「十八周歲以上的公民是成年人，具有完全民事行為能力，可以獨立進行民事活動，是完全民事行為能力人。十六周歲以上不滿十八周歲的公民，以自己的勞動收入為主要生活來源的，視為完全民事行為能力人。」另外，《民法通則》規定不能辨認自己行為的精神病人是無民事行為能力人。[9] 保險業務實踐中，財產保險合同條款通常沒有對投保人作專門的約定，人身保險合同條款中有的明確約定「凡年滿十八周歲，具有完全民事行為能力且對被保險人具有保險利益的人，均可作為本保險的投保人。」也有的條款將投保人約定為「具有完全民事行為能力的被保險人本人、對被保險人有保險利益的其他人」。可見，實踐中通常不接受無民事行為能力人和限制民事行為能力人作為投保人。

---

7. 袁宗蔚（2000）。《保險學 —— 危險與保險》。北京：首都經濟貿易大學出版社。204-205 頁。

8. 〔美〕小羅伯特・H・杰瑞，道格拉斯・R・里士滿，李之彥（譯）（2009）。《美國保險法精解（第四版）》。北京：北京大學出版社。144 頁。

9. 中國《民法總則》第十七條規定：「十八周歲以上的自然人為成年人。不滿十八周歲的自然人為未成年人。」第十八條規定：「成年人為完全民事行為能力人，可以獨立實施民事法律行為。十六周歲以上的未成年人，以自己的勞動收入為主要生活來源的，視為完全民事行為能力人。」第二十一條規定：「不能辨認自己行為的成年人為無民事行為能力人，由其法定代理人代理實施民事法律行為。8 周歲以上的未成年人不能辨認自己行為的，適用前款規定。」

法人和其他組織作為投保人在保險法中也沒有特別限制，只是針對團體保險業務，中國保監會在 2005 年 7 月頒佈的《關於規範團體保險經營行為有關問題的通知》（保監發〔2005〕62 號）中規定「保險公司不得為以購買保險為目的組織起來的團體承保團體保險」。在 2015 年 1 月頒佈的《中國保監會關於促進團體保險健康發展有關問題的通知》中進一步明確規定，作為團體保險的投保人的特定團體是指法人、非法人組織以及其他不以購買保險為目的而組成的團體。特定團體屬於法人或非法人組織的，投保人應為該法人或非法人組織；特定團體屬於其他不以購買保險為目的而組成的團體的，投保人可以是特定團體中的自然人。

3. 投保人的主要權利義務

投保人可以為自己的利益訂立保險合同，也可以為他人的利益訂立保險合同。投保人在保險合同中的法律地位通過其享有的權利和承擔的義務來體現。

3.1 投保人的主要權利

3.1.1 投保人的保險合同解除權及其限制

中國《保險法》第十五條規定：「除本法另有規定或者保險合同另有約定外，保險合同成立後，投保人可以解除合同，保險人不得解除合同。」保險合同成立後，投保人原則上可以任意解除保險合同。投保人申請解除合同時，應填寫解除合同申請書並按照合同約定向保險人提供保險合同、有效身份證件等資料。

法律法規對投保人的合同解除權的限制主要表現在以下幾種情形，一是根據《保險法》第五十條的規定，貨物運輸保險合同和運輸工具航程保險合同，保險責任開始後，合同當事人不得解除合同。二是根據《機動車交通事故責任強制保險條例》第十六條的規定，除了被保險機動車被依法註銷登記的、被保險機動車辦理停駛的、被保險機動車經公安機關證實丟失的這三種情形以外，投保人不得解除機動車交通事故責任強制保險合同。另外如《旅行社

責任保險管理辦法》、《關於開展環境污染強制責任保險試點工作的指導意見》等對旅行社責任險、環境污染責任保險中投保人的解除權也作出限制。

由於合同解除權是投保人的法定權利，而且《保險法》第十九條中規定，採用保險人提供的格式條款訂立的保險合同中，排除投保人、被保險人或者受益人依法享有的權利的條款無效。因此除上述法律、行政法規、部門規章等規定的情形外，目前在保險合同中很少通過條款約定來限制投保人的合同解除權。投保人解除保險合同原則上也不需要取得被保險人或者受益人同意，《保險法司法解釋三》第十七條規定：「保人解除保險合同，當事人以其解除合同未經被保險人或者受益人同意為由主張解除行為無效的，人民法院不予支持，但被保險人或者受益人已向投保人支付相當於保險單現金價值的款項並通知保險人的除外。」

3.1.2　投保人享有變更保險合同的權利

在保險合同有效期內，投保人提出申請、經與保險人協商一致，可以變更保險合同的有關內容。例如合同關係人的變更、基本信息變更、繳費期限變更、加保、減保、保險費墊交、減額繳清、展期定期等，這些通常都屬於保險公司保全業務的範圍。在合同關係人變更方面，投保人有權指定和變更受益人，但都必須經過被保險人同意，否則該指定或變更無效。如變更保險合同，應當由保險人在原保險合同或其他保險憑證上批註或者附貼批單，或者由投保人和保險人訂立變更合同的書面協議。

當投保人提出變更申請時，不論其變更的是投保險種、保險金額，還是受益人及保險費率，保險人審核時把握的中心環節是變更結果是否增加了變更保件的風險程度，變更後的保件是否適應當初承保時的承保條件，是否增加了道德風險，有沒有逆選擇的動機等。

3.1.3　人壽保險的投保人享有申請保單貸款或保單質押貸款的權利

人壽保險具有現金價值（兩全壽險和終身壽險通常都有現金價值，定期壽險是否具有現金價值要視乎合同約定），從這個意義上說，含有現金價值的人壽保險單是一種有價值的單證，也是投保人擁有保險單的現金價值的權利憑證。投保人可基於此而向他人借款。實踐中，「保單貸款」通常特指投保人

向其投保的保險人申請貸款。[10] 如果投保人以其對保險單所享有的權利設立質押擔保向保險人以外的其他主體（例如銀行）申請貸款，則通常被稱為「保單質押貸款」。兩者在法律性質上沒有本質區別，但在申請業務流程方面有所不同。

中國保監會在《關於規範人身保險業務經營有關問題的通知》（保監發〔2011〕36號）中對保單貸款作出規範，保險公司可以向具有現金價值的個人長期險保單投保人提供保單貸款服務，保單貸款的有關事項應當在保險合同中約定。保單貸款金額不得超過保單現金價值，貸款期限一般不超過六個月。保險公司不得向投保人以外的第三方提供保單貸款。以死亡為給付保險金條件的合同所簽發的保單貸款，還應事先經被保險人書面同意。按照壽險合同中常見的對「保單貸款」條款的約定，在合同有效期內，投保人可以向保險人申請貸款。一般情況下，貸款金額不超過合同現金價值扣除各項欠款後餘額的80%，每次貸款期限最長不超過六個月。[11] 由於貸款會影響保險人的資金運用，有可能使保險人減少資金收益，因此條款中會約定貸款利率。保單貸款利率參照中國人民銀行公佈的同期貸款利率、公司自身資金成本及風險管控能力等由保險人確定，合同約定的貸款期限屆滿時，投保人應返還所借款項本息。逾期不能歸還借款時，投保人可以申請延期，但當貸款本息累計已經超過其保單的現金價值、投保人又未按期歸還借款時，保險人有權終止合同效力；若被保險人在貸款本息清償之前發生保險事故，保險人可從應給付的保險金中扣除投保人所借的貸款本息，僅支付餘額部分給保險金申請人。

「保單質押貸款」又稱為保單質押轉讓，實踐中通常是指投保人從銀行或其他機構貸款等情形。中國《保險法》雖然沒有直接規定人身保險單可以設立質押，但該法第三十四條第二款規定：「按照以死亡為給付保險金條件的合同所簽發的保險單，未經被保險人書面同意，不得轉讓或者質押。」在保險合同中約定保單質押貸款，並未超過經營保險業務許可證批准的業務範圍。保險監管實踐中一直將保單質押貸款條款視為保險合同當事人的約定，屬於

---

10. 台灣《保險法》第一百二十條規定：「（人壽保險）保險費付足一年以上者，要保人得以保險契約為質，向保險人借款。」

11. 《中國保監會關於進一步完善人身保險精算制度有關事項的通知》（保監發〔2016〕76號）中再次強調：「保險公司提供保單貸款服務的，保單貸款比例不得高於保單現金價值或帳戶價值的80%。保險公司不得接受投保人使用信用卡支付具有現金價值的人身保險保費以及對保單貸款進行還款。」

意思自治，監管政策上也是允許的。[12] 中國保監會在《關於加強保險公司與商業銀行保單質押貸款業務合作管理有關問題的通知》（保監壽險〔2011〕1312號）中要求，對於商業銀行開展的保單質押貸款業務，保險公司在保險合同中應對保單質押貸款條款進行細化，明確以死亡為給付條件的保單在辦理質押時必須取得被保險人的同意。為防止保單在質押期間發生被保險人死亡等保險事故時產生的利益糾紛，應採取指定受益人等措施以明確相關權益，防止出現法律風險。實踐中銀行在接受投保人的保單質押貸款申請時，貸款金額可以達到合同現金價值的 70%-90%，每次貸款期限通常為一年，最長可達五年。

3.1.4　分紅險的投保人享有獲取保單紅利的權利

分紅保單讓保單所有者分享因實際情況好於假設情況而由保險公司累積的盈餘資金。可分配盈餘作為紅利分配給保單所有者。[13] 盈餘的產生是由很多因素決定的，但最為主要的因素是利差益、死差益和費差益。按照中國保監會《分紅保險管理暫行辦法》的規定，分紅保險是指保險公司將其實際經營成果優於定價假設的盈餘，按一定比例向保單持有人進行分配的人壽保險產品。這裏所說的保單持有人，是指按照合同約定，享有保險合同利益及紅利請求權的人。實踐中在沒有其他特別約定的情況下，分紅保險合同通常是向投保人派發紅利。在合同有效期內，保險人每年根據上一會計年度分紅保險業務的實際經營狀況，確定紅利分配方案，並向投保人寄送每個保單年度的分紅報告，告知分紅的具體情況。

按照中國保監會《個人分紅保險精算規定》，保險公司每一會計年度向保單持有人實際分配盈餘的比例不低於當年可分配盈餘的 70%。紅利分配方式有兩種，即現金紅利和增額紅利。其中增額紅利分配是指在整個保險期限內每年以增加保額的方式分配紅利。現金紅利分配指直接以現金的形式將盈餘

---

12. 參見中國保監會《關於壽險保單質押貸款業務有關問題的覆函》（保監廳函〔2008〕66 號）。中國人民銀行《關於人壽保險中保單質押貸款問題的批覆》（銀覆〔1998〕194 號）中也對保單質押貸款作出了具體規定。

13. 〔美〕肯尼思·布萊克、哈羅德·斯基博，孫祁祥等（譯）（2003）。《人壽與健康保險（第十三版）》。北京：經濟科學出版社。43 頁。

分配給保單持有人。保險公司可以提供多種紅利領取方式，如現金領取、抵繳保費、累積生息以及購買繳清增額保險等。如果投保人希望變更紅利的領取方式，需填寫變更申請書，在保險人收到變更申請書之日起予以變更新的紅利領取方式。紅利領取方式的變更不影響按原領取方式已分配的紅利。

3.1.5　投保人有權申請復效

人身保險合同履行過程中，在一定的期限內，由於失去某些合同要求的必要條件，致使合同失去效力，稱為合同中止或者保單失效。一旦在法定或約定的時間內滿足了所需條件，合同就恢復原來的效力，稱為合同復效。合同效力中止通常與人身保險的期交保險業務中投保人未按期交納續期保險費有關，為了保護被保險人和受益人的利益，給投保人交納保險費一定的寬限期，如在寬限期結束後仍未交納應付保險費的，保險合同效力中止。如果投保人重新具備交納保險費的能力並且願意補交所欠交的保險費本息的，在復效期內有權向保險人提出復效申請，經保險公司審核通過，保險合同效力將恢復。中國《保險法》第三十七條規定：「合同效力依照本法第三十六條規定中止的，經保險人與投保人協商並達成協議，在投保人補交保險費後，合同效力恢復。但是，自合同效力中止之日起滿二年雙方未達成協議的，保險人有權解除合同。」

除欠交保險費之外，人身保險中還有其他導致合同效力中止的情形。例如在給予客戶保單貸款選擇權的人壽保險合同中，當客戶未還貸款的本金及利息加上其他各項欠款達到保險合同的現金價值時，按照條款約定也可能導致保險合同效力中止。再如，在允許自動貸款墊交保險費的人壽保險合同中，如果首期保險費後的分期保險費逾寬限期仍未交付的，保險人允許投保人以書面形式通知從保險單當時的現金價值中自動貸款墊交保險費，在扣除保險合同貸款及貸款利息後，若合同當時的現金價值淨額足以墊交應交保險費的，保險人將自動貸款墊交保險費，使保險合同繼續有效。如果保險合同當時的現金價值淨額不足以墊交當時到期的保險費，投保人也未補繳，保險合同效力即中止。在這兩種情況下，投保人在滿足一定條件時，都有權向保險人申請復效。

除上述主要權利外，另外如申請補發保險單、保險單遷移等也都屬於投保人的權利。

3.2　投保人的主要義務

根據《保險法》第十六條的規定，投保人在訂立合同時負有如實告知義務，這一點在最大誠信原則中已有介紹。除此之外，投保人還負有交納保險費、維護保險標的安全、保險事故發生後及時通知保險人、提供與確認保險事故的性質、原因、損失程度等有關的證明和資料，以及將重複保險的有關情況通知保險人等義務。

3.2.1　按照合同約定交納保險費

根據中國保險法的規定，投保人是與保險人訂立保險合同，並按照合同約定負有支付保險費義務的人。保險合同成立後，投保人按照約定交付保險費，保險人按照約定的時間開始承擔保險責任。因此，交納保險費是投保人的主要義務。只有在極少數情況下，投保人才會被免除交納保險費的義務，例如人身保險中如果含有保費豁免條款，那麼當投保人在交費期間發生意外傷害事故導致身故或全殘時，保險人同意投保人可以不再繳納後續保費，保險合同仍然有效。

在人身保險中，目前的條款一般將合同成立、保險人收取保險費並簽發保險單作為合同生效的前提條件。保險費的交付方式分為一次交付（即躉交）和分期交付（即期交），具體按合同條款約定執行。而在財產保險中，如在前文關於保險合同的諾成合同特徵部分所述，既有將交納保險費約定為合同的生效要件的情形，也有將交納保險費約定為投保人的合同義務的情形。另外由於財產保險合同多為一年期合同，要求一次交付保險費的合同居多。但也有少數分期支付保險費的情形，典型的如建築工程保險合同。[14]

---

14. 建築工程保險合同中通常約定，「投保人應按約定交付保險費。約定一次性交付保險費的，投保人在約定交費日後交付保險費的，保險人對交費之前發生的保險事故不承擔保險責任。約定分期交付保險費的，保險人按照保險事故發生前保險人實際收取保險費總額與投保人應當交付的保險費的比例承擔保險責任，投保人應當交付的保險費是指截至保險事故發生時投保人按約定分期應該繳納的保費總額。」

需要注意的是，交納保險費的義務原則上應由投保人履行，但投保人和保險人也可以約定由第三人交付保險費。即使合同沒有約定由第三人交付保險費，保險合同的關係人通常也可以代替投保人交付保險費。至於保險合同關係人以外的人能否代替投保人交付保險費，理論和實踐中的意見並不統一。《德國保險合同法》中對第三方支付保險費作了限制，該法第三十四條第一款規定：「保險人應得到期之保險費、為第三人利益之保險或其他保險人基於保險合同應得之給付，被保險人、第三受益人以及抵押權人均可以代位履行，保險人不得依德國《民法典》的規定加以拒絕。」[15] 英國判例則認為，只要合同沒有相反規定，如果保險費由未經授權的人支付，即不符合合同要求，承保人可以拒絕。例外的情形是，如果承保人從其他人手裏收取了保險費，投保人追認了該支付行為，那麼法律認為保險費已經支付。[16] 在美國，如果某人為非其本人所有的人壽保險或年金合同繳納保費，則該人就是在對保單所有人進行價值為已繳保費數額的應稅贈與，會被依法徵收贈與稅。[17] 江朝國先生認為，財產保險可以由任意第三人代交保險費，但就人身保險而言，因其以保障被保險人生命、身體安全為目的，為防止主觀危險，被保險人、受益人等可以基於其與保險合同間的利害關係而代付保險費，其他無利害關係的人則不得任意代付。[18] 中國保險法中對他人代交保險費沒有作出規定，司法實踐中對這一問題的把握尺度相對寬鬆，《保險法司法解釋三》第七條規定：「當事人以被保險人、受益人或者他人已經代為支付保險費為由，主張投保人對應的交費義務已經履行的，人民法院應予支持。」

3.2.2　維護保險標的安全

維護保險標的安全，避免災害事故的發生，最大限度地減少保險標的的損失，對保障生產和生活的正常進行具有重要意義。在財產保險合同中，投

---

15. 參見孫宏濤（2012）。《德國保險合同法》。北京：中國法制出版社。70頁。

16. 參見〔英〕Malcolm A. Clarke，何美歡、吳志攀等（譯）（2002）。《保險合同法》。北京：北京大學出版社。305頁。

17. 參見〔美〕肯尼思‧布萊克、哈羅德‧斯基博，孫祁祥等（譯）（2003）。《人壽與健康保險（第十三版）》。北京：經濟科學出版社。337頁。

18. 參見江朝國（2012）。《保險法逐條釋義（第一卷 總則）》。台北：元照出版有限公司。642–647頁。

保人、被保險人在保險事故發生後，能夠獲得屬於保險財產責任範圍內的賠付，以彌補其所遭受的損失，因此相應地就應該承擔維護保險標的安全的義務。《保險法》第五十一條第三款規定：「投保人、被保險人未按照約定履行其對保險標的的安全應盡責任的，保險人有權要求增加保險費或者解除合同。」一般情況下，合同當事人會在合同中約定投保人、被保險人對保險標的安全應盡的責任。如果投保人、被保險人沒有按約定履行其所承擔的責任，則保險事故發生的可能性就會加大，保險人維護保險標的安全的責任就會加重，有關維護費用就會增加。因此在這種情況下，保險人有權要求增加保險費或者解除合同。

3.2.3　知道保險事故發生後應及時通知保險人

保險事故發生後，被保險人、受益人有權提出索賠，保險人進入核賠、理賠程序。索賠和理賠程序的第一個環節就是保險事故發生後的通知義務，實務中又稱為「出險通知義務」。投保人作為保險合同的締約主體，在知道保險事故發生後負有通知義務。除投保人外，保險法將被保險人和受益人也都規定為出險通知義務的履行主體。如果投保人、被保險人或者受益人故意或者因重大過失未及時通知，致使保險事故的性質、原因、損失程度等難以確定的，保險人對無法確定的部分，不承擔賠償或者給付保險金的責任，但保險人通過其他途徑已經及時知道或者應當及時知道保險事故發生的除外。

二、保險人

1.　保險人概述

保險人又稱承保人，中國《保險法》第十條第三款規定：「保險人是指與投保人訂立保險合同，並按照合同約定承擔賠償或者給付保險金責任的保險公司。」由於保險人的經營不僅關係到保險合同當事人的權益，還將影響到整個社會的安全與穩定，因此各個國家和地區的保險法對於保險人的組織形態，都會通過法律加以限制。根據中國《保險法》的規定，在中國經營商業保險業務，必須是依法設立的保險公司以及法律、行政法規規定的其他保險組

織，其他單位和個人不得經營保險業務。因此，在中國《保險法》中，所謂保險人主要是指依法經營保險業務的保險公司，而沒有個人保險人。至於其他保險組織，例如中國船東互保協會，經營有保賠保險、船舶互助保險、抗辯險等業務；再如中國漁業互保協會，經營有漁民人身平安互助保險、漁船互助保險等業務。《保險法》第一百八十一條規定，這些依法設立的保險組織經營的商業保險業務，也適用保險法進行規範。

中國保險業採取授權經營制度，保險公司的設立應當具備一定的條件，並須經過國家保險監管機構的批准，領取經營保險業務許可證。其組織形式除保險法另有規定外，適用中國《公司法》的規定，而公司法中所規範的公司形式僅為股份有限公司和有限責任公司。針對實踐中已經存在的相互保險公司，2015 年 2 月中國保監會發佈了《相互保險組織監管試行辦法》，對相互保險組織、相互保險公司、合作保險組織等作出規定。對於 2015 年以來市場上部分互聯網公司基於網絡平台推出的互助計劃，中國保監會多次對消費者進行風險提示，指出互助計劃與相互保險經營原理不同且其經營主體不具備相互保險經營資質，互助計劃也非保險產品，強調任何主體未經保監會批准不得以任何形式經營或變相經營保險業務。

保險人訂立保險合同的民事行為能力受其業務經營許可證的限制，根據中國《保險法》第九十五條的規定，保險公司的業務範圍分為人身保險業務、財產保險業務和經保險監管機構批准的與保險有關的其他業務。保險人原則上不得兼營人身保險業務和財產保險業務，例外的情況是，經營財產保險業務的保險公司經國務院保險監督管理機構批准，可以經營短期健康保險業務和意外傷害保險業務。實踐中出現過保險人超越經營範圍訂立保險合同並因此受到行政處罰的情形，例如某人壽保險公司以旅客意外險的形式、實際上承保車上人員責任險，其性質屬於超業務範圍從事保險經營活動，因此被處罰。[19] 保險人訂立保險合同的行為能力還受到保險法的限制，實踐中如果保險人在非由父母投保的情況下為無民事行為能力人承保以死亡為給付保險金條件的保險，也將因違反保險法的規定而受到處罰。

---

19. 參見中國保險監督管理委員會行政處罰決定書（保監罰〔2008〕27 號）。

2. 保險人的主要權利義務

保險人作為保險合同的一方當事人，也必須具備保險合同的主體資格。保險人的主體資格主要表現為保險公司必須是依法設立、具有法人資格，而且必須經營商業保險。保險人在保險合同中所享有的權利和承擔的義務主要表現在以下幾個方面。

2.1 保險人的主要權利

2.1.1 保險人享有收取保險費的權利

如前所述，交納保險費是投保人的主要合同義務，而從保險人的角度來說，依據約定收取保險費則是保險人享有的主要合同權利。《保險法》中對人身保險的保險費有較多規定。人身保險合同中的保險費包括躉交和期交兩種方式，其中分期支付主要適用於長期的人身險合同，為了避免投保人因疏忽未按期交納保險費而導致合同效力變動，中國《保險法》中規定保險人可以對其進行催告，該法第三十六條規定：「合同約定分期支付保險費，投保人支付首期保險費後，除合同另有約定外，投保人自保險人催告之日起超過三十日未支付當期保險費，或者超過約定的期限六十日未支付當期保險費的，合同效力中止，或者由保險人按照合同約定的條件減少保險金額。被保險人在前款規定期限內發生保險事故的，保險人應當按照合同約定給付保險金，但可以扣減欠交的保險費。」按照上述規定，在分期支付保險費的合同中，投保人在支付了首期保險費後，還應在後續的每個保險費約定支付日或之前支付當期保險費，以維持保單的效力。如果不支付，則有相應的合同效力中止制度去保障保險人的權利。正因為有上述制度安排，《保險法》第三十八條規定：「保險人對人壽保險的保險費，不得用訴訟方式要求投保人支付。」該規定僅針對人壽保險而不包括人身意外傷害保險和健康保險，主要是考慮到人壽保險所具有的儲蓄性質；另外在長期壽險合同的交費期內，投保人的收入水平、支付能力可能發生變化。在投保人收入減少、發生支付困難的時候，如果保險人採取訴訟方式要求投保人支付保險費，也違背了人壽保險保障生活的初衷。

2.1.2　保險人享有保險合同的解除權

保險人作為合同當事人還享有解除保險合同的權利。當然，為保護投保人、被保險人的利益，保險法對保險人的合同解除權是有嚴格限制的。《保險法》第十五條規定：「除本法另有規定或者保險合同另有約定外，保險合同成立後，投保人可以解除合同，保險人不得解除合同。」首先，保險人的法定解除權的行使條件僅限於保險法其他條文中「另有規定」，換言之，保險人不得援引《合同法》或其他法律中關於合同解除的規定而解除保險合同，其法定解除權被嚴格限定在保險法規定的一些特定情形，如投保人違反告知義務、投保人或被保險人故意製造保險事故、被保險人或者受益人謊稱發生保險事故騙取保險金、被保險人違反危險增加的通知義務、投保人或被保險人未按照約定履行其對保險標的的安全應盡責任、年齡誤報、合同效力中止超過復效期等情形。其次，除法定解除權的情形外，在保險條款中另行約定保險人合同解除權的情形並不多見。一些人身意外傷害保險條款中會約定如果合同生效後被保險人的職業或工種發生變更、且變更後的職業或工種依照保險人職業分類在拒絕承保範圍內的，保險人在接到變更通知後有權解除保險合同。這應該屬於保險人在被保險人面臨的危險增加時的一種救濟措施。

2.2　保險人的主要義務

從保險法的規定來看，保險人的法定義務大致包括：簽發保險單或其他保險憑證的義務；交付格式條款、提示投保人注意並且明確說明其中免除保險人責任條款的義務；特定情形下的通知義務；核定保險事故的義務；按照合同約定賠償或者給付保險金的義務；合同解除後退還保險費或保單現金價值的義務；特定情形下降低保費的義務和負擔相關費用的義務等。除保險法中為保險人設定的上述法定義務之外，其他法律、行政法規所規定的交易參與者應當承擔的原則性義務，如《合同法》第六十條第二款所規定的協助、保密等附隨義務；《消費者權益保護法》第二十條所規定的經營者應當向消費者提供有關商品或服務的真實、全面信息的義務等，同樣應當被認定為保險人依法應當承擔的法定義務。[20] 以下就其中的主要義務作簡要說明。

---

20. 參見劉建勛（2012）。《保險法典型案例與審判思路》。北京：法律出版社。180–181 頁。

2.2.1 簽發保險單或其他保險憑證

保險合同中，保險人收到投保人填寫好的投保單後，經過核對、查勘、體檢、信用調查等核保程序，確定符合承保條件時，同意承保，保險合同即告成立。此時按照《保險法》第十三條的規定，保險人應當及時向投保人簽發保險單或者其他保險憑證。

核保與理賠是保險業務經營中的重要環節，對於客戶而言希望這兩個環節盡快地完成，以便獲得保險保障或者領取到保險金。《保險法》中為解決理賠難的問題對保險人的理賠時限作出了規定，但對保險人的核保時限並無限定。監管部門目前僅針對人身保險業務的核保時限提出了要求，按照《人身保險業務基本服務規定》，保險公司收到投保人提交的投保資料後，認為不需要進行體檢、生存調查等程序並同意承保的，應當自收到符合要求的投保資料之日起 15 個工作日內完成保險合同制作並送達投保人。如果保險公司認為需要進行體檢、生存調查等程序的，應當自收到被保險人體檢報告或者生存調查報告之日起 15 個工作日內，告知投保人核保結果，同意承保的，還應當完成合同制作並送達投保人。

保險單由保險人或者經保險人授權出單的分支機構簽發，一般沒有特別限制。例外地是團體保險業務，由於團體保險的被保險人可以包括同一團體在不同省、自治區或者直轄市的成員，因此《中國保監會關於促進團體保險健康發展有關問題的通知》（保監發〔2015〕14 號）中規定，承保團體保險的保險機構應當設立在下列地區之一所在的省、自治區或者直轄市內：（一）投保人的註冊地或者住所所在地；（二）投保人主要營業場所所在地；（三）承保時 50% 以上被保險人住所所在地；（四）承保時 50% 以上保費繳納來源所在地。也就是說，團體保險業務須由符合上述條件的承保機構簽發保險單。

2.2.2 按照合同約定賠償或者給付保險金

保險事故發生後，保險人在收到被保險人或受益人的索賠請求時，應依據法律和保險合同，對有關損害事實進行調查核實，核定保險責任並履行賠償或者給付保險金義務。這也就是保險理賠。在保險理賠過程中，首先要及時進行責任核定。保險人接到投保人、被保險人或受益人的保險事故發生通知後，實務中一般先予立案，然後根據對方提供的有關證明和資料以及自己

掌握的情況，進行現場查勘、評估損失和責任分析認定，確定該保險事故是否屬於保險合同約定的保險責任範圍。保險法要求保險人應當「及時」作出核定，如果事故情形複雜，原則上也應當在 30 日內作出核定。其次，保險人應當將核定結果通知被保險人或受益人。經過核定保險事故屬於保險責任的，要確定具體的保險賠償或給付金額。根據《保險法》第二十三條的規定，保險人應在與被保險人或受益人達成賠付保險金的協議後十日內，履行賠償或給付保險金義務。實踐中，保險人確定的賠付金額不一定能夠得到被保險人或受益人的認可，因此十日內完成賠付義務的前提是保險人與索賠申請人就保險賠付金額達成一致。此外，如果保險合同中對賠付期限有約定的，保險人應當按照約定履行。如果保險人沒有及時履行賠償或給付保險金義務的，除支付保險金外，還應當賠償被保險人因此受到的損失。這裏所說的「損失」，應理解為因保險人遲延履行保險金賠付義務給被保險人或者受益人造成的直接損失，比如交通費用的額外支出、保險金的同期銀行利息損失等。[21]

　　為保護保險消費者合法權益，解決實踐中存在的理賠難問題，《保險法》對理賠環節還規定了先行賠付制度。即經過保險人的核定，認為屬於保險責任範圍，但是保險金賠償或給付的具體數額尚不能最後確定的，保險人應當將根據已有的證明和資料可以確定的數額向被保險人或受益人先予以支付，期限是「自收到賠償或者給付保險金的請求和有關證明、資料之日起六十日內」。[22] 保險賠付數額不能最終確定，稱為「賠款之未決」，可能是由於有關證明資料不夠充分，或者是損失金額還在調查核實，也可能是對標的殘值存在爭議等。但是既然已經認定屬於保險責任，在有關事實確認的基礎上，對已經可以認定的部分賠付金額，應當在規定的期限內先行賠付給被保險人或受益人。待賠償或給付保險金的數額最終被確定後，再將相應的差額支付給被保險人或受益人。

---

21. 吳定富主編（2009）。《〈中華人民共和國保險法〉釋義》。北京：中國財政經濟出版社。66 頁。

22. 對於保險小額理賠，中國保監會還規定了更短的索賠支付周期。參見《中國保監會關於印發〈保險小額理賠服務指引（試行）〉的通知》（保監消保〔2015〕201 號）。

2.2.3 合同解除後退還保險費或保單現金價值

保險合同被解除時，保險人負有退還保險費或者保險單現金價值的義務。在合同中沒有特別約定的情況下，保險費或者現金價值應退還給投保人，《保險法司法解釋三》第十六條明確指出，保險合同解除時，投保人與被保險人、受益人為不同主體，被保險人或者受益人要求退還保險單的現金價值的，人民法院不予支持，但保險合同另有約定的除外。

不過也有例外的情況，在投保人故意造成被保險人死亡、傷殘或者疾病的情況下，保險人不承擔給付保險金的責任。這種情況屬於人身保險中典型的除外責任。此時根據《保險法》第四十三條的規定：「投保人已交足二年以上保險費的，保險人應當按照合同約定向其他權利人退還保險單的現金價值。」該條規定中所說退還現金價值的對象，有的保險條款中明確約定為向保險金受益人退還合同的現金價值，此時應按照合同約定處理；有的保險條款中只是籠統地表述為向「其他權利人」退還保險單的現金價值，在沒有特別約定的情況下，根據《保險法司法解釋三》第十六條第二款的規定，此時「其他權利人按照被保險人、被保險人繼承人的順序確定」。需要注意的是，實踐中對於投保人故意造成被保險人傷殘或患病但沒有導致死亡結果的情況，很多條款尤其是健康保險中通常在約定保險人不承擔保險責任的同時並不終止合同的效力，即合同在約定的保險期限內繼續有效，此時就不發生返還現金價值的後果。

投保人解除合同的，保險人應當自收到解除合同通知之日起 30 日內，按照合同約定退還保險單的現金價值。在以銀行轉帳方式支付保險費的業務中，保險費或者現金價值通常退還到原交費帳戶。尤其是在團體保險業務中，為防止洗錢等風險的發生，監管部門嚴格規定團體保險的退保金應當通過銀行等資金支付系統轉帳至原交款帳戶，即使是在特殊情況下，通常也是轉帳至投保人或者承繼投保人權利的人所指定的帳戶。[23]

---

23. 參見《中國保監會關於促進團體保險健康發展有關問題的通知》（保監發〔2015〕14 號）第 5 條。

三、被保險人

1. 被保險人的概念

　　無論在人身保險還是財產保險中，被保險人指的都是其損失會觸發保險人賠償或給付義務的人。中國《保險法》第十二條第五款規定：「被保險人是指其財產或者人身受保險合同保障，享有保險金請求權的人。」與作為合同當事人的投保人不同，被保險人有無民事行為能力或者是否完全民事行為能力人，對保險合同的效力沒有影響。例如市場上的一些少兒重大疾病保險，被保險人出生滿十五天或者三十天即可為其投保。

　　被保險人與投保人、受益人有着密切的關係。在為自己利益保險合同中，被保險人與投保人是同一人；在為他人利益保險合同中，被保險人與投保人則是不同的人。被保險人也可以成為保險金受益人，如醫療費用保險金、重大疾病保險金、失能保險金、護理保險金、意外傷殘保險金以及兩全壽險中的生存保險金等的生存利益給付的受益人通常為被保險人本人；但死亡保險金受益人只能是被保險人以外的其他主體。

　　被保險人的資格或條件，主要取決於保險合同的約定。一般來說，在財產保險合同中，對被保險人的資格沒有嚴格的限制，自然人、法人或者其他組織都可以作為被保險人。在人身保險中，只有自然人才能成為被保險人。不同類別的人身保險合同中通常會約定「投保年齡」條款，對訂立保險合同時被保險人的年齡加以限制，實踐中有約定的要從其約定。按照《保險法》第三十二條的規定，投保人申報的被保險人年齡不真實，並且其真實年齡不符合合同約定的年齡限制的，保險人可以解除合同。團體保險合同中通常會約定被保險人須是滿足投保年齡要求的身體健康、能正常工作和勞動的人。住房反向抵押養老保險中通常約定被保險人是符合投保年齡要求的、擁有房屋完全產權的老年人。

　　另外，在以被保險人死亡為給付保險金條件的保險合同中，法律上對被保險人有所限制。除父母可以為其未成年子女投保的人身保險外，保險法禁止投保人為無民事行為能力人投保以死亡為給付條件的人身保險，也禁止保險人承保。根據中國《民法通則》的規定，不滿十周歲的未成年人和不能辨認自己行為的精神病人是無民事行為能力人。由於無民事行為能力人不能辨認

自己的行為，缺乏自我保護能力，如果投保人為獲取保險金而為無民事行為能力人投保以死亡為給付條件的保險，容易產生逆向選擇和道德危險，所以法律禁止以無民事行為能力人為被保險人投保此類險種。「以死亡為給付保險金條件的人身保險」不限於單純的死亡保險，而是指所有包含有死亡保險金給付條款的保險，人壽保險、人身意外傷害保險、長期的疾病給付保險甚至養老年金保險等險種都可能約定包含死亡保險金給付。[24] 需要注意的是，按照《保險法司法解釋三》的規定，實踐中如果是未成年人父母之外的其他履行監護職責的人為未成年人訂立以死亡為給付保險金條件的合同，除非經過未成年人父母的同意，否則該合同仍然是無效的。

2. 被保險人的主要權利義務

被保險人作為保險合同的關係人，其在保險合同中的法律地位主要體現在其所享有的權利和承擔的義務上。

2.1 被保險人的主要權利

2.1.1 保險金請求權

在保險合同中，被保險人在保險事故發生後或保險期間屆滿時，享有保險金賠償請求權或保險金給付請求權。在財產保險中，被保險人在保險事故發生後通常還生存，應當在知道保險事故發生後及時向保險人報案並索賠。如果被保險人死亡，該保險金請求權由其繼承人繼承。在人身保險中，人壽保險中的生存保險金、意外傷害保險中的傷殘保險金、養老保險中的養老保險金以及健康保險中的醫療保險金、疾病給付保險金、長期護理保險金和失能收入損失保險金等生存利益給付，在合同沒有特別約定的情況下，都歸被

---

24. 中國保監會在 1999 年 8 月 18 日《關於對〈保險法〉有關條款含義請示的批覆》（保監覆〔1999〕154 號）
    中指出：「單純以死亡為給付保險金條件的人身保險合同，如果未經被保險人書面同意並認可保險金
    額，該合同無效；含有死亡、疾病、傷殘以及醫療費用等保險責任的綜合性人身保險合同，如果未經
    被保險人書面同意並認可死亡責任保險金額，該合同死亡給付部分無效。」

保險人享有。但人身保險中的死亡保險金是以被保險人死亡作為給付條件，故通常歸合同中指定的死亡保險金受益人享有。

當然，被保險人或者受益人的保險金請求權要受時效限制。中國《保險法》第二十六條規定：「人壽保險以外的其他保險的被保險人或者受益人，向保險人請求賠償或者給付保險金的訴訟時效期間為二年，自其知道或者應當知道保險事故發生之日起計算。人壽保險的被保險人或者受益人向保險人請求給付保險金的訴訟時效期間為五年，自其知道或者應當知道保險事故發生之日起計算。」

2.1.2　同意他人為其投保的權利

在人身保險中，通常只要投保人在訂立合同時對被保險人具有保險利益，即可為其投保。但這一點只在不含有以死亡為給付保險金條件的合同中適用。對於以死亡為給付保險金條件的合同，除了父母為其未成年子女投保的人身保險外，未經被保險人同意並認可保險金額的，合同無效。換言之，不論是甚麼險種，只要該保險合同中含有以死亡為給付保險金條件的保險責任，就應當取得被保險人的同意並認可保險金額。中國保監會在《關於對〈保險法〉有關條款含義請示的批覆》（保監覆〔1999〕154 號）中對此有明確規定。因為以被保險人死亡為給付保險金條件的人身保險合同，需要被保險人根據其自身狀況及所處環境來作出判斷，以防止道德風險。至於同意的方式，實踐中通常是由被保險人在投保單上簽字確認。但按照保險法的規定，被保險人同意的方式不限於書面形式，在出現爭議時只要能夠舉證證明被保險人實質上已經同意，保險人就不得通過主張合同無效而拒賠。

需要注意的是，被保險人在訂立合同時同意投保人為其投保之後，是否可以撤銷其同意的意思表示，保險法中沒有明確規定，理論上存在爭議。有觀點認為被保險人表示同意後，在合同成立前可以撤回同意的意思表示，一旦合同成立，就不得任意撤銷同意的意思表示而導致合同失效。也有觀點認為，不論合同是否生效，被保險人同意的意思表示都可以撤回或撤銷。因為從法律賦予被保險人同意權以防止道德風險發生的目的來看，當被保險人表示同意後，如果發現自己的生命因此而增加了風險，或者被保險人與投保人之間的關係發生了變化，則可以撤銷同意的意思表示，以保護自身的利益。

被保險人撤銷其同意的意思表示的，保險合同因缺乏特別生效要件而失效。[25]
司法實踐中也經常為此發生爭議，因此最高人民法院在《保險法司法解釋三》
第二條中明確規定：「被保險人以書面形式通知保險人和投保人撤銷其依據保
險法第三十四條第一款規定所作出的同意意思表示的，可認定為保險合同解
除。」[26] 由此被保險人可以撤銷其同意他人為其投保的意思表示。

2.1.3　指定或變更受益人的權利

受益人作為享有保險金請求權的人，是保險合同中的重要主體。依照法
律規定，人身保險中的受益人由被保險人或者投保人指定，但是投保人指定
受益人時須經被保險人同意。投保人指定受益人未經被保險人同意的，該指
定行為無效。投保人是保險合同的當事人並承擔交納保險費的義務，理應有
權指定受益人。但是考慮到人身保險通常是以被保險人發生保險事故作為受
益人取得保險金的前提條件，因此被保險人應該有權對受益人進行確認，以
保護自己的切身利益。如果被保險人是無民事行為能力人或者限制民事行為
能力人的，可以由其監護人指定受益人。

受益人的指定，往往是因為投保人或被保險人與受益人之間存在某種
經濟上或感情上的關係，但人身保險合同的保險期限較長，如果投保人或被
保險人與最初指定的受益人之間的關係發生變化，法律允許對受益人進行變
更。當然，與投保人指定受益人時須經被保險人同意的要求一樣，投保人變
更受益人時也應當經過被保險人的同意，未經被保險人同意的，該變更行為
無效。[27] 中國保險法中沒有規定不可撤銷的受益人，在合同中沒有特別約定的
情況下，原則上投保人或被保險人可以任意變更受益人，而無需經原受益人
同意。然而，在保險事故發生後，被保險人或者投保人即不得再申請變更受
益人。因為保險事故一旦發生，受益人的受益權就由期待權轉化為現實的既
得權利，投保人或被保險人不得再處分受益人對保險金的請求權。《保險法司

---

25. 吳定富主編（2009）。《〈中華人民共和國保險法〉釋義》。北京：中國財政經濟出版社。93 頁。

26. 台灣《保險法》第一百飄五條規定：「保險人的此項同意，可以隨時撤銷。撤銷的方式應該以書面通
知保險人及投保人。被保險人行使其撤銷權者，視為要保人終止保險契約。」

27. 參見《最高人民法院關於適用〈中華人民共和國保險法〉若干問題的解釋（三）》第九條、第十條的
規定。

法解釋三》第十一條規定：「投保人或者被保險人在保險事故發生後變更受益人，變更後的受益人請求保險人給付保險金的，人民法院不予支持。」

由於受益人的變更改變了保險人支付保險金的對象，所以投保人或被保險人變更受益人時應當通知保險人。如果沒有通知保險人，則該變更對保險人不發生效力。為避免可能發生的糾紛，《保險法》第四十一條規定，通知保險人變更受益人必須以書面形式進行，而且保險人收到變更受益人的書面通知後，應當在保險單或者其他保險憑證上批註或者附貼批單。

2.2 被保險人的主要義務

被保險人的主要義務體現在以下幾個方面：

第一，財產保險中的被保險人負有防災減損的義務。按照《保險法》第五十一條的規定，被保險人應當遵守國家有關消防、安全、生產操作、勞動保護等方面的規定，維護保險標的的安全；保險事故發生時，被保險人應當盡力採取必要的措施，防止或者減少損失。

第二，被保險人在合同履行過程中負有通知義務。當保險標的發生轉讓時，除貨物運輸保險合同和另有約定的合同外，被保險人或者受讓人應當及時通知保險人；在合同有效期內，保險標的的危險程度顯著增加的，被保險人應當按照合同約定及時通知保險人；被保險人知道保險事故發生後，也應當及時通知保險人。

第三，保險事故發生後，被保險人負有施救義務，即被保險人應當盡力採取必要的措施，防止或減少損失。當被保險人按照保險合同約定請求保險人賠償或者給付保險金時，還應當向保險人提供其所能提供的與確認保險事故的性質、原因、損失程度等有關的證明和資料。

第四，被保險人有協助保險人行使代位求償權的義務。《保險法》第六十三條規定：「保險人向第三者行使代位請求賠償的權利時，被保險人應當向保險人提供必要的文件和所知道的有關情況。」如被保險人故意或者因重大過失致使保險人不能行使代位請求賠償的權利，保險人可以扣減或要求返還相應的保險金。

四、受益人

受益人是人身保險合同中重要的主體之一，在受益人與投保人、被保險人不是同一個人的情形中，受益人屬於保險合同的關係人。由於受益人享有保險金請求權，其指定或變更都必須明確，以減少糾紛。

1. 受益人的概念

受益人，是指保險合同中由投保人或被保險人指定的享有保險金請求權的人。受益人既可以是投保人或被保險人本人，也可以是被保險人或者投保人指定的其他人。根據中國《保險法》第十八條第三款的規定，受益人這一合同主體只存在於人身保險合同中。從對受益人的這種狹義的理解出發，理論上說在財產保險合同中不應該使用受益人的概念。有學者主張受益人僅於人身保險中存在，而財產保險中則不可能有。[28] 國內保險實踐中在個別財產保險條款中也使用了這個概念，但並不多見。[29] 即使在信用保險、保證保險條款中也很少出現受益人這個概念，個別的貸款履約保證保險條款中出現「受益人」很可能是因為在擬定條款時直接引用了《保險法》的相關條文規定而未作出調整，但是在合同中並沒有其他條文約定受益人的指定、變更等內容。[30] 因為在財產保險中，享受保險契約利益之人為被保險人。要保人若和被保險人同一，則是「為自己利益保險」；若不同一，則是「為他人利益保險」。因此，若契約無特別約定，則其受益人即指被保險人，無特別指定受益人之必要。[31] 當然，實踐中如果在財產保險中使用了受益人的概念，其核心在於當事人希

---

28. 參見鄭玉波（1988）。《保險法論》。台北：三民書局。19 頁。

29. 參見福建省廈門市海事法院（2013）廈海法商初字第 255 號民事調解書。該案中投保人與農村信用社簽訂借款合同，並以其所有的一艘輪船作為抵押。借款合同約定，投保人需對抵押物投保，並指定農村信用社作為保險合同第一受益人。之後投保人與保險人在船舶保險合同中也對此作出了特別約定。

30. 例如某財產保險公司《個人汽車消費貸款履約保證保險條款》中約定：「投保人、被保險人或者受益人如出現《保險法》第二十七條規定的情形即謊稱、故意製造保險事故，偽造或變造事故證據，編造或誇大事故原因等情形，保險人除有權解除合同、不承擔給付保險金責任外，如已經進行了賠付，還有權要求保險金申請人返還已給付的保險金，並要求其承擔保險人為查明和確定保險事故的性質、原因和保險標的損失程度而支付的必要合理費用。如果投保人、被保險人或者受益人的行為構成犯罪，保險人將依法報請司法機關處理。」

31. 江朝國（2002）。《保險法基礎理論》。北京：中國政法大學出版社。135 頁。

望通過特別約定使該主體能夠在保險事故發生時優先行使保險金請求權，對於當事人意思自治的選擇，法院通常也予以尊重。[32]

就人身保險合同而言，廣義理解的受益人包括兩類，即生存給付的保險金受益人和死亡保險金受益人。如前所述，醫療費用保險金、重大疾病保險金、失能收入損失保險金、護理保險金、意外傷殘保險金、養老保險金以及兩全壽險中的滿期保險金等的受益人是被保險人本人，實務中通常不接受其他的指定或變更；但死亡保險金受益人只能是被保險人以外的其他主體。狹義理解的受益人則專指死亡保險金受益人。死亡保險金是以被保險人死亡為保險事故所給付的保險金，故除投保人、被保險人之外，還需有受益人存在的必要，以於保險事故發生時，受領保險合同上的利益即保險給付金額，這也是保險法上受益人設置的原因。[33] 本書中如果沒有特別說明的，即是從死亡保險金受益人的角度來討論相關問題。

受益人的資格一般不受限制，任何自然人、法人或者其他組織都可以成為人身保險合同指定的受益人。對受益人既沒有民事行為能力的要求，也不要求受益人與被保險人之間有保險利益或者其他利害關係。胎兒也可以被指定為受益人，但胎兒娩出時不是活體的，資格自行消失。[34] 對受益人的資格有所限制的是僱主為其僱員投保的業務，考慮到僱主與勞動者之間通常處於不對等的地位，以往的團體保險業務實踐中，僱主在保險合同中指定自己為保險金受益人，以犧牲勞動者生命為代價獲取保險金的情形常有發生。為充分保障勞動者的合法權益，《保險法》對僱主指定受益人的權限作出限制，在投保人為與其有勞動關係的勞動者投保人身保險時，不得指定被保險人及其近親屬以外的人為受益人。保險法中沒有明確「近親屬」的範圍，基於中國民商合一的立法模式，可以按照最高人民法院在《關於貫徹執行〈中華人民共和國民法通則〉若干問題的意見（試行）》中的界定，近親屬包括配偶、父母、子女、兄弟姐妹、祖父母、外祖父母、孫子女、外孫子女。如果在此類業務中投保人指定的受益人不符合上述規定，則投保人所作的指定歸於無效。

---

32. 王靜（2016）。《保險案件司法觀點集成》。北京：法律出版社。308–309 頁。

33. 江朝國（2015）。《保險法逐條釋義（第四卷 人身保險）》。台北：元照出版有限公司。308 頁。

34. 《中華人民共和國民法總則》第十六條規定：「涉及遺產繼承、接受贈與等胎兒利益保護的，胎兒視為具有民事權利能力。但是胎兒娩出時為死體的，其民事權利能力自始不存在。」

2. 受益人的指定與變更

2.1 指定受益人

受益人的指定是投保人與被保險人單方意思表示的單獨行為。[35] 指定和變更受益人的最終決定權屬於被保險人,投保人在指定或變更受益人時要受到被保險人的制約。按照保險法的規定,人身保險中的被保險人或者投保人都有權指定和變更受益人,但是投保人指定或變更受益人時須經被保險人同意。未經被保險人同意的,投保人的指定或變更行為無效。

2.1.1 指定受益人的順序與份額

被保險人或者投保人指定的受益人,不以一人為限,可以指定數人為受益人。如果指定的受益人有數人,可以在投保單上寫明各受益人的受益順序和受益份額。受益順序,是指保險合同中確定的各受益人享有保險金請求權的先後順序。在保險實務中,被保險人或投保人可以指定受益人在同一順序。也可以指定第一順序的受益人,並同時指定第二順序的受益人。當第一順序的受益人先於被保險人死亡時,無須更改保險合同,第二順序的受益人自動取得請求保險金的權利。受益順序可以有兩個以上,受益順序在後的受益人只有在受益順序在先的受益人死亡或者喪失受益權時,才能享有保險金請求權。受益份額,是指保險合同中確定的相同順序的受益人所享有的保險金請求比例。保險合同中未確定受益份額的,視為相同順序的所有受益人對保險金享有相等的份額。中國《保險法》第四十條第二款規定:「受益人為數人的,被保險人或者投保人可以確定受益順序和受益份額;未確定受益份額的,受益人按照相等份額享有受益權。」實踐中需要特別注意,在投保單上可以確定的是受益份額而不是受益金額。如果保險合同的保險金額為十萬元,合同中有兩個享有相等受益份額的受益人,則在各自的受益份額欄應填寫「50%」,而不是「五萬元」。因為在一些比較特殊的保險產品中,約定的保險金額並不是身故保險金的最終給付數額,例如在萬能壽險中,身故保險金可能被約定為「被保險人身故時的保險金額與身故時的個人帳戶價值淨值二者中

---

35. 江朝國(2015)。《保險法逐條釋義(第四卷 人身保險)》。台北:元照出版有限公司。310頁。

金額較大者」，也可能被約定為「身故保險金等值於被保險人身故時的保險金額與身故時的個人帳戶價值淨值之和」。在這兩種情況下，保險事故發生後保險公司給付的身故保險金都可能不是十萬元，此時受益份額欄寫各受益「五萬元」就容易產生糾紛。

2.1.2　指定的受益人應當明確

對於受益人的指定，如何在保險合同中記載，各國保險立法的規定不盡相同。中國《保險法》第十八條在規定保險合同中應包括的事項時，要求人身保險合同中應包括受益人的姓名或名稱及住所。實踐中，投保人在投保時通常要在投保單的身故保險金受益人一欄中填寫受益人的姓名、性別、與被保險人的關係、證件類型、證件號碼、受益比例、受益方式等。由於不同保險公司的核保標準不同，填寫的內容可能會有差異，但是指定受益人時應該以明確而有法律意義的文字來表示其真實的意思，以避免糾紛的發生。如果文字表述無法確定具體的意思，會給受益人的認定造成困難。舉例說，在一個保險糾紛案件中，被保險人同意投保人指定受益人，而投保人在指定受益人的文件上註明的受益人為「自己」。在保險理賠時投保人與被保險人產生爭議，對於受益人欄中所填寫的「自己」究竟是「投保人自己」還是「被保險人自己」，雙方意見不一，而且各自的主張均有一定的合理性，法院判定投保人指定的受益人不明確，保險金請求權屬於被保險人。[36] 此外，某些保險銷售渠道為加快銷售進程，在指導客戶填寫投保單時在受益人一欄寫「法定」二字，這一情形在航空意外險中尤為常見。「法定」一詞不是人的名稱，也不能將「法定」解釋為受益人與被保險人的關係，由此實踐中很容易產生爭議。有觀點認為這種情況下應視為被保險人或者投保人沒有指定受益人，因此在保險事故發生時應由被保險人的繼承人享有請求給付保險金的權利。也有觀點認為按照保險行業的慣例，這種情況下實際上是被保險人指定其法定繼承人為保單受益人。針對實踐中的此類糾紛，《保險法司法解釋三》第九條中規定，受益人約定為「法定」或者「法定繼承人」的，如果當事人對受益人存在爭議，除投保人、被保險人在保險合同之外另有約定外，以繼承法規定的法

---

36. 劉建勛（2010）。《新保險法經典、疑難案例判解》。北京：法律出版社。263 頁。

定繼承人為受益人。由於繼承法中規定的法定繼承人的人數眾多,投保時還是明確指定受益人為好。

　　受益人只有在保險事故發生後才享有受益權,如果僅僅通過寫明被保險人與受益人的身份關係(例如丈夫、妻子、配偶等)來確定受益人,由於被保險人與受益人的身份關係是可能改變的,所以當合同訂立時受益人與被保險人具有合同中載明的身份關係,但在保險事故發生時依法定或約定沒有合同所載明的關係時,如何認定受益人,在實踐中也很容易產生糾紛。舉例說,某男子甲以自己為被保險人(同時也是投保人)與保險公司訂立人身保險合同,指定的受益人為「妻子」(投保當時其妻子為乙,但指定受益人的文件僅將受益人記載為「妻子」,未記載其姓名)。後來甲、乙離婚,但對於保單受益人未作變更。甲與丙再婚後因意外傷害身故。乙、丙二人對於保險金請求權的歸屬發生爭議:乙認為受益人欄中所記載的「妻子」是指甲指定受益人當時的妻子;丙則認為受益人欄中所記載的「妻子」是指甲發生保險事故時的妻子。[37] 實踐中對此類糾紛也有不同意見,為統一司法實踐中的裁判標準,最高人民法院在《保險法司法解釋三》第九條第二款中規定:「受益人僅約定為身份關係,投保人與被保險人為同一主體的,根據保險事故發生時與被保險人的身份關係確定受益人;投保人與被保險人為不同主體的,根據保險合同成立時與被保險人的身份關係確定受益人。」依據該規定,本案中投保人與被保險人均為甲,因此受益人應認定為丙,即保險事故發生時被保險人的妻子。

　　如果保險合同中既寫明了受益人的姓名,同時也寫明了被保險人與受益人的關係,當保險事故發生時受益人與被保險人的關係發生了變化,此時受益人應如何認定也值得探討。假如某甲在一份人身保險合同中指定乙作為受益人,關係為夫妻。合同成立後不久甲與乙離婚,後甲與丙結婚。當甲身故後,乙和丙對保險金請求權的歸屬發生爭議。對於此種情形,《保險法司法解釋三》第九條第二款中規定:「受益人的約定包括姓名和身份關係,保險事故發生時身份關係發生變化的,認定為未指定受益人。」在未指定受益人的情況

---

37. 審理該案的法官認為,應根據甲在訂立合同時的本意來確定受益人。甲在訂立保險合同、指定受益人時,既不可能預見到自己將來會與乙離婚的事實,也不可能預見到自己將來會與丙結婚的事實,因此甲在訂立保險合同時,本意必然為指定乙作為受益人。其在與乙離婚後,出於何種原因未變更受益人,則不屬於法院必須查明的範圍。參見劉建勳(2010)。《新保險法經典、疑難案例判解》。北京:法律出版社。263 頁。

下，依據《保險法》第四十二條的規定，此時保險金作為被保險人的遺產，由保險人依照《中華人民共和國繼承法》的規定履行給付保險金的義務。

2.2　變更受益人

投保人或者被保險人指定受益人後，仍有權利變更。理論上說，保單受益人的指定分為可撤銷的指定與不可撤銷的指定。「可撤銷的指定」指的是，不需要受益人同意，保單所有者就可以自行變更的受益人指定。「不可撤銷指定」指的是，只有經過受益人明確同意方可變更的指定。不可撤銷指定主要用於保單所有者不想保留或者不能保留變更受益人權利的情形，例如離婚協議。[38]中國《保險法》中沒有規定「不可撤銷的指定」，因此投保人或被保險人變更受益人時不需要經過原受益人的同意。

投保人或被保險人變更受益人的權利，必須在保險事故發生之前行使。保險事故一旦發生，受益人的受益權即轉化為現實的權利，投保人或被保險人便不能再變更受益人。《保險法司法解釋三》第十一條規定：「投保人或者被保險人在保險事故發生後變更受益人，變更後的受益人請求保險人給付保險金的，人民法院不予支持。」另外，按照《保險法司法解釋三》的規定，投保人或者被保險人變更受益人，變更行為自變更意思表示發出時生效。若投保人或被保險人變更受益人，應通知保險人；未通知保險人的話，該變更對保險人不發生效力。若投保人變更受益人未經被保險人同意，變更行為無效。

3.　受益權的性質與內容

3.1　受益權的性質

在保險事故發生之前，由於投保人或被保險人可以隨時變更受益人，因此受益人處於不穩定的地位。而且保險事故是否發生、何時發生均不確定，受益人享有的權利能否實現、何時實現也不確定。因此，受益人享有的受益權僅僅是一種期待，在保險事故發生後才能轉變為現實的保險金請求權。

---

38. 〔美〕肯尼思・布萊克、哈羅德・斯基博，孫祁祥等（譯）（2003）。《人壽與健康保險（第十三版）》。北京：經濟科學出版社。226 頁。

同時，受益權的行使以保險事故發生時受益人尚生存為前提。[39] 如果受益人先於被保險人死亡的，其受益權不能作為受益人的遺產由受益人的繼承人繼承。此時被保險人可以另行指定新的受益人。按照《保險法》第四十二條的規定，如果受益人先於被保險人死亡，又沒有其他受益人的，保險事故發生後，保險金作為被保險人的遺產，由保險人依照《中華人民共和國繼承法》的規定履行給付保險金的義務。

3.2　受益權的內容

受益人在保險事故發生時享有保險金請求權，但同時也要履行相應的義務。首先，受益人知道保險事故發生後，應當及時通知保險人。其次，在按照保險合同約定請求保險人給付保險金時，受益人應當向保險人提供其所能提供的與確認保險事故的性質、原因、損失程度等有關的證明和資料。例如在申請死亡保險金時，按照合同約定受益人須提交的資料包括：保險合同、保險費交費憑證、受益人的法定身份證明、國務院衛生行政部門規定的醫療機構或公安部門出具的被保險人死亡證明書或驗屍證明；如果被保險人因意外事故宣告死亡，受益人須提供人民法院出具的宣告死亡判決書[40]；公安部門出具的被保險人戶籍註銷證明；以及與確認保險事故的性質、原因、經過等有關的其他證明和資料。

關於人身保險中的保險金請求權是否可以轉讓，司法實踐中存在爭議。[41]《保險法司法解釋三》第十三條規定：「保險事故發生後，受益人將與本次保險事故相對應的全部或者部分保險金請求權轉讓給第三人，當事人主張該轉讓行為有效的，人民法院應予支持，但根據合同性質、當事人約定或者法律規定不得轉讓的除外。」按照該規定，當保險事故發生後，如果保險人的保險金給付責任已經確定，此時受益人的保險金請求權就從期待的權利轉化成現

---

39. 台灣《保險法》第一百一十條規定：「要保人得通知保險人，以保險金額之全部或一部，給付其所指定之受益人一人或數人。前項指定之受益人，以於請求保險金額時生存者為限。」

40. 《中華人民共和國民法總則》第四十八條規定：「被宣告死亡的人，人民法院宣告死亡的判決作出之日視為其死亡的日期；因意外事件下落不明宣告死亡的，意外事件發生之日視為其死亡的日期。」

41. 宮邦友、林海權（2014）。〈保險法司法解釋（三）論證會綜述〉，見最高人民法院民事審判第二庭編著：《商事審判指導》。北京：人民法院出版社。158 頁。

實的、確定的、具有財產性質的債權，受益人作為權利主體有權處分，包括依法轉讓。

3.3　受益權與繼承權的區別

受益人的受益權屬於其固有的權利，並非從被保險人那裏繼受而來，因此受益人所取得的保險金不作為被保險人的遺產對待，不能用於抵償被保險人生前的債務。如果被保險人死亡，在有受益人的情況下，合同中的死亡保險金不列入被保險人的遺產範圍，未被指定為受益人的繼承人無權領取該死亡保險金。

受益人和被保險人的死亡時間，對於相關當事人的權利義務影響很大。如前所述，受益人行使受益權的前提是受益人晚於被保險人死亡。通常，生存與否容易判斷，但如果被保險人與受益人在同一事故中死亡並且沒有證據表明誰先死亡，此時就出現了保險金應當給付給誰的問題，保單受益人與被保險人的繼承人有可能對保險金的歸屬產生爭議。假如王某向某保險公司投保了 20 萬元保額的意外傷害保險，指定受益人為其妻子張某。在合同履行過程中，王某和張某被家人發現死於家中。二人因用煤氣爐燒水時火被澆滅，造成煤氣泄漏，中毒身亡。王某的父母向保險公司報案，並以被保險人的法定繼承人的身份向保險公司申請給付保險金。後來張某的父母也以受益人的法定繼承人的身份向保險公司申請給付保險金。雙方爭執不下訴至法院。[42] 按照《保險法》第四十二條第二款規定，受益人與被保險人在同一事件中死亡，且不能確定死亡先後順序的，推定受益人死亡在先。此時如果合同中沒有其他受益人的，則保險金作為被保險人的遺產。這一規定被稱為共同災難條款。保險金作為被保險人遺產時，除前述證明和資料外，被保險人的繼承人在申請保險金時還必須提供可證明合法繼承權的相關權利文件。

---

42. 許崇苗、李利（2006）。《中國保險法原理與適用》。北京：法律出版社。201 頁。

4. 受益權的喪失

受益人可以放棄受益權，也可能因發生一定的法律事實而喪失受益權。《保險法》第四十三條第二款規定：「受益人故意造成被保險人死亡、傷殘、疾病的，或者故意殺害被保險人未遂的，該受益人喪失受益權。」如果保險合同中的受益人依法喪失受益權或者放棄受益權，沒有其他受益人的，保險金還是作為被保險人的遺產處理。

第九章

保險合同的內容

案例導讀

原告為其所有的小轎車向被告某財產保險公司投保機動車綜合商業保險，保險期間自 2018 年 8 月 10 日至 2019 年 8 月 9 日止；《機動車綜合商業保險保險單》使用性質一欄註明「非營業個人」；重要提示一欄註明「被保險機動車因改裝、加裝、改變使用性質等導致危險程度顯著增加，應書面通知保險人並辦理變更手續。」在合同履行過程中，原告將該車租賃給案外人宋某，後宋某將該車租賃給于某，于某將該車交由肖某駕駛。2018 年 12 月 23 日，肖某駕駛該車時造成車輛損壞的事故。交警認定肖某負全部責任。法院認為：被告應否在本案中承擔賠償責任，需要明確以下問題：1. 被保險車輛的用途是否改變；2. 如果被保險車輛的用途改變，是否因此導致危險程度顯著增加；3. 危險程度雖然增加，但是否屬於保險人預見或應當預見的保險合同承保範圍。原告投保時雙方約定係爭車輛的用途為「非營業個人」。原告將系爭車輛出租於案外人宋某，宋某又將系爭車輛轉租於次承租人，使用性質已經不同於原、被告雙方約定的「非營業個人」，而是轉變為以獲取租金收益為目的的商業性使用。本案中，系爭車輛危險程度的增加體現在以下方面：首先，宋某通過網絡發佈廣告，向不特定人員低價招攬租車用戶的方式客觀上大幅提高了車輛的出行頻率、擴大了出行範圍。其次，系爭車輛用途的改變同時伴隨着車輛管理人與使用人的改變。這些改變足以導致危險機率的提高。在此情況下，系爭車輛危險程度的增加完全超出了保險人可預見的範圍，如果由保險人來承擔風險，將違反財產保險合同中對價平衡的原則。[1]

　　保險合同的內容，體現了保險合同雙方當事人的權利和義務。由於實踐中保險合同一般都是基於保險人預先擬定的保險條款訂立的，因而在保險合同生效以後，雙方當事人的權利和義務就主要體現在這些條款中。

---

1. 參見上海市閔行區人民法院（2019）滬 0112 民初 18496 號民事判決。

一、保險合同的基本條款

《保險法》第十八條規定了保險合同中應該包括的條款和事項，其中既有一般合同應當具備的內容，如合同當事人的名稱和住所、違約責任和爭議處理等，也有作為保險合同所特有的內容，如保險標的、保險責任和除外責任、保險責任開始時間等。除此之外，投保人和保險人還可以約定與保險有關的其他事項。依據該條規定，保險合同的基本條款中應當約定以下事項。

1. 合同主體的基本信息

保險合同訂立後，寄送保險費催繳通知書、保單狀態報告、危險發生原因的調查、理賠通知、保險金的給付等有關事項或材料，均與當事人及其住所有關。明確投保人與保險人的姓名或名稱與住所，是履行保險合同的前提。保險合同中還有被保險人或受益人時，也應將被保險人或受益人的姓名和住所載明。被保險人或受益人為多數時，需要在保險合同中一一列明。

2. 保險標的

針對保險標的的概念有不同的觀點。一種觀點認為，保險標的與保險利益屬於兩個不同概念。保險標的是指保險合同中具體的人（指人身保險）或具體的物（指財產保險），是保險事故發生所在的本體。舉例說，有學者認為保險標的即危險事故所由發生之客體，如海上保險的貨物船舶，人身保險的生命身體等。[2] 保險利益則是指投保人或者被保險人對保險標的所存在的經濟關係。按照此種觀點，保險標的等於保險標的物。[3] 另一種觀點認為，保險標的就是保險制度的標的，也就是保險利益。保險利益是保險事故所發生的損害的反面，也就是被保險人對於「關係連接對象」所具有的經濟上的利害關係。按

---

2. 袁宗蔚（2000）。《保險學——危險與保險》。北京：首都經濟貿易大學出版社。116頁。

3. 參見林群弼（2009）。《保險法論》。台北：三民書局。179頁。

照這種理解，保險標的物應該是指保險利益所列舉種類之中有關物的部分——即關係連接對象的標的物。[4]

中國《保險法》是將保險標的與保險利益作為兩個概念分別規定，而且沒有使用保險標的物的概念。按照《保險法》的規定，保險標的是指作為保險對象的財產及其相關利益或者人的壽命和身體。而保險利益則是指投保人或者被保險人對保險標的具有的法律上承認的利益。其中保險標的是保險利益的載體，並非保險利益本身。

在財產保險中，保險標的所處位置是某些類別的合同中必須載明的重要信息。例如家庭財產保險的保險單中要寫明「被保險財產詳細地址」，只有那些保險條款中列明的、坐落或存放在保險合同上載明的地點內、屬於被保險人所有的家庭財產才屬於該類合同的保險標的。與保險標的相關的問題還有保險合同糾紛的地域管轄，中國《民事訴訟法》第二十四條規定：「因保險合同糾紛提起的訴訟，由被告住所地或者保險標的物所在地人民法院管轄。」該條規定中存在爭議的是對「保險標的物」的理解，如前所述，中國《保險法》並沒有規定保險標的物的概念。尤其是在人身保險中，被保險人住所地的法院是否有管轄權。[5] 對此有兩種不同觀點，一種觀點認為按照民事訴訟法的規定，任何保險合同都存在保險標的物，人身保險的標的物就是被保險人本身，所以被保險人住所地法院有管轄權。另一種觀點認為，物是與人相對立的概念。保險標的物是指保險合同所指具體的物。人身保險合同不涉及具體物的，也就不存在保險標的物，故只能由被告住所地法院管轄。[6] 在現行法的框架下，第一種觀點更符合《民事訴訟法》的立法本意。最高人民法院《關於適用〈中華人民共和國民事訴訟法〉的解釋》（法釋〔2015〕5 號）第二十一條第二款規定：「因人身保險合同糾紛提起的訴訟，可以由被保險人住所地人民法院管轄。」

---

4. 參見江朝國（2008）。〈保險利益之研究——反思投保人與被保險人於保險合同之地位〉，《保險法評論》。北京：中國法制出版社。28 頁。

5. 參見泰康人壽保險股份有限公司吉林分公司訴許某人身保險合同糾紛案。吉林省松原市中級人民法院（2014）松民管終字第 14 號民事裁定；吉林省前郭縣人民法院（2014）前民管字第 20 號民事裁定。

6. 參見王靜（2016）。《保險案件司法觀點集成》。北京：法律出版社。215–216 頁。

3. 保險責任和責任免除

保險責任是指保險人按照保險合同的約定，在保險事故發生時所承擔的賠償或者給付保險金的責任。保險責任與保險事故是密切聯繫在一起的，保險事故是指保險合同所承擔的損害或不利可能性，也就是保險合同所承擔的危險。該危險在性質上除具有發生的可能性、不確定性、非因故意行為所引起者外，而且不能因當事人的違法行為所致。[7] 保險合同中對於保險責任的約定通常也界定了哪些客觀事件構成保險事故，保險人僅在保險合同約定的危險範圍內承擔保險責任。

保險事故關係到保險人所承擔保險責任的範圍，決定了保險費的多少，因此其種類、性質必須明確約定。但由於危險的形態多樣，保險合同中對保險事故多以抽象的名詞來約定，如火災、爆炸、意外傷害、死亡、傷殘等。然後再通過「責任免除」或「除外責任」條款來進一步確定其範圍。保險人責任免除條款就是能夠引起保險人責任免除或限制的後果，即保險人不承擔保險金賠償或給付責任的風險範圍或其他情形的保險合同條款。[8] 與一般合同中的責任免除條款不同，保險合同中的責任免除條款是從外延上對承保風險範圍的具體界定，是保險產品的具體表述方式，與《合同法》中所規範的免除己方責任、加重對方責任的不公平條款有所不同。[9]

責任免除涉及到保險合同當事人的切身利益，因此也必須在保險合同中載明。財產保險中常見的不可保危險包括戰爭、軍事衝突、暴亂、核爆炸、核輻射、核污染等；人身保險中常見的不可保危險則包括被保險人故意犯罪或者抗拒依法採取的刑事強制措施、吸毒、酒後駕駛、戰爭、核爆炸等。對於責任免除條款中容易產生歧義的詞匯，保險人通常會在保單釋義中作出界定。另外，對道德風險所致的損害，例如投保人、被保險人的故意行為所導致的損害，保險人通常不承擔保險責任。對於因保險標的性質、瑕疵或自然損耗而發生的損害，保險人不承擔保險責任。對於保險事故所導致的間接損

---

7. 江朝國（2013）。《保險法逐條釋義（第二卷 保險契約）》。台北：元照出版有限公司。349 頁。

8. 參見蘇號朋（1999）。《論格式合同的法律控制》。北京：法律出版社。745 頁。

9. 參見《中國保險監督管理委員會關於〈機動車輛保險條款〉的性質等有關問題的批覆》（保監辦覆〔2003〕92 號）。

失，除合同中有特別約定（如意外傷害停工誤工保險、營業中斷險等）外，保險人通常也不承擔保險責任。

4. 保險期間和保險責任開始時間

保險期間又稱保險期限，即保險合同的存續期間，也就是從保險合同起算點至終止點的期間。除合同另有約定外，保險人需要對保險期間內發生的保險事故承擔保險責任。保險合同的保險期間通常有兩種表述方法，一是按照公曆年、月、日、小時計算。人身保險中對保險期間通常有不同的表述方法：有的約定以保險合同成立、收取保險費、出具保險單之後的次日零時作為保險合同生效時間，合同生效日期在保險單上載明，至期滿日的 24 時終止；有的將合同的保險期間約定為保險單所載明的期限，這在意外險和醫療保險中較為常見。在財產保險中，比較典型的是將保險期間約定在保險單中，例如「本保險合同的保險期間由投保人與保險人協商確定，並在保險單上載明」。比較特殊的是交強險的保險期間，為加強對道路交通事故中的受害人的保護，中國保監會提倡各公司使保單自出單時立即生效，[10] 但此規定並非強制。[11] 二是以某一事件的始末作為保險期限，例如貨物運輸保險、運輸工具航程保險、建築工程保險等。例如海洋運輸貨物保險中的「倉至倉」條款通常約定，「本保險負倉至倉責任，自被保險貨物運離保險單所載明的起運地倉庫或儲存處所開始運輸時生效，包括正常運輸過程中的海上、陸上、內河和駁船運輸在內，直至該項貨物到達保險單所載明目的地收貨人的最後倉庫或儲存處所或被保險人用作分配、分派或非正常運輸的其他儲存處所為止。如未抵達上述倉庫或儲存處所，則以被保險貨物在最後卸載港全部卸離海輪後滿 60

---

10. 參見《中國保險監督管理委員會關於加強機動車交強險承保工作管理的通知》（保監廳函〔2009〕91號），「各公司可在交強險承保工作中採取以下適當方式，以維護被保險人利益：一是在保單中『特別約定』欄中，就保險期間作特別說明，寫明或加蓋『即時生效』等字樣，使保單自出單時立即生效。二是公司系統能夠支持打印體覆蓋印刷體的，出單時在保單中打印『保險期間自 × 年 × 月 × 日 × 時……』覆蓋原『保險期間自 × 年 × 月 × 日零時起……』字樣，明確寫明保險期間起止的具體時點。」

11. 參見《關於機動車交強險承保中「即時生效」有關問題的覆函》（保監廳函〔2010〕79 號）

天為止。如在上述 60 天內被保險貨物需轉運到非保險單所載明的目的地時，則以該項貨物開始轉運時終止。」

保險責任開始時間是指保險人開始對保險事故承擔賠償或給付責任的時間，它與保險合同的生效時間是不同的概念，二者可以一致，也可能不一致。根據《保險法》的規定，投保人和保險人可以就保險責任開始時間進行特別約定，[12] 通常情況下，條款中會約定保險人從合同生效日起開始承擔保險責任，[13] 但是保險合同的有效期與保險人對保險事故承擔保險責任的起訖時間也有不一致的情形。比較典型的是醫療費用保險，為防範被保險人帶病投保，條款中通常有免責期的約定，或者等待期，當被保險人在等待期內因疾病而發生保險事故時，保險人不承擔保險責任。[14] 健康保險中的長期護理保險和失能收入損失保險通常也有等待期（或者觀察期）的約定，與醫療費用保險的區別在於這兩個險種中的等待期通常是從被保險人出險之日起開始計算，[15] 保險人從等待期屆滿時起開始給付護理保險金或者失能收入損失保險金；而醫療費用保險的等待期通常是從合同生效之日起開始計算。

此外，人身意外傷害保險中也存在保險期間與保險責任的起訖時間不一致的情形。意外傷害保險中通常對保險責任期限有特別約定。只要被保險人遭受意外傷害的事件發生在保險期間內，並且在遭受了意外傷害之後的一定期間內產生了死亡或者傷殘的結果，保險人就要承擔保險責任。這裏所說的「遭受意外傷害之後的一定期間」就是責任期限，通常約定為 90 天、180 天、360 天等。換言之，只要意外傷害發生在保險期期限內，保險人就需要對被保險人在責任期限內的死亡或傷殘承擔給付責任，即使死亡或傷殘結果確定地

---

12. 中國《保險法》第十四條規定：「保險合同成立後，投保人按照約定交付保險費，保險人按照約定的時間開始承擔保險責任。」

13. 例如某保險公司兩全保險條款中約定：「除合同另有約定外，自本合同生效日起，我們開始承擔保險責任。」

14. 例如某保險公司個人住院醫療保險條款中約定：「首次投保或非連續投保本合同時，被保險人因意外傷害住院，保險責任無等待期；被保險人因本合同定義的非重大疾病住院，保險責任等待期為三十天；被保險人因本合同定義的重大疾病住院，保險責任等待期為一百八十天。」

15. 例如某保險公司失能收入損失保險條款中約定：「若被保險人在保險期間內患病或遭受意外傷害，並以該疾病或意外傷害為直接原因導致其完全喪失勞動能力，且持續經過等待期（具體由投保人與本公司約定並載明於本合同中），本公司自等待期屆滿時起按月給付失能收入損失保險金。」

發生在保險期限外。[16] 但是，被保險人在保險期間開始以前遭受的意外傷害而導致的發生在保險期間內的死亡或者傷殘，保險人不承擔保險責任。

在有特別約定的情況下，保險人承擔保險責任的時間也可能發生在保險期間之外，典型的如追溯保險。追溯保險是指保險責任的開始時間可以追溯到保險合同訂立前的某一時間的保險。在海上保險中會有追溯期的約定，但保險人承擔保險責任的前提是投保人在訂立保險合同時不知道保險事故已經發生，否則保險合同無效。《最高人民法院關於審理海上保險糾紛案件若干問題的規定》（法釋〔2006〕10 號）第十條規定：「保險人與被保險人在訂立保險合同時均不知道保險標的已經發生保險事故而遭受損失，或者保險標的已經不可能因發生保險事故而遭受損失的，不影響保險合同的效力。」另外，採取索賠發生製作為承保基礎的責任保險中也有追溯日的規定。[17]

5. 保險金額

保險金額是指保險合同項下保險人承擔賠償或給付保險金責任的最高限額，即投保人對保險標的的實際投保金額，同時也是保險人計算保險費的定價基礎。財產保險與人身保險中確定保險金額的依據不同。在能夠確定保險價值的財產保險合同中，保險價值是確定保險金額的基礎，保險金額不得超過保險價值，超過的部分無效。而人身保險中不存在保險標的的價值問題，保險金額的確定主要考慮當事人的風險保障需求和交納保險費的能力，由投保人選定一個合適自己的保險金額並與保險人約定在合同中。其中，以死亡為給付保險金條件的合同，必須經過被保險人同意並認可保險金額，否則合同無效。另外，在大多數的保險市場上，早期索賠尤其是因暴力、自殺或「意

---

16. 例如某保險公司個人人身意外傷害保險條款中約定：「在保險期間內，被保險人遭受意外傷害事故，並自事故發生之日起一百八十日內以該次意外傷害為直接原因身故的，保險人按保險單所載該被保險人意外傷害保險金額給付身故保險金。對該被保險人的保險責任終止。被保險人因遭受意外傷害事故且自該事故發生日起下落不明，後經中華人民共和國（不含港、澳、台地區）法院宣告死亡的，保險人按保險金額給付身故保險金。」

17. 例如某財產保險公司出口產品責任保險條款中約定：「在本保險單有效期內或追溯日之後，由於被保險產品的危險在承保區域內發生意外事故，致使第三者遭受人身傷害或財產損失，依法應由被保險人負損害賠償責任且在保險期間內提出索賠的，本公司在保險責任限額內對被保險人負責賠償。但本公司對追溯日以前已發生的意外事故或被保險人在本保險單終止以後所受的賠償請求不負賠償責任。」

外」引起的索賠發生率隨着保額的增高而增加，因此人身保險中為防範欺詐、逆選擇和過高的保單中途失效率，保險人通常會進行財務核保以確認投保人投保的保險金額是合理的。[18]

　　除上述注意事項外，投保人和保險人約定的保險金額還不能超過保險監管部門規定的數額限制。例如，為防止道德風險，中國保監會依據《保險法》的要求，對父母為其未成年子女投保時被保險人身故保險金額的上限做了限制。中國《保險法》第三十三條規定：「投保人不得為無民事行為能力人投保以死亡為給付保險金條件的人身保險，保險人也不得承保。父母為其未成年子女投保的人身保險，不受前款規定限制。但是，因被保險人死亡給付的保險金總和不得超過國務院保險監督管理機構規定的限額。」在人身保險合同中，保險人一般會載明未成年人身故保險金限制條款，明確約定未成年人身故保險金給付總額不得超過國務院保險監督管理機構規定的限額。[19] 中國保監會 2015 年 9 月發佈的《關於父母為其未成年子女投保以死亡為給付保險金條件人身保險有關問題的通知》（保監發〔2015〕90 號）中規定：自 2016 年 1 月 1 日起，未成年人身故保險金限額在 10 周歲以下為 20 萬元；10 周歲至 18 周歲以下為 50 萬元。只有三種情形可以不受上述限額的限制，即以投保人已交保險費或被保險人死亡時合同的現金價值為死亡保險金額、或者合同約定的航空意外死亡保險金額，以及重大自然災害意外死亡保險金額。[20] 通常，當前各人身險公司對保監會的相關規定都作了較為嚴格的遵守，投保人實際上不太可能會在某一家保險公司為同一未成年人購買超過身故保險金額限制的保險。但由於目前保險業還沒有形成統一的保險客戶信息查詢平台，當投保人為同一被保險人在不同的保險公司分別購買含有身故保險責任的保險產品時，各保險公司按慣例都要詢問並記錄其未成年子女在本公司及其他保險公

18. 參見張俊岩、趙軍主編（2012）。《人身保險基礎知識與實務》。北京：中國人事出版社。102 頁。

19. 例如某人壽保險公司兩全保險中的「未成年人身故保險金限制」條款約定：「為未成年子女投保的人身保險，因被保險人身故給付的保險金總和不得超過國務院保險監督管理機構規定的限額，身故給付的保險金額總和約定也不得超過前述限額。」

20. 中國保監會對父母為其未成年子女投保死亡人身保險限額的規定經歷了一個變化的過程，參見中國保監會《關於父母為其未成年子女投保死亡人身保險限額的通知》（保監發〔1999〕43 號）、《關於在北京等試點城市放寬未成年人死亡保險金額的通知》（保監發〔2002〕34 號）、《關於父母為其未成年子女投保以死亡為給付保險金條件人身保險有關問題的通知》（保監發〔2010〕95 號）。

司已經參保的以死亡為給付保險金條件人身保險的有關情況。即使投保人沒有如實告知，最終也可能在事實上無法獲得其所預期的保險保障，保險公司對超過規定限額的部分不承擔給付保險金的責任，通常也不退還保險費。

實踐中保險金額有不同的約定方式，對當事人權利義務的影響也不同。例如在美國汽車責任保險中，保險人限制對身體傷害補償的責任。通常對任何個人身體傷害的賠償責任，在每次事故中有一定金額的限制，同時對任何一次事故所導致的損失的補償責任，有總金額的限制。例如保單中規定，對於每人的補償責任金額不得超過 20 萬元，二人以上總的賠償額不得超過 40 萬元。實踐中要注意合同條款中是對總保險金額的約定還是對單次事故限額的原定。

6.　保險費及支付方式

保險費簡稱「保費」，是保險人為被保險人提供保險保障而向投保人收取的價金，它是投保人向保險人支付的費用，作為保險人承擔保險金賠償或給付責任的對價。保險費的多少，主要取決於保險金額與保險費率兩個因素。保險費等於保險金額與保險費率的乘積。

所謂保險費率，是指每一保險金額所應支付的對價比率，通常用百分比或千分比來表示。例如某保險公司經過測算確定某燃煤火電廠的財產一切險費率為 0.48 。[21] 保險費率通常由純保險費率和附加費率兩部分組成。純保險費率也稱「淨費率」，財產保險的淨費率通常依據保險標的損失發生概率來確定；人身保險的淨費率則是根據死亡率或者疾病發生率和保單利率等來確定的。附加費率是指一定時期內保險人業務經營費用和預定利潤的總數同保險金額之間的比率。保險監管部門對一些險種的附加費率會作出限制，例如保險公司擬訂商業車險費率，原則上預定附加費用率不得超過 35%。[22]

保險費的具體交付方式一般規定在保險合同中。根據保險慣例，保險費一般以現金方式支付，此外還有其他方式，例如以票據交付、以保單的紅利抵交、以保單的現金價值自動墊交等。隨着越來越多不同類型的支付方式，

---

21. 張俊岩、任浩煜主編（2012）。《財產保險基礎知識與實務》。北京：勞動人事出版社。78-81 頁。

22. 參見《關於加強機動車輛商業保險條款費率管理的通知》（保監發〔2012〕16 號）。

在銀行和其他金融機構的協助下，保險公司還可以自動從投保人指定的帳戶中扣劃到期應交的保險費。為防範投保人交納的現金保險費被侵佔挪用的風險，確保收付費環節的資金安全，中國保監會在 2008 年頒佈的《關於加強人身保險收付費相關環節風險管理的通知》（保監發〔2008〕97 號）中規定，除了保險公司在營業場所內現金收付費，或在營業場所外通過公司員工或保險營銷員收取單次不超過人民幣 1,000 元的現金保費，或委託保險代理機構在其營業場所內現金收付費，以及保監會規定的其他現金收付費方式等四種情形外，保險公司應採取非現金收付費方式，即通過銀行等資金支付系統收付費。同時，按照《人身保險業務基本服務規定》（中國保險監督管理委員會令2010 年第 4 號）的要求，保險公司通過銀行扣劃方式收取保險費的，應當就扣劃的帳戶、金額、時間等內容與投保人達成協議。

7. 保險金賠償或者給付辦法

保險合同約定的保險事故發生後，被保險人或者受益人有權要求保險人賠償或者給付保險金。保險金賠償或給付的辦法，包括賠付的標準和方式，應當在保險合同中載明。保險條款中一般應約定賠償數額或給付保險金數額的計算方法（包括免賠率和免賠額等）、保險金的申請人、索賠時應提交的證明及資料、保險金給付期限和索賠時效等，以免理賠時產生爭議。保險金的賠付一般採取現金支付或銀行轉帳的方式，財產保險合同中也可以約定實物補償或修復等非現金支付的方式。大部分保險合同都是一次性支付保險金，也有以年金方式分期支付的，如養老年金保險或者子女教育年金保險。

8. 違約責任和爭議處理

違約責任是指合同當事人因違反合同義務所承擔的責任。保險合同一旦生效，即在當事人之間產生法律拘束力，當事人應按照合同約定全面、嚴格地履行合同義務，任何一方當事人違反合同所規定的義務均應承擔違約責任。中國《合同法》第一百零七條規定：「當事人一方不履行合同義務或者履行合同義務不符合約定的，應當承擔繼續履行、採取補救措施或者賠償損失等違約責任。」目前保險合同中對違約責任的約定通常來自於保險法的規定。

例如中國《保險法》第二十三條第一款規定了理賠時限，並在該條第二款中規定：「保險人未及時履行前款規定義務的，除支付保險金外，應當賠償被保險人或者受益人因此受到的損失。」這一規定經常出現在保險條款中，除此之外保險合同中較少出現關於違約責任的約定。

爭議處理條款約定如何解決因履行保險合同所發生的爭議，一般採取如下表述：「因履行本保險合同發生的爭議，由當事人協商解決。協商不成的，提交保險單載明的仲裁機構仲裁；保險單未載明仲裁機構或者爭議發生後未達成仲裁協議的，依法向有管轄權的人民法院起訴。」投保人在填寫投保單時，通常需要在「投保事項」中的「爭議處理方式」處，對發生爭議後協商不成時通過仲裁還是訴訟的解決方式作出選擇。如果選擇仲裁方式，還需要寫明仲裁機構的名稱；如果未作任何選擇，爭議發生後也未達成仲裁協議的，則只能採取訴訟的方式處理。目前在保險行業中大力推行的調解這一爭議解決方式，並沒有出現在保險條款中。

9. 訂立合同的年、月、日

在保險合同中必須寫明訂立合同的時間，而且需要十分具體，即要寫明訂立合同的年、月、日。因為訂立合同的時間對確定人身保險的投保人對被保險人是否具有保險利益、承保危險是否發生或消滅、告知義務的履行時間、保險費的繳納期限以及合同生效時間等都具有重要意義。

二、保險合同的疑義利益解釋原則

保險合同的解釋原則，應當分別遵循定型化條款或者個別商議條款的解釋原則來解釋。定型化合同的內容，必須以定型化合同條款可能的訂約對象群的一般合理了解為準。條款用語有疑義時，應為不利於條款使用人（保險人）的解釋。個別商議條款的解釋，首先是合同文字已經明白清楚時，必須依照合同文字解釋，只有合同的文字不夠明白清楚時，才進行第二步驟，就是

探求當事人的真意，不得拘泥於所用的詞句。[23] 本節主要分析定型化條款或者說格式條款的解釋原則。

1. 合同的解釋原則

合同的解釋是指對合同及其相關資料的含義所作出的分析和説明。[24] 中國《合同法》第一百二十五條規定：「當事人對合同條款的理解有爭議的，應當按照合同所使用的詞句、合同的有關條款、合同的目的、交易習慣以及誠實信用原則，確定該條款的真實意思。」合同解釋是與合同糾紛聯繫在一起的。解釋不是簡單地闡明合同應有的含義，而是通過解釋來正確地解決糾紛。合同糾紛發生後，當事人在法院提起訴訟或者向仲裁機構提出仲裁，此時就只能由法院或者仲裁機構對合同進行解釋。法院或者仲裁機構所作出的解釋本身是裁判所依據的事實，也只有在合同解釋的基礎上才能確定合同是否成立、是否實際生效、合同的內容以及用語等，從而才能確定當事人是否違約、合同應如何履行等。解釋合同的結果將直接影響案件的裁判，因而具有重要意義。合同解釋的規則包括對合同用語應當按照通常的理解進行解釋；考慮當事人的訂約目的進行解釋；整體解釋，即把合同的各項條款以及各個構成部分作為一個完整的整體，根據各個條款以及各個部分的相互關聯性、爭議條款與整個合同的關係等各方面因素，來確定所爭議的條款的含義；習慣解釋，即依據交易習慣進行解釋；依據誠實信用原則來進行解釋；對條款制定人作不利解釋等。上述各項合同解釋的規則構成了一個完整的規則體系，一般來説，在當事人就合同條款產生爭議時，首先應當按照文義解釋的方法，對該條款的準確含義進行解釋。如果該條款涉及合同的其他條款或規定，則應當適用整體解釋的方法。如果依據合同本身的文字材料不能進行解釋時，則應當採用目的解釋、習慣解釋以及依據誠信原則進行解釋。[25]

23. 劉宗榮（2011）。《新保險法 —— 保險契約法的理論與實務》。台北：翰蘆圖書出版有限公司。55–59頁。

24. 崔建遠（2000）。《合同法（修訂本）》。北京：法律出版社。324頁。

25. 王利明（2002）。《合同法研究（第一卷）》。北京：中國人民大學出版社。414–446頁。

2. 疑義利益解釋原則在保險合同中的適用

保險合同中多採用格式條款，格式條款的客觀解釋，是以該條款所預定適用的特定的或不特定的消費者或顧客圈的平均而合理的理解能力為基礎，這顯然與法律解釋採取純粹客觀的方法不同。[26] 在上述合同解釋的規則體系中，對保險合同而言特別需要注意的是疑義利益解釋原則。該原則又稱為「不利解釋原則」，源於古羅馬法的「疑義利益」法諺，即「有疑義應為表意者不利益之解釋」。[27] 中國《保險法》第三十條規定：「採用保險人提供的格式條款訂立的保險合同，保險人與投保人、被保險人或者受益人對合同條款有爭議的，應當按照通常理解予以解釋。對合同條款有兩種以上解釋的，人民法院或者仲裁機構應當作出有利於被保險人和受益人的解釋。」該條規定適用的對象是採用保險人提供的格式條款訂立的保險合同。在現代保險市場上，保險合同條款通常採用格式條款，在文字和用語方面有專業性和嚴格的技術要求。從保單設計、保費精算、鑑價機制、核保規則乃至於保險理賠，其背後都有統計數據和保險相關原理的支撐，一般投保人即使仔細研讀，也不見得能掌握保單條款真意，這種專業性的差距強化了保險人在合同中的主導地位。[28] 保險人在擬定保險條款時，對其自身利益予以了充分的考慮，卻常常難以兼顧投保人、被保險人或者受益人的利益。在保險合同的訂立和履行過程中，由於訂約主體地位的差異性和保險專業知識的區別，容易對合同條款的理解產生爭議，甚至引起糾紛導致訴訟或者仲裁。然而，保險制度的基礎是最大誠信，此類糾紛並非保險制度本旨所願意看到的。為符合「手段不得侵害目的」的原則，準確處理保險糾紛，保險法制上必須對保險合同的內容有所規制。

保險業自身的特點經常會造成合同條款的含義不明確，由於保險合同本身就是要對未知的事故進行賠付，所以合同必須寫得相當寬泛，這種寬泛難

---

26. 劉春堂（1984）。〈一般契約條款之解釋〉。見鄭玉波主編，《民法債編論文選輯（上）》。台灣：五南圖書出版有限公司。227–228 頁。

27. 吳定富（2009）。《〈中華人民共和國保險法〉釋義》。北京：中國財政經濟出版社。80 頁。

28. 參見江朝國（2013）。《保險法逐條釋義（第二卷 保險契約）》。台北：元照出版有限公司。268–269 頁。

免會使條款在適用時產生多重含義。[29] 合同的表述產生歧義的原因很多，可能是因為條款詞句語義模糊，例如對「車上人員」定義不清導致車上人員責任險中的理賠糾紛；也可能是因為主體指向不明，例如在投保單中未寫明受益人的姓名，而是簡單地表述為「法定」，在被保險人死亡後對受益人產生爭議；還可能是因為爭議的事項在客觀上沒有明確的界定標準，例如合同中約定被保險人酒後駕駛機動車輛發生事故造成死亡的屬於免責事項。合同成立後，被保險人酒後駕駛電動三輪車發生交通事故導致死亡。由於對電動三輪車是否屬於機動車存在爭議，因而發生理賠糾紛。[30]

在適用疑義利益解釋原則時需要注意，保險制度的功能在於借助團體的力量分散危險，消化損失，保險合同具有強烈的對價平衡性格，在處理保險合同條款爭議時，不應僅僅關注條款文義或單純從當事人角度切入，而須先估計危險共同團體的概念並參考該合同的目的，依誠實信用原則加以解釋。如果合同條款的文字已經能夠充分明白地表示出保險合同的承保範圍時，應以對價平衡原則與危險共同團體的利益為優先維護對象。如果條款仍有疑義時，方可適用不明確條款解釋原則，作成不利於擬文者的解釋。[31]

中國保險立法中也採納了疑義利益解釋原則。就疑義利益解釋原則的適用條件而言，應該是對保險合同條款的理解有爭議時才適用，如果合同條款的用語明確、清晰，沒有歧義，就不能適用該原則，也不能做出有利於被保險人和受益人的解釋。同樣，合同條款雖然有歧義，但是經過當事人的解釋能夠解決的，也不適用疑義利益解釋原則。疑義利益解釋原則作為保險合同解釋的一項特殊原則，不是一概排除其他解釋規則，而是只有在適用保險合同的一般解釋規則未能解決爭議的情況下方可適用。《保險法》中為疑義利益解釋原則的適用設定了「不能獲得通常理解」的前提，並且要求法院或仲裁機構對於受爭議的格式條款儘量探究其通常理解，即客觀合理的解釋結果。換言之，當事人對保險合同條款有爭議時，應首先按通常理解予以解釋，也就是按保險合同的有關詞句、有關條款、合同目的、交易習慣以及誠實信用原

---

29. 〔美〕小羅伯特‧H‧杰瑞，道格拉斯‧R‧里士滿，李之彥（譯）（2009）。《美國保險法精解（第四版）》。北京：北京大學出版社。7頁。

30. 參見北京市西城區人民法院（2011）西民初字第 3185 號民事判決書。

31. 江朝國（2013）。《保險法逐條釋義（第二卷 保險契約）》。台北：元照出版有限公司。296頁。

則確定該條款的真實意思。另外如前所述，目前疑義利益解釋原則僅適用於採用保險人提供的格式條款訂立的保險合同，對於協議合同以及經過雙方當事人特別約定的條款，在發生爭議時不應一味地適用該原則。

保險合同的解釋方法中除了疑義利益解釋原則外，在美國法院的審判實踐中還發展出另外一種解釋原則——合理期待原則。該原則直到 1970 年代才有系統性的闡釋，當時立下的兩項基本原則包括：第一，在保險交易中，保險人不能獲得任何不合理的利益；第二，被保險人與受益人的合理期待，應當得到法律保護，即使上述期待與合同條款明示相違背。[32] 美國法官羅伯特·基頓（Robert E. Keeton）指出，許多保險判例的判決名義上分別以疑義條款解釋法則、顯失公平、公共政策、禁止反悔等法理作為判決的理由，但它們實際上體現了一種共同的理念和判斷，這就是以滿足被保險人的合理期待為導向。[33] 與其他合同解釋原則不同的是，合理期待原則的適用並不以合同條款存在歧義為前提。在這一原則之下，法院以保險相對人對於保險合同的保障功能的合理期待為出發點解釋合同，重視並保護這些合理的利益期待，而不論合同條款文字是否明確表示當事人權利義務，即便合同文字明確地將這種「合理期待」排除於保險合同承保範圍之外。由此可見，合理期待原則徹底打破了一般私法上的合同解釋原則，因此即便在美國也存在一些爭議。由於中國屬於成文法國家，在法律沒有明確規定的情況下該原則在中國法院少有運用。但是與基頓法官所描述的情形非常近似，中國法院以「疑義利益解釋原則」為名義作出的大量判決，在實質上或多或少地包含了「滿足合理期待」的因素。[34]

保險合同中往往包含大量的專業術語，在財產保險合同中經常出現的「火災」、「爆炸」、「自燃」、「暴雨」、「洪水」等；在人身保險合同中如「鬥毆」、「酗酒」以及「惡性腫瘤」、「急性心肌梗塞」等醫學術語。對於「暴雨」等常用術語，公眾在日常生活中普遍使用，並且已經形成了相對通行的認識。這一通行認識的意義在於，投保人在訂立保險合同時對於保險合同的保障功能

---

32. 江朝國（2013）。《保險法逐條釋義（第二卷 保險契約）》。台北：元照出版有限公司。299 頁。

33. Robert E. Keeton (1970). "Insurance Law Rights at Variance with Policy Provisions," *Harvard Law Review* Vol. 83, No. 5, (Mar, 1970), pp. 961–985.

34. 劉建勛（2012）。《保險法典型案例與審判思路》。北京：法律出版社。230 頁。

具有相對明確的期待。保險人如果主張以氣象學意義上暴雨的定義[35]來解釋該詞匯，就應當將暴雨的氣象學定義納入合同條款作出釋義並在訂立保險合同時向投保人作出說明。否則裁判機構會傾向於保護投保人對此類常用術語的明確而且合理的期待。當然，法院如果希望保護投保人、被保險人的合理期待，一方面應當論證該期待的合理性；另一方面更要論證產生爭議的條款通過文義解釋等途徑所獲得的解釋結果不合理。最高人民法院在《保險法司法解釋二》第十七條規定：「保險人在其提供的保險合同格式條款中對非保險術語所作的解釋符合專業意義，或者雖不符合專業意義，但有利於投保人、被保險人或者受益人的，人民法院應予認可。」此外，法院還應當尊重保險行業慣例。對於「惡性腫瘤」、「急性心肌梗塞」等具有很強專業性的術語，公眾在日常生活中不經常使用，因而在訂立保險合同時，投保人針對合同中使用此類術語的條款及其所代表的保障功能並不具有明確且合理的期待。裁判機構對此類術語應當按照相關專業領域的定義和理解作出解釋，不能適用疑義利益解釋原則。[36]

---

35. 暴雨在氣象學上的定義是「每小時降雨量達 16 毫米以上，或連續 12 小時降雨量達 30 毫米以上，或連續 24 小時降雨量達 50 毫米以上的降雨。」
36. 劉建勛（2012）。《保險法典型案例與審判思路》。北京：法律出版社。206–208 頁。

第十章

保險合同的成立與生效

案例導讀

2010 年 4 月初，顧某為其公司多名員工購買了「特惠保自助式保險卡」，並將其中一張交給施某。後施某委託他人以自己為被保險人激活了該卡，保險責任期間自 2010 年 4 月 4 日起至 2011 年 4 月 3 日止，意外傷害最高保險金額為 30,000 元。後施某在施工過程中不慎墮下身亡，顧某為其墊付醫療費用 290,000 元，並向其家屬支付 590,000 元後，取得施某的繼承人簽字的權益轉讓承諾書，受讓接受其人身意外險的理賠款的權益。顧某據此向保險人索賠未果，遂訴至法院。在本案中，「特惠保自助式保險卡」是由投保人自行在網上激活的自助式保險卡，背面印製的內容包括卡號、密碼、投保流程等。出售時隨自助式保險卡一併交付給客戶的還有產品說明手冊。網上激活過程中，投保人須先閱讀保險條款等內容，並在投保聲明頁面中相應的提示內容下方點擊「同意」並「確定」後，才能進入後續的激活程序，形成電子保單。[1] 卡式電子保單在簽訂合同過程中，存在許多不同於傳統保險合同的特點。以在網上激活自助式保險卡的形式生成電子保單，所締結的保險合同是完全電子化的保險業務，是一種新型的保險銷售渠道和承保模式。新型的模式帶來新的問題，為規範網絡營銷保險業務的發展，中國保監會於 2015 年 7 月發佈了《互聯網保險業務監管暫行辦法》，其中要求保險公司採用電子保險單作為保險合同訂立形式的，應明確說明。

一、保險合同的訂立程序

合同在本質上是一種合意，合同的成立意味着各方當事人的意思表示達成一致。換言之，當事人對合同的主要條款達成一致意見，合同才能成立。合同的訂立側重於締約方自接觸、磋商直至達成合意的動態過程。《保險法》

---

1. 邢嘉棟（2015）。《典型保險案例裁判思路與實務操作》。北京：法律出版社。326 頁。

第十三條規定：「投保人提出保險要求，經保險人同意承保，保險合同成立。」由此可見，保險合同的訂立也要經過要約和承諾的一般過程。

在保險合同的訂立過程中，儘管隨着保險業務銷售模式的發展可能出現例外的情形，[2] 但是投保人提出保險要求為要約，保險人同意承保為承諾，仍然是保險合同成立的常態。[3]

1. 要約

中國《合同法》第十四條規定：「要約是希望和他人訂立合同的意思表示」，即要約是一方當事人以締結合同為目的，向對方當事人所作的意思表示。要約是訂立合同的必經階段，不經過要約的階段，合同是不可能成立的。要約通常都具有特定的形式和內容，一項要約要發生法律效力，必須具有特定的有效條件，不具備這些條件，要約在法律上不能成立，也不能產生法律效力。通常來説，要約的生效要件如下：第一，要約必須具有訂立合同的意圖；第二，要約必須向要約人希望與之締結合同的受要約人發出；第三，要約的內容必須具體確定；第四，要約必須送達受要約人。只有具備上述四個要件，才能構成一個有效的要約，並使要約發出後產生應有的拘束力。[4]

1.1　投保要約的流程

在保險合同訂立程序中，投保是一種要約。投保人可以是公民、法人或者非法人組織，[5] 投保人提出保險要求，也就是向保險人提出確定的、明確的訂立保險合同的意思表示。投保是保險合同成立的先決條件，應符合以下幾個要求：第一，投保人要有締約能力。一般來説，法人或非法人組織具有完全的締結保險合同的能力。對於自然人來説，無民事行為能力人或者限制民事

---

2. 參見鄧成明等（2002）。《中外保險法律制度比較研究》。北京：知識產權出版社。39頁。

3. 參見江朝國（2013）。《保險法逐條釋義（第二卷 保險契約）》。台北：元照出版有限公司。40頁。

4. 參見王利明（2002）。《合同法研究（第一卷）》。北京：中國人民大學出版社。206–211頁。

5. 根據《中國保監會關於促進團體保險健康發展有關問題的通知》（保監發〔2015〕14號）的規定，團體保險是指投保人為特定團體成員投保，由保險公司以一份保險合同提供保險保障的人身保險。特定團體屬於法人或非法人組織的，投保人應為該法人或非法人組織。

行為能力人，通常不具有投保能力，其提出的保險要求，通常不產生要約的效力。[6] 第二，在人身保險中，投保人在訂立合同時對被保險人應當具有保險利益。第三，投保人要履行如實告知義務。

投保可以由投保人本人向保險人提出，也可以由投保人的代理人向保險人提出。在保險實務中，投保人要約的意思表示通常表現在投保單中。投保人向保險人索取投保單並依其所列事項逐一填寫，以如實回答保險人所需要了解的與保險標的有關的重要情況，並認可保險人規定的保險條款和費率，最後將投保單交給保險人或其代理人。這一行為的意義在於，它提供了保險人評估風險、決定是否承保和費率高低的資料。投保要約應自到達保險人時生效。對於投保要約的具體有效期限，中國《保險法》沒有作出規定。如果投保要約中約定了承諾的期限，則投保要約在要約確定的期限內有效。如果投保要約沒有約定承諾的期限，則投保要約在合理的期限內有效。

另外需要注意的是保險人的展業行為。在保險業務中，保險合同的訂立過程通常是從保險公司的代理人或營銷員的推銷開始的。尤其是在人壽保險中，保險推銷人員提供給大眾各種宣傳資料、參考費率、保險收益表、險種內容介紹等，這種推銷努力只能構成要約邀請，即爭取潛在投保人要約的手段，而不能構成要約本身。[7] 目前保險公司越來越多地使用直接銷售保險的方式，通過電話、郵件、互聯網等推銷保險。使用這些推銷方式，保險人的推銷行為到底是要約還是要約邀請就成為關係到保險合同是否成立，保險人是否應當承擔保險責任的關鍵。上述情況下，保險人的銷售行為還是應該歸為要約邀請。例外地，在美國有保險人通過機器發售保險單，售者買者皆不見面，也沒有中間接洽之人，對購買保單者立即承保其危險。此時保險人是對不特定多數人為要約，購買保單應認為是承諾。[8]

---

6. 例如某人壽保險公司在保險條款中明確規定：「凡年滿十八周歲，具有完全民事行為能力且對被保險人具有保險利益的人，均可作為本保險的投保人。」

7. 陳欣（2000）。《保險法》。北京：北京大學出版社。12 頁。

8. 參見江朝國（2013）。《保險法逐條釋義（第二卷 保險契約）》。台北：元照出版有限公司。40–41 頁。

1.2 投保單簽名問題

投保單應由投保人本人簽名，對此中國保監會早在 2000 年 7 月頒佈的《關於規範人身保險經營行為有關問題的通知》（保監發〔2000〕133 號）中就提出要求，人身保險投保書、健康及財務告知書，以及其他表明投保意願或申請變更保險合同的文件，應當由投保人親自填寫，由他人代填的，必須有投保人親筆簽名確認，不得由他人代簽。另外，按照《保險法》規定，凡是需要經被保險人同意後投保人才能為其訂立或變更保險合同的，以及投保人指定或變更受益人的，還必須有被保險人親筆簽名確認，也不得由他人代簽。被保險人為無民事行為能力人或限制民事行為能力人的，由其監護人簽字，不得由他人代簽。投保人、被保險人因殘疾等身體原因不能簽字的，由其指定的代理人簽字。保險公司工作人員和代理人替投保人、被保險人填寫投保書和簽名，或誘使他人代替填寫和簽名，均屬於違規行為。在 2009 年《關於推進投保提示工作的通知》中，中國保監會要求各保險公司對投保提示書和投保單上的投保人簽字進行審查核對，確保投保人簽字真實有效。需要注意的是，按照《保險法司法解釋二》第三條規定，「投保人或者投保人的代理人訂立保險合同時沒有親自簽字或者蓋章，而由保險人或者保險人的代理人代為簽字或者蓋章的，對投保人不生效。但投保人已經交納保險費的，視為其對代簽字或者蓋章行為的追認。」

在國內壽險公司的個人代理渠道中，有一個變化值得關注，即傳統的基於紙質媒介的投保流程正被電子化、移動化流程所取代。例如某些保險公司使用的移動展業系統、微信投保系統等，通過筆記本電腦、手機等移動上網設備完成投保流程並進行電子簽名，客戶不再需要手工填寫紙質投保單。在線流程可以將法律規定必須履行的義務固化嵌入到投保流程中，例如要求投保人在進行投保操作前必須閱讀保險合同條款、產品說明書等合同資料，否則流程無法向後進展，這就避免了傳統紙質流程下保險代理人故意不向客戶提供保險條款的情況；另外後台系統對投保時的操作可以記錄，這就使得保險人對免責條款的提示和說明義務能夠更好地執行和舉證。為確認電子簽名的真實性，往往伴有錄音或照相等配套環節。

第十章
保險合同的成立與生效 | 187

1.3 投保過程中的注意事項

提出投保的申請通常有兩種形式，一為法律上的要約，直接請求保險人與之訂約；另一為請求保險人提出保單及保險費數額，再作訂約與否的考慮。大多情形，產險的投保屬前者，壽險的投保屬後者，但並不絕對。實務習慣上的投保申請多是由保險人印就書面格式的投保單，由投保人填妥並簽名，送交保險人，如果保險人據以印製成保險單，該投保單即成為保險合同的一部分，但必須在保險單內寫明。[9]

按照最大誠信原則的要求，投保人在填寫投保單的過程中要履行保險法上規定的告知義務，特別是對於那些足以影響保險人決定是否承保或者提高保險費率的重要事實，保險人必須如實填寫。保險人應就合同條款的內容尤其是免除保險人責任的條款向投保人作出說明。

為解決實踐中存在的銷售誤導問題，儘量減少雙方當事人之間的信息不對稱，在採用保險人提供的格式條款訂立合同時，監管機構希望推動投保人多了解條款。中國保監會在《人身保險新型產品信息披露管理辦法》（中國保監會令 2009 年第 3 號）中規定，向個人銷售新型產品的，保險公司提供的投保單應當包含投保人確認欄，並由投保人抄錄下列語句後簽名：「本人已閱讀保險條款、產品說明書和投保提示書，了解本產品的特點和保單利益的不確定性。」在《關於加強機動車輛商業保險條款費率管理的通知》（保監發〔2012〕16 號）中規定，保險公司應當在保險單醒目位置註明「為保護投保人合法權益，投保人在簽署保險合同時應當仔細閱讀保險合同內容特別是責任免除條款，審慎選擇保險產品」。這些規定都是為了提示投保人要在充分了解保險產品的基礎上再確定是否投保。

另外，保險人或其代理人在銷售保險產品時應詳細了解客戶的風險狀況和風險承受能力。保險人應依照投保人的投保需求和意願，向其推薦符合其現實情況的保險產品，這是保險人的建議義務。《德國保險合同法》第六條第一款規定：「如果投保人對相關保險產品產生疑惑，保險人應當詢問投保人的投保意願和需求，並根據投保人將要支付的保費針對某項特定保險產品做出建議並就上述建議詳細說明理由，為其推薦合理的保險產品。」也就是說，保

---

9. 參見江朝國（2013）。《保險法逐條釋義（第二卷 保險契約）》。台北：元照出版有限公司。82 頁。

險人須在訂立保險合同前，依據投保人的需求和費用承受能力向其提供產品建議並明確說明理由，以消除投保人在保險知識、信息等方面的劣勢，保障投保人的合法權益。中國《保險法》中雖然沒有類似的對投保人提出建議的規定，但監管部門也在努力推動保險人根據投保人的需求來銷售產品。2014年中國銀監會與保監會聯合下發《關於進一步規範商業銀行代理保險業務銷售行為的通知》，其中明確要求「商業銀行在銷售保險產品時應當對投保人進行需求分析與風險承受能力測評，根據評估結果推薦保險產品」。根據上述規定，在銀行保險渠道銷售分紅險、萬能險、投連險產品時，投保人需填寫《風險承受能力測評》，以確認其是否適宜購買相關產品。

2. 承諾

根據中國《合同法》第二十一條的規定，承諾是指受要約人同意要約的意思表示。承諾的法律效力在於一經承諾並送達於要約人，合同便告成立。在法律上，承諾必須具備一定的條件，才能產生法律效力：第一，承諾必須由受要約人向要約人作出。第二，承諾必須在要約的有效期限內到達要約人。中國《保險法》沒有規定投保要約的有效期限。如果投保要約約定了承諾的期限，則投保要約在該期限內有效；如果投保要約沒有約定承諾的期限，則投保要約的有效期應該是合理的期限，該合理期限要根據每個要約的具體情況來認定。第三，承諾的內容必須與要約的內容一致。第四，承諾必須標明受要約人決定與要約人訂立合同。第五，承諾的方式必須符合要約的要求。

2.1 保險人核保

保險人接到投保人的投保申請後，要依據保險標的的風險狀況進行核保。保險核保是指保險人在對投保標的的信息全面掌握、核實的基礎上，對標的進行評判與分類，進而決定是否承保以及按甚麼樣的條件承保的過程。通過核保，保險公司可以確定對標的的合理承保價格，並且可以在一定程度上防範投保人的逆向選擇和道德風險。保險核保的信息來源主要有三個途徑，即投保人填寫的投保單、銷售人員和投保人提供的情況，以及通過實際查勘獲取的信息。保險人通過這三個途徑收集核保信息並加以整理，為作出

承保決策提供依據。核保完成後，承保決策的結果大體上有三種情況：一是接受投保申請即承保；二是改變條件承保；三是拒絕承保。

其中，承保是保險人完全同意投保人提出的保險要約的行為。在保險實務中，保險人收到投保人填寫的投保單後，經過審查認為符合承保條件，在投保單上簽字、蓋章並通知投保人的，構成承諾。保險人承諾保險要約，不得附加任何條件或對要約進行變更。保險人在承諾保險要約時，如果附加條件或者對要約進行變更，不發生承諾的效力，構成反要約。實踐中，保險合同的成立不總是表現為投保人投保和保險人承諾的簡單過程，有時要經過要約、反要約和承諾這樣一個反復協商的過程，例如保險人經過核保後提出改變條件承保的情形。

2.2 簽發保險單或其他保險憑證

承諾生效時保險合同成立，保險人應當及時向投保人簽發保險單或者其他保險憑證，並在保險單或者其他保險憑證上加蓋保險公司公章、經授權出單的分支機構公章或上述兩者的合同專用章，不能只蓋法定代表人、負責人名章或公司內部職能部門的印章。需要注意的是，簽發保險單證不是保險合同成立的要件，而是保險人的法定義務。中國《保險法》第十三條第一款規定：「投保人提出保險要求，經保險人同意承保，保險合同成立。保險人應當及時向投保人簽發保險單或者其他保險憑證。」保險實務中，保險人在簽發保險單之前，一般不另發承諾通知，而是把保險單既作為承保的憑證，也作為承諾的通知。

中國《保險法》對保險人收到投保人提出的投保要約後，應在多長時間內作出承諾沒有規定，對保險人拒絕承保是否必須通知投保人也沒有規定。目前只是在中國保監會《人身保險業務基本服務規定》中規定了人身保險業務的核保時限，即保險公司認為不需要進行體檢、生存調查等程序並同意承保的，應當自收到符合要求的投保資料之日起 15 個工作日內完成保險合同制作並送達投保人。需要進行體檢、生存調查等程序的，保險公司應當自收到被

保險人體檢報告或者生存調查報告之日起 15 個工作日內，告知投保人核保結果，同意承保的，還應當完成合同制作並送達投保人。[10]

二、保險合同成立

在保險實踐中，有些保險合同當事人對保險合同成立、生效與保險責任開始這三個概念有模糊認識，甚至把保險合同的成立、生效與保險責任混為一談，導致保險糾紛頻繁發生。因此，有必要正確理解保險合同的成立、生效與保險責任開始的不同含義，認識三者之間的聯繫與區別。

從合同法的發展趨勢來看，為鼓勵交易、增進社會財富的需要，各國合同法大都減少了在合同成立方面的不必要的限制，並廣泛運用合同解釋的方法促使更多的合同成立。如前所述，保險合同是非要式合同，除非合同當事人有約定要以特定方式成立合同，否則僅雙方當事人意思表示一致，合同即成立。[11]中國《保險法》中並沒有規定保險合同的成立必要以書面形式或其他特定形式，因此無論書面形式還是口頭形式或其他形式均可成立保險合同。考慮到保險合同的特殊性，為更好地保護當事人的利益，便於當事人實現權利、履行義務以及方便舉證，保險法規定保險合同成立後保險人要及時簽發保險單或者其他保險憑證。

實踐中要注意區分保險合同的成立與不成立。雙方當事人對保險合同的主要內容通過要約、承諾的方式達成一致，保險合同成立。但在保險合同的訂立過程中，有時會出現保險公司或其代理人對投保人提出的保險要求沒有接受的情形，例如保險公司已經預收保險費，但尚未完成體檢、核保等業務流程。在這種情況下，從保險合同成立的角度分析，實質上保險公司對投保人提出的訂立保險合同的要約沒有作出承諾，保險合同尚不成立。但如果被保險人體檢合格，完全符合承保條件，在保險人作出承諾前發生保險事故，又該如何處理？台灣保險法中有「擬制合致」的規定，即雖然當事人的意思表

---

10. 參見中國保監會《人身保險業務基本服務規定》（中國保險監督管理委員會令 2010 年第 4 號）第十一條、第十二條。

11. 參見江朝國（2013）。《保險法逐條釋義（第二卷 保險契約）》。台北：元照出版有限公司。17 頁。

示尚未達成一致，但法律上擬制其已經達成合意。根據台灣「保險法施行細則」第四條第二款、第三款的規定，「財產保險之要保人在保險人簽發保險單或暫保單前，先交付保險費而發生應予賠償之保險事故時，保險人應負保險責任」；「人壽保險人於同意承保前，得預收相當於第一期保險費之金額。保險人應負之保險責任，以保險人同意承保時，溯自預收相當於第一期保險費金額時開始。」為解決在要約與作出承諾之間有時間間隔時發生保險事故導致的糾紛，最高人民法院《保險法司法解釋二》第四條的規定：「保險人接受了投保人提交的投保單並收取了保險費，尚未作出是否承保的意思表示，發生保險事故，被保險人或者受益人請求保險人按照保險合同承擔賠償或者給付保險金責任，符合承保條件的，人民法院應予支持；不符合承保條件的，保險人不承擔保險責任，但應當退還已經收取的保險費。」[12] 最高人民法院在司法解釋中的規定充分保護了被保險人、受益人的利益，但如何與人身保險中核保時限的規定相協調，尤其是在保險人已經出具了暫保單的情況下如何確定保險人應承擔的保險責任，還需要注意相關細節和不同規定之間的銜接。

保險合同不成立或者保險合同雖然成立但未生效，對保險合同當事人無法律約束力，但並不是說保險合同不成立或者雖然成立但未生效就不產生任何的法律後果。一方面，如果保險合同當事人在訂立合同過程中，假借訂立合同、惡意進行磋商，故意隱瞞與訂立合同有關的重要事實或者提供虛假情況，或者有其他違背誠實信用原則的行為令對方造成損失的，應當承擔賠償責任。另一方面，如果保險合同已經成立但未生效，保險合同當事人不得單方面任意變更合同內容。該保險合同在條件成就或者期限屆至時生效。當事人不得為了自己的利益不正當地阻止條件成就；否則，視為合同的生效條件已經成就。保險合同成立解決了保險合同當事人對合同的主要條款是否達成

---

12. 《北京市高級人民法院關於審理保險糾紛案件若干問題的指導意見（試行）》（2004 年 12 月 20 日）中規定，人身保險中的投保人按照保險人的要求，預交了保險費，但由於保險人或其代理人自身的原因，未及時對投保單作出處理，如果發生了應予賠償或給付保險金的保險事故，作如下處理：被保險人符合承保條件，應認定保險合同成立。保險人應當承擔保險責任。承保條件根據保險業的通常標準進行裁判。被保險人不符合承保條件，應認定保險合同不成立。保險人對未及時處理投保業務有過錯的，承擔締約過失責任。人身保險合同不因保險人預收保險費而當然成立。保險人預收保險費後在合理期限內拒絕承保的，應當及時退還投保人預交的保險費，保險人對因其超過合理期限退還保險費而產生的利息損失亦應賠償。

了一致、保險合同是否存在的問題，而保險合同生效則需要通過合同生效制度來解決。

三、保險合同生效

1. 保險合同的生效要件

保險合同生效是指已經成立的保險合同在當事人之間產生法律約束力。中國《合同法》第八條規定：「依法成立的合同，對當事人具有法律約束力。當事人應當按照約定履行自己的義務，不得擅自變更或者解除合同。」同時，《保險法》第十三條第三款規定：「依法成立的保險合同，自成立時生效。投保人和保險人可以對合同的效力約定附條件或者附期限。」保險合同既有民事合同的共性特徵，也有其獨特性，因此保險合同的生效既要符合民事合同生效的一般要件，也應當滿足一定的特殊要件。

1.1　保險合同的一般生效要件

第一，雙方當事人具有訂立保險合同的民事行為能力。合同是以當事人的意思表示為基礎，並以產生一定的法律效果為目的，因此行為人必須具備正確理解自己行為的性質和後果、獨立地表達自己的意思的能力，即具備與訂立保險合同相應的民事行為能力。在保險合同中，保險人須是依法設立的保險公司（實踐中依法設立並領取營業執照的保險公司分支機構也可以對外簽訂保險合同），所從事的保險業務在保險監督管理機構依法批准的業務範圍內。投保人無論是自然人、法人或非法人組織都要具有相應的民事行為能力。

第二，意思表示真實。意思表示是指行為人將其設立、變更、終止民事權利義務的內在意思表示於外部的行為。由於合同在本質上是當事人之間的一種合意，此種合意如果符合法律規定，依法可以產生法律拘束力。而當事人的意思表示能否產生法律拘束力，取決於此種意思表示是否同行為人的真實意思相符，也就是說意思表示是否真實。在保險合同中如果存在一方以欺

詐、脅迫的手段訂立合同，損害國家利益的，該保險合同無效。另外保險合同中如果存在以合法形式掩蓋非法目的的情形，該保險合同也無效。

第三，不違反法律和社會公共利益。不違反法律是指合同不得違反法律、法規的效力性強制性規定。不合法的合同顯然不能受到法律保護，也不能產生當事人預期的法律效果。另外，合同不僅應符合法律規定，在內容上也不得違反社會公共利益。關於社會公共利益和公共道德，德國民法中稱為「善良風俗」，中國《合同法》中稱為「社會公共利益」。在中國，凡屬於違反公共道德和善良風俗的合同，也應認為其無效。[13]

第四，保險合同必須具備法律所要求的形式。中國《民法通則》第五十六條規定：「民事法律行為可以採取書面形式、口頭形式或者其他形式。法律規定是特定形式的，應當依照法律規定。」《合同法》第十條規定：「當事人訂立合同，有書面形式、口頭形式和其他形式。」《保險法》中規定保險合同成立後，保險人應當及時向投保人簽發保險單或者其他保險憑證。保險單或者其他保險憑證應當載明當事人雙方約定的合同內容。當事人也可以約定採用其他書面形式載明合同內容。由此可見保險合同應當採用書面形式。

1.2　保險合同的特殊生效要件

《保險法》允許當事人對保險合同的效力約定附條件或者附期限。當事人在訂立合同時，通常都是基於對現實情況的了解以及對未來的合理預期所作出的判斷來確定合同條款。但是未來的事件是不斷變化的，未來情況的發展和訂約時的預期可能會發生矛盾，從而出現不可預知的危險，這就需要通過法律對合同效力的限制來分配此種危險。[14] 條件與期限的作用除分配交易上的危險外，還具有引導相對人為特定行為的功能。[15] 中國《保險法》第十三條第三款規定：「依法成立的保險合同，自成立時生效。投保人和保險人可以對合同的效力約定附條件或者附期限。」

---

13. 中國《民法總則》第八條規定：「民事主體從事民事活動，不得違反法律，不得違背公序良俗。」
14. 王利明（2002）。《合同法研究（第一卷）》。北京：中國人民大學出版社。528頁。
15. 王澤鑒（2001）。《民法總則（增訂版）》。北京：中國政法大學出版社。420頁。

附生效條件的保險合同，自條件成就時生效；附生效期限的保險合同，自期限屆至時生效。按照保險行業的慣例，人身保險中通常對合同生效同時約定了條件和期限，即以「保險合同成立、收取保險費、出具保險單之後的次日零時」作為人身保險合同生效時間，合同的生效時間在保險單上載明，至期滿日的二十四時止。而在財產保險中，比較典型的是將保險期間約定在保險單中，多數險種也實行「零時起保制」，即保險合同的生效時間通常是在生效日的零時。

2. 導致保險合同無效的情形

　　無效合同是指合同雖然已經成立，但因其在內容上違反了法律、行政法規的強制性規定和社會公共利益而無法律效力的合同。保險合同無效分為全部無效和部分無效。保險合同全部無效是指其約定的權利和義務自始不產生法律效力，例如人身保險合同訂立時投保人對被保險人不具有保險利益等。保險合同部分無效是指保險合同某些條款的內容無效，但合同的其他部分仍然有效，例如財產保險中構成超額保險的，則超過保險價值部分的保險金額無效。保險合同無效須由人民法院或者仲裁機構進行確認。

2.1 《合同法》的一般規定

　　根據中國《合同法》第五十二條的規定，「有下列情形之一的，合同無效：（一）一方以欺詐、脅迫的手段訂立合同，損害國家利益；（二）惡意串通，損害國家、集體或者第三人利益；（三）以合法形式掩蓋非法目的；（四）損害社會公共利益；（五）違反法律、行政法規的強制性規定。」保險合同如果存在上述情形之一，也將導致合同無效。舉例說，如果投保人試圖通過訂立人身保險合同來進行洗錢或者不正當的資金轉移，該保險合同將因為以合法形式掩蓋非法目的而無效；另外，有的保險條款中出現「投保人、受益人殺害被保險人，保險人不承擔保險責任，不退還保費」的條文，此種約定因為沒有法律依據而無效；[16] 再如，中國保監會在《人身保險公司保險條款和保險費

---

16. 參見中國保監會《關於印發人身保險條款存在問題示例的通知》（保監發〔2004〕51 號）。

率管理辦法》中規定，長期健康保險中的疾病保險，可以包含死亡保險責任，但死亡給付金額不得高於疾病最高給付金額。其他健康保險不得包含死亡保險責任，但因疾病引發的死亡保險責任除外。醫療保險和疾病保險不得包含生存保險責任。如果保險條款違反上述規定，也將導致無效。

按照中國保監會《財產保險公司保險條款和保險費率管理辦法》和《人身保險公司保險條款和保險費率管理辦法》，一旦保險公司使用的保險條款違反法律、行政法規、中國保監會的禁止性規定，或損害社會公共利益，監管機構可以責令其停止使用，限期修改。

2.2 《保險法》的特殊規定

保險法中關於保險合同或者條款效力的規定主要表現在以下三個方面：

第一，按照《保險法》第三十一條第三款的規定，訂立人身保險合同時，投保人對被保險人不具有保險利益的，合同無效。按照該規定，只能根據投保人在投保時是否具有保險利益來確定合同效力，保險合同生效後保險利益的變化不影響合同效力。

《保險法司法解釋三》第三條規定：「人民法院審理人身保險合同糾紛案件時，應主動審查投保人訂立保險合同時是否具有保險利益，以及以死亡為給付保險金條件的合同是否經過被保險人同意並認可保險金額。」由於無效合同具有違法性，因此國家應對此類合同應作出干預。這種干預主要體現在法院在審理保險合同糾紛案件的過程中，不待當事人請求合同無效，便可主動審查合同是否具有無效的因素，如果發現屬於無效合同，便應主動地確認合同無效。因為主動審查合同的效力是法律賦予法官的權限，也是法院裁判權的範圍。[17]

第二，按照《保險法》第三十四條的規定，以死亡為給付保險金條件的合同，未經被保險人同意並認可保險金額的，合同無效。保險實務中，單純的死亡保險（如僅以死亡為保險事故的定期壽險）在人身保險中所佔比重較小，但大部分人身保險合同的承保責任中都包含死亡，實際上是死亡保險和其他保險給付相結合的險種，如生死兩全壽險、人身意外傷害保險、長期重

---

17. 王利明（2002）。《合同法研究（第一卷）》。北京：中國人民大學出版社。630頁。

大疾病保險等。根據保險法的上述規定，僅以死亡給付為保險責任的保險合同，如果未經被保險人同意並認可保險金額，該合同無效；投保人以他人為被保險人投保兩全壽險、人身意外傷害保險等，這些險種中包含死亡給付，也應經被保險人同意並認可保額。在這兩種情況下，如果合同未經被保險人同意，其後果有所不同。根據《中國保險監督管理委員會關於對《保險法》有關條款含義請示的批覆》（保監覆〔1999〕154號）的規定，單純以死亡為給付保險金條件的人身保險合同，如果未經被保險人同意並認可保險金額，該合同無效；含有死亡、疾病、傷殘以及醫療費用等保險責任的綜合性人身保險合同，如果未經被保險人同意並認可死亡責任保險金額，該合同死亡給付部分無效，其他部分仍然有效。

根據《保險法司法解釋三》第一條的規定，實踐中被保險人同意並認可保險金額可以採取多種形式，包括書面形式、口頭形式或其他形式；可以在合同訂立時作出，也可以在合同訂立後追認。如出現以下任何一種情形，應認定為被保險人同意投保人為其訂立保險合同並認可保險金額：（一）被保險人明知他人代其簽名同意而未表示異議的；（二）被保險人同意投保人指定的受益人的；（三）有證據足以認定被保險人同意投保人為其投保的其他情形。另外，如果未成年人父母之外的其他履行監護職責的人為未成年人訂立以死亡為給付保險金條件的合同，除非經過未成年人父母同意，否則法院也將認定該合同無效。[18]

第三，按照《保險法》第十九條規定，採用保險人提供的格式條款訂立的保險合同中的下列條款無效：（一）免除保險人依法應承擔的義務或者加重投保人、被保險人責任的；（二）排除投保人、被保險人或者受益人依法享有的權利的。實踐中，格式條款的使用人由於具有強大的經濟實力使其可以將預先擬訂的合同條款強加於對方，從而排除了雙方就合同條款進行協商的可能性，這就形成了格式條款的弊端，因此有必要對格式條款在法律上進行控制。保險法對於保險人單方提供的格式條款加以規範，強調免除保險人「依法應承擔的義務」和排除被保險人等相對方「依法享有的權利」的條款無效。但合同中的其他條款仍然有效。

---

18. 參見最高人民法院《關於適用〈中華人民共和國保險法〉若干問題的解釋（三）》第六條。

例如，有的機動車輛保險條款曾約定，車輛發生保險事故，無論何種情形，車輛殘值都歸被保險人，從保險賠款中扣除。這種約定與保險法的規定不符，屬於「免除保險人依法應承擔的義務」。保險事故發生後，保險人支付全部保險金額後，保險標的殘值依法應全部或部分歸於保險人，保險人可以放棄權利，但不得為被保險人增加負擔。此外，有的機動車輛保險條款還曾規定，機動車發生意外事故造成損失，第三方負有民事賠償責任時，被保險人不得直接向保險公司索賠，而必須先向該第三方請求民事賠償。更有甚者，還要求必須向第三方提起訴訟，且依訴訟程序仍不能獲得第三方賠償時，被保險人才能向保險公司請求賠償。這種條款以保護保險人的代位求償權為由，為被保險人設定違反保險原理和立法精神的負擔，違背中國《保險法》關於代位求償權的規定，屬於「加重被保險人責任，排除對方依法享有的權利」的情形。《保險法司法解釋二》第十九條第一款規定：「保險事故發生後，被保險人或者受益人起訴保險人，保險人以被保險人或者受益人未要求第三者承擔責任為由抗辯不承擔保險責任的，人民法院不予支持。」上述條款都曾經存在於某些保險公司使用的條款中，受到質疑，監管機構也曾下發文件明確要求修改。[19]

四、保險責任開始

對保險人而言，依照約定承擔保險責任是其基本合同義務。所謂承擔保險責任，學理上稱為「危險承擔義務」，包括保險事故發生前的潛在危險承擔和保險事故發生後的保險金實際賠付。依照《保險法》第十四條的規定，保險合同成立後，保險人應當按照約定的時間開始承擔保險責任。保險合同的成立、生效和保險責任開始是三個既有聯繫又有區別的概念，各自產生的權利義務是不同的。如前所述，依法成立的保險合同自成立時生效，如果有約定的生效條件和期限，則於約定條件成就或者期限屆滿時，合同開始生效。對大多數保險合同而言，生效就意味着保險責任開始，即保險責任開始的時間

---

19. 參加中國保監會《關於認真解決保險條款中存在問題的通知》（保監發〔2005〕111 號）。

與保險合同生效的時間是一致的。但在個別情況下,保險合同生效後,保險責任未必同時開始。正如醫療費用保險中的免責期條款,為防止被保險人帶病投保,通常對被保險人因疾病而產生的醫療費用開始承擔保險責任的時間就晚於保險合同生效時間。有些保險合同中保險責任開始時間甚至早於合同生效時間,例如追溯保險,《德國保險合同法》第二條中規定:「保險合同的承保效力可以追溯至保險合同訂立之前而發生。」同樣地,保險合同的終止時間與保險公司保險責任結束的時間也不一定完全一致,例如在一年期的人身意外傷害保險合同中約定了一百八十天的責任期,「在保險期間內,被保險人遭受意外傷害事故,並自事故發生之日起一百八十日內以該次意外傷害為直接原因身故的,保險人按保險單所載該被保險人意外傷害保險金額給付身故保險金。」如果被保險人遭受意外傷害事故後超過一百八十日身故的,即使保險合同尚在有效期內,保險人也有權拒絕給付身故保險金。

第十一章

保險合同的履行

案例導讀

2012 年 12 月 7 日，原告四川某建設工程有限公司向被告某財產保險公司投保建築工程施工人員團體人身意外傷害保險及附加意外傷害醫療保險，原告單位職工唐某是上述保險的被保險人之一。保險期間為 2012 年 12 月 8 日 0 時起至 2013 年 12 月 5 日 24 時止；意外傷害保險金額每人 400,000 元，意外醫療每人保險金額 40,000 元。保險合同約定殘疾或燒傷保險金的受益人為被保險人本人。2013 年 5 月 12 日，唐某在上班時，在工作場所內操作攪拌機時不慎受傷。2014 年 6 月 28 日，原告與唐某達成《賠償協議書》，由原告賠償給唐某共計 235,891.4 元。協議簽訂後，原告賠償了傷者。傷者唐某收到賠償款後，通過書面方式將建築工程施工人員團體意外傷害保險的保險金請求權轉讓給原告，由原告行使保險金索賠的一切訴訟及其他權利，並將權利轉讓的情況以書面方式通知了被告。其後原告向被告索賠未果，遂起訴請求判令被告支付建築工程施工人員團體人身意外傷害保險的各項給付金額共計 234,591.4 元。[1]

一、保險合同的變更

合同變更有廣義和狹義之分。廣義的合同變更是指合同的主體和內容發生變化。所謂主體的變更，是指以新的主體取代原合同關係的主體，但合同的內容沒有改變。此種變更通常被作為合同的轉讓加以探討。合同內容的變更是指合同的主體保持不變，合同的內容發生變化。具體來說，是指在合同成立以後，尚未履行或者尚未完全履行以前，當事人就合同的內容達成修改或補充的協議，或者依據法律規定請求法院或仲裁機構變更合同內容。中國《合同法》所採納的合同變更是狹義上的合同變更，即合同內容的變更。

---

1. 四川省廣安市廣安區人民法院（2014）廣安民初字第 3057 號民事判決書。見國家法官學院案例開發研究中心（2016）。《中國法院 2016 年度案例·保險糾紛》。北京：中國法制出版社。194–195 頁。

1. 保險合同變更的含義

中國《保險法》也採納了狹義的合同變更，《保險法》第二十條第一款規定：「投保人和保險人可以協商變更合同內容。」變更保險合同內容通常表現為保險合同條款的變化，例如保險費的交付方式、保險責任的範圍、保險金額、生存金領取方式、客戶信息如聯繫方式、年齡、職業工種等事項的變更。需要注意的是，對保險標的的改變（不僅是數量、位置、範圍等方面的變化）不屬於保險合同內容的變更，而是原保險合同的終止、新保險合同的成立。因為保險標的是保險合同的保障對象，不同的保險標的所面臨的危險因素和危險程度各不相同，直接影響到保險人是否願意承保以及保險費率釐定等承保條件。保險標的的變化會使保險合同在內容上失去同一性，因而不再是對原保險合同關係的變更。[2]

保險合同變更包括約定變更和法定變更兩種類型。約定變更是指保險合同當事人通過協商方式變更保險合同的有關內容。約定變更的合同內容必須明確、合法，不得損害社會公共利益，否則變更無效。法定變更是指在出現法律規定的情形時，法律賦予當事人變更保險合同內容的權利。例如當保險期間內保險標的面臨的危險程度顯著增加時，依照《保險法》第五十二條的規定，被保險人應當及時通知保險人，保險人可以按照合同約定增加保險費或者解除合同。再如當保險標的的危險程度明顯減少或者保險標的的保險價值明顯減少的，依照《保險法》第五十三條的規定，除合同另有約定外，保險人應當降低保險費，並按日計算退還相應的保險費。再如按照《保險法》第三十二條關於年齡誤告的規定，人身保險中投保人申報的被保險人年齡不真實，致使投保人支付的保險費少於應付保險費的，保險人有權更正並要求投保人補交保險費，或者在給付保險金時按照實付保險費與應付保險費的比例支付。反之，投保人申報的被保險人年齡不真實，致使投保人支付的保險費多於應付保險費的，保險人應當將多收的保險費退還投保人。上述規定均為法律的強制性規範，當事人不得通過約定排除適用。當然，當事人根據法律規定變更保險合同的，也必須就變更的內容達成一致，才能發生合同變更的法律效力。

---

2. 韓長印、韓永強（2010）。《保險法新論》。北京：中國政法大學出版社。109–110頁。

2. 保險合同中常見的內容變更

保險合同從成立時起至終止時止，在此期間內發生的與保險合同內容變更相關的事務通常需要在保險公司辦理保險保全來完成。保全業務是為了維護保險合同的有效性，根據客戶需求，圍繞合同變更等開展的售後服務。[3] 除上述法定變更情形外，以人身保險為例，合同內容變更常見於以下項目。

2.1　客戶信息變更

客戶信息變更主要是指投保人、被保險人、受益人的信息發生變化。

第一，客戶姓名、身份證號碼變更。

該項內容的變更主要是指由於公安機關或者個人原因導致姓名、身份證號碼變更，並由於姓名、身份證號碼變更而使上述三類主體的信息出現變更。保險公司在審核客戶姓名、身份證號碼變更時，最重要的原則就是確認變更前後的主體為同一人，通常可採用的方式包括由公安機關出具姓名、身份證號碼變更證明，核對簽字，或者尋找其他證明人等方式。例如，投保人因為公安機關統一調整身份證號所屬區號，導致身份證號碼更改，由公安機關戶籍機構出具了前一證件號碼與後一證件號碼為同一人的證明後，即可確認變更。再如，被保險人填寫投保單時，將自己的身份證號填寫錯誤。申請變更時，變更申請書簽字與投保單簽字符合，同時投保人證明其為同一人，即可確認變更。

第二，客戶聯繫方式變更。

包括投保人、被保險人、受益人的通訊地址、郵政編碼、聯繫電話、郵箱等信息的變更。上述信息變更時，應及時以書面形式通知保險公司。如果未以書面形式通知，保險公司將按合同載明的最後住所或通訊地址發送有關通知，並視為已送達給相關主體。

第三，年齡、性別變更。

年齡變更是身份證號碼變更的一種情況，主要指身份證號碼中出生日期變化，導致了被保險人的投保年齡發生變化。年齡、性別的變更，會導致保

---

3. 參見張俊岩、趙軍主編（2012）。《人身保險基礎知識與實務》。北京：中國人事出版社。134-150 頁。

險公司對該被保險人的核保結論發生變化，因此有可能進行重新核保。若保險公司維持投保時的核保結論，則該人身保險合同繼續有效，但需要重新製作保險單。

第四，職業工種變更。

根據保險公司的職業分類表，當被保險人的職業危險程度在保險期間內增加或降低時，應通知保險公司，並依照相應險種的費率表重新確定新的費率。職業工種變更後，自變更生效日起以後的各期應交保險費額度均按新的職業工種計算。

對於人壽保險、重大疾病保險等險種中的職業工種變更，如果條款中已明確約定職業變更加費、退費處理辦法的，均按照條款約定處理；對於人身意外傷害保險的職業工種變更，如果條款中已明確職業變更加費、退費處理辦法的，按條款約定處理，如果條款中未明確要求，則根據職業危險程度的增加或降低，按其差額增收或退還未滿期淨保險費。例如，被保險人於 2010 年 10 月 5 日在某保險公司投保人身意外傷害險，後於 2011 年 6 月 5 日更換工作，職業由企業內勤變更為司機。按照保險公司的職業分類表，屬於由 1 類職業變更為 2 類職業，需加費 20%；同時該份人身意外傷害保險合同還有四個月的有效期，經過計算，應按照未滿期淨保險費加收 20% 的保險費。

2.2　保單信息變更

保單信息變更指保險合同中約定的內容或者信息變更，由此變更可能引發保險合同的利益轉化，或者保險費的交納、保險金的給付發生變化。

第一，受益人變更。

保險合同中的受益人，分為生存保險金受益人和身故保險金受益人。如前所述，屬於生存利益給付的滿期保險金、養老年金保險金、意外傷殘保險金、重大疾病保險金等，受益人應當為被保險人本人。因此，生存保險金受益人在確定為被保險人並訂入保險合同以後，通常不再進行變更。而身故受益人則可以由被保險人變更，或者由投保人在被保險人同意的情況下變更。身故保險金受益人的變更往往有如下兩種情況：（一）投保時未指定身故保險金受益人。此種情況多出現在通過銀郵代理渠道簽訂的保險合同中。由於銀郵代理的特性，為了在短時間內，在銀行、郵儲櫃枱上盡快促成保險合同

的訂立，往往會將保險責任、交費等以外的保單信息簡化處理。投保時未填寫身故保險金受益人的，保險公司會默認投保人未指定身故保險金受益人。

（二）投保時指定了身故保險金受益人，投保後進行變更。此種情況往往是由於家庭人員關係出現變化，比如婚前指定身故保險金受益人為父母，婚後變更為配偶，有孩子以後變更為子女等等。

上述兩種情況，在保險合同訂立後，允許投保人、被保險人申請變更。根據《保險法》第三十九條、第四十條、第四十一條的規定，對於身故保險金受益人的指定和變更，需注意以下三點：首先，身故保險金受益人由被保險人或投保人指定，無需事先徵得其本人或保險公司同意。但投保人指定受益人需經被保險人同意；其次，投保後，投保人和被保險人的情況發生了變化，辦理身故保險金受益人變更手續的，應及時書面通知保險公司。保險公司收到申請，在保險單上批註或出具批單之後，才能產生變更效力；再次，被保險人為無民事行為能力人或者限制民事行為能力人的，可由其監護人指定或變更受益人。雖然身故保險金受益人的變更，並未影響保險合同的所有權，也不影響其效力，但由於受益人享有保險金的請求權，變更仍然會對受益人乃至其家庭產生影響。

第二，付款信息變更。

付款信息變更，即交費方式變更，是指投保人用於交納保險費的帳號發生變化；或者是投保人在投保時採取現金交費形式，隨着保險合同的履行，希望改為轉帳交費而進行變更。對於付款信息變更，要注意必須是投保人開戶的儲蓄存摺或者儲蓄卡，而且要使用投保的保險公司可以進行轉帳的儲蓄存摺或者儲蓄卡。

第三，交費頻率變更。

交費頻率包括年交、半年交、季度交、月交等，該項內容的變更主要是為了緩解投保人的交費壓力。其中，主險合同的交費頻率發生變化，其附帶的附加險合同的交費頻率也會隨着變化。

第四，生存金領取方式變更。

生存金的領取方式，目前保險公司通常提供現金領取、累積生息、抵交保險費、生存金自動轉帳等幾種方式，各項領取方式可進行變更。如果是現金領取方式，可直接由生存金受益人辦理領取，逾期領取沒有利息。如果是累積生息方式，也可直接由生存金受益人辦理領取，逾期領取將產生利息。

如果是抵交保險費方式，保險合同產生的生存金可不領取，並用於抵交該保險合同的續期保險費。此種情況下，若投保人、被保險人並非同一人，需上述兩人均同意，方可採取此種領取方式。生存金自動轉帳方式，是近年來保險公司為了便於客戶領取，提供的一種領取方式。客戶申請生存金自動轉帳的，保險公司會在產生生存金後進行自動轉帳，無需生存金受益人再辦理領取手續。

2.3　保險計劃變更

保險計劃變更主要是指保險合同中投保的險種增加、減少或者取消的變更。

第一，取消險種。

保險合同可能由多個險種組成，取消險種是指在保留保險合同的前提下，取消部分險種。取消險種一經客戶申請，保險公司確認後即立刻生效，通常不再等到保險期間屆滿。與退保一樣，保險公司會退還被取消險種的約定現金價值或未滿期淨保費，同時不再承擔保險責任。

長期壽險合同中，長期壽險是主險，可以在此基礎上附加短期意外傷害險、短期醫療費用險、豁免保費等附加險。在保留長期壽險的前提下，所有附加險均可以取消。例如，某客戶投保了三十年期的兩全壽險，並附加了意外傷害險、意外傷害醫療險、住院醫療險等附加險，在保留兩全壽險的前提下，其他附加險均可以取消。

短期意外傷害保險、短期健康保險合同中，其保障內容通常包括必選部分和可選部分。在保留必選部分的前提下，可以取消可選部分。例如，某保險公司短期意外傷害保險的必選部分是高度殘疾和身故保險責任，可選部分是意外住院津貼和手術費用責任，投保人購買了此產品後，可以申請取消可選責任。

第二，新增險種。

新增險種與取消險種相對應，指已經投保的保險合同中增加部分新的險種。與取消險種可以隨時申請不同，新增險種一般要在保險合同的年生效對應日前一個月左右，且當年度主險保費尚未交納的前提下才能申請。新增險種時，被保險人要告知身體健康情況，保險公司也會依據此告知進行核保，

並決定是否對新增險種承保。新增險種成功以後,該險種生效日即為保險合同的年生效對應日,繳費日、寬限期與保險合同中原有的險種一致。

新增險種實際上是對於已經投保的保險合同的保障進行補充,使得該份保險合同更加全面。例如長期壽險保險合同中,長期壽險是主險,可以在此基礎上新增加短期意外附加險、短期醫療附加險、豁免保費等附加險。短期意外傷害、短期健康保險合同中,也可以在必選部分的基礎上申請新增可選部分。

第三,減少保險金額。

投保人為了減少保險費支出,可以申請減少保險金額或者降低保險檔次。減少保險金額又稱「減額」或者「部分退保」,指根據投保人的申請,將保險合同約定的保險金額降低,保險公司按照減額以後的保險金額提供保險保障。投保人從減額後的保單生效對應日,按照減額以後的保險金額交納續期保險費。降低保險檔次又稱「降檔」,針對保險金額分不同檔次的險種設計,與減額意思大致相同。

3. 保險合同內容變更的效力

保險合同內容的變更是雙方當事人在已訂立保險合同的基礎上,通過協商一致而對保險合同的條款進行修改或者補充,從而改變原保險合同關係的部分內容。有效的保險合同關係的存在是變更合同內容的前提。保險合同多數情況下是根據當事人的合意進行變更的,只要當事人就變更的合同內容協商一致即可;即使是在依法變更的情形中,也需要雙方當事人就變更的內容協商一致。按照中國《保險法》第二十條第二款規定:「變更保險合同的,應當由保險人在保險單或者其他保險憑證上批註或者附貼批單,或者由投保人和保險人訂立變更的書面協議。」因此,雙方當事人變更合同內容的形式也應當符合法律規定,才能發生變更合同的效力。

保險合同內容的變更對已經履行的部分沒有溯及力,任何一方當事人都不能因保險合同內容發生變更而要求對方向其返還已經做出的履行。例如,按照《保險法》第五十三條的規定,在保險標的危險程度或者保險標的的價值明顯減少時,除合同另有約定外,保險人應當降低保險費,並按日計算退還

相應的保險費。但對於保險標的面臨的危險程度或者保險價值明顯減少以前已經收取的保險費，保險人沒有退還的義務。

二、保險合同的轉讓

1. 保險合同轉讓的含義

保險合同轉讓，是指保險合同的當事人一方依法將合同權利義務全部或部分轉讓給第三人的行為。保險合同轉讓與保險合同變更不同，保險合同轉讓將導致合同當事人發生變化，而合同內容並無變更。保險合同變更時，合同當事人保持不變，而保險合同內容發生變化。保險合同的轉讓既可以根據約定的原因而發生，也可能由於法定的原因而發生。無論何種原因，均須以存在有效的保險合同為前提。保險合同的轉讓還必須按照法律規定的程序進行，否則不發生轉讓的效力。

實踐中，人身保險合同的轉讓有的是因當事人合意而產生，有的是因當事人解散或破產而引起。財產保險合同的轉讓則通常是由於保險標的的轉讓而引起。因保險標的轉讓導致財產保險合同轉讓在前文已有說明，本節主要介紹人身保險合同轉讓。

2. 人身保險合同的轉讓

2.1 保單貼現與保單質押轉讓

《保險法》並不禁止人身保險合同的轉讓，只是強調「按照以死亡為給付保險金條件的合同所簽發的保險單，未經被保險人書面同意，不得轉讓或者質押」。在人身保險中，比較常見的是壽險保單的轉讓。有現金價值的壽險保單的所有權，類似其他類型的財產，可由其所有者轉移給另一個人。這樣的轉移稱為轉讓，壽險保單的轉讓分為絕對轉讓和擔保轉讓。[4] 絕對轉讓，指現有

4.〔美〕肯尼思‧布萊克、哈羅德‧斯基博，孫祁祥等（譯）（2003）。《人壽與健康保險（第十三版）》。
　　北京：經濟科學出版社。232 頁。

保單所有者將其保單的所有權利和義務完全轉讓給另一個人，是一種所有權的轉移。這類轉讓在英美國家比較常見。相對轉讓，指現有保單所有人僅將保單的某些權利向另一個人作出臨時性轉移，通常用於從銀行或其他機構貸款等有關情形，如保單的質押轉讓。

最常見的壽險保單絕對轉讓是壽險保單貼現，這種業務雖然在中國還沒有開展，但已有相關部門針對建立壽險保單貼現市場進行了基礎研究。壽險保單貼現起源於 1980 年代的美國，當時因愛滋病流行，患者面臨失業及龐大的醫療費用和生活壓力，因此將其人壽保險合同賣予他人以換取現金。之後又有投保壽險的老年人或癌症患者，為使自己在死亡之前能享受保險金的利益，而將其人壽保險合同賣給別人。在美國，人壽保險單是一種可以被出售或者轉讓的資產。不同的保險法律制度幾乎都認為，除非保單的受讓人對受益人作出變更，否則符合保單中通知條款的保單轉讓行為自動使得受讓人成為受益人。問題在於，保險利益原則除了適用於直接購買保單（投保）的情形外，是否也應適用於轉讓保單的情形？法院認為，如果不允許保單持有人向不具有保險利益的人轉讓保單，會極大地減少保單的價值。當然，被保險人越接近死亡，其人壽保單越具有價值。因此，對保單可轉讓性進行限制的條款，通常會限制保單持有人在死亡發生之前將保單現金價值變現。[5]

保單質押轉讓又稱為「保單質押貸款」，實踐中通常是指投保人從銀行或其他機構貸款等情形。這種轉讓是部分轉讓，因為只有一部分保單權利發生了轉移。這種轉讓也是臨時轉讓，因為所轉移的部分權利在債務清償之後將回歸保單所有者。投保人與債權人簽訂質押借款合同，將保險單的部分權利讓與債權人，作為債務的擔保。實踐中，投保人辦理此項業務時應將保單質押轉讓的情況書面通知保險人，轉讓條件、轉讓份額及金額等應通過批單或批註記錄。質押合同訂立後，債權人成為該保險單的生存保險金或死亡保險金的第一順序的受益人。作為出質人的投保人應將保險單轉移給質押權人佔有，若在質權存續期間內被保險人發生保險事故或者保險金給付條件成就，質押權人可以在借款本息金額範圍內優先領取保險金，超過投保人債務範圍的保險金餘額仍應由該保險單的原受益人領取。

---

5. 肯尼斯‧S‧亞伯拉罕，韓長印等（譯）（2012）。《美國保險法原理與實務（原書第四版）》。北京：中國政法大學出版社。312–314 頁。

壽險保單轉讓應注意以下兩點：第一，保單轉讓應通知保險公司。儘管即使沒有保單轉讓條款大多數壽險保單也是可以轉讓的，但北美的壽險公司在保單中通常還是會約定這樣的條款：「您可以轉讓這份保單。我們不對轉讓的有效性負責。我們對通知到達我們之前做出的任何給付或採取的任何行動均不負責任。」壽險保單的轉讓條款並不禁止在沒有保險公司同意下進行的轉讓。而只是規定，直到接到書面的轉讓通知時，保險公司才認可轉讓，並且對轉讓的有效性承擔責任。保險公司之所以這樣規定主要是為了避免雙重給付。[6] 第二，對以死亡為給付保險金條件的合同所簽發的保單進行轉讓或者質押時，應當經被保險人書面同意，否則該轉讓或質押無效。

2.2 保險公司被撤銷或破產導致保險合同轉讓

按照《保險法》第九十二條的規定，經營有人壽保險業務的保險公司被依法撤銷或者被依法宣告破產的，其持有的人壽保險合同及責任準備金，必須轉讓給其他經營有人壽保險業務的保險公司；不能同其他保險公司達成轉讓協議的，由國務院保險監督管理機構指定經營有人壽保險業務的保險公司接受轉讓。轉讓或者由國務院保險監督管理機構指定接受轉讓前款規定的人壽保險合同及責任準備金的，應當維護被保險人、受益人的合法權益。在這種情況下，保險合同轉讓的目的是為了避免投保人、被保險人及受益人的利益因保險人主體資格的變化而受到損害，所以此時轉讓保險合同不需要徵得投保人、被保險人同意。

保險公司除因被撤銷或破產而轉讓保險合同外，經中國保監會批准，保險公司在經營過程中也可以轉讓全部或者部分保險業務。《保險公司保險業務轉讓管理暫行辦法》（中國保監會令 2011 年第 1 號）中規定，保險業務受讓方保險公司應當承擔轉讓方保險公司依照原保險合同對投保人、被保險人和受益人負有的義務。

---

6. 〔美〕肯尼思‧布萊克、哈羅德‧斯基博，孫祁祥等（譯）（2003）。《人壽與健康保險（第十三版）》。
   北京：經濟科學出版社。234 頁。

三、保險合同的解除

　　合同的解除是指合同有效成立以後，當具備合同解除條件時，因當事人一方或雙方的意思表示而使合同關係自始消滅或者向將來消滅的一種行為。由於合同的解除將導致合同的終止，因此解除合同成為導致合同終止的原因原因之一。

1. 保險合同解除的含義

　　保險合同生效後即具有法律約束力，但在具備法定或者約定的事由時，可以因當事人一方或雙方的意思表示而解除。保險合同的解除不同於保險合同的無效。首先，保險合同的解除以保險合同成立並有效為前提；而保險合同無效是指因欠缺合同生效要件而在當事人之間未形成生效的合同。其次，保險合同的解除只要解除事由出現，或解除權人自己行使權利或者雙方合意，即可使保險合同效力終結，無需借助公權力。而保險合同的無效則需要經過人民法院或者仲裁機構確認。

　　保險合同的解除權是指保險人或者投保人解除合同的權利。被保險人和受益人原則上不享有保險合同的解除權。儘管按照《保險法司法解釋三》第二條的規定：「被保險人以書面形式通知保險人和投保人撤銷其依據保險法第三十四條第一款規定所作出的同意意思表示的，可認定為保險合同解除。」但此時被保險人所行使的也只是撤銷同意投保人為其投保以死亡為給付保險金條件的保險合同的意思表示的權利，而並非合同的解除權。

2. 保險合同解除的情形

2.1 保險合同的約定解除與協商解除

　　按照合同自由原則，保險合同當事人可以依據約定解除保險合同，只要當事人的約定不違背法律的強制性規定或者損害社會公共利益，就具有法律效力，並且可以產生當事人預期的法律效果。中國《保險法》並未就保險合同的約定解除作出限制，但實踐中的保險合同除將保險法規定的部分法定解除權列入條款並寫明解除合同的手續外，很少在條款中另行約定一方當事人解

除合同的條件。協商解除保險合同則是雙方當事人合意的結果而不是當事人單方行為的結果，不以解除權的存在為前提，協商解除的後果也由當事人自由約定。但是，由於中國《保險法》規定，除法律另有規定或者合同另有約定外，投保人可以隨時解除保險合同，保險人原則上不得解除保險合同。因此在實務中通過協商解除保險合同的情形也並不多見。

另外，即使協商解除保險合同也不能違反法律、行政法規的強制性規定，不得損害社會公共利益。例如，《機動車交通事故責任強制保險條例》第二條規定：「在中華人民共和國境內道路上行駛的機動車的所有人或者管理人，應當依照《中華人民共和國道路交通安全法》的規定投保機動車交通事故責任強制保險。」該條例中還對保險人和投保人解除機動車交通事故責任強制保險合同作出了嚴格限制，如果投保人與保險人違反規定協商解除保險合同，該解除協議無效，不發生保險合同解除的效力。

2.2　保險合同的法定解除

保險合同的法定解除，是指在保險合同有效成立之後而尚未履行或履行完畢之前，當事人依照法律規定的情形行使解除權而使合同效力消滅的法律行為。投保人和保險人都可以依法解除保險合同，但具體情形有所不同。

2.2.1　投保人的法定解除權

中國《保險法》賦予投保人任意解除權，《保險法》第十五條規定：「除本法另有規定或者保險合同另有約定外，保險合同成立後，投保人可以解除合同，保險人不得解除合同。」即除非法律另有規定或者保險合同另有約定，在保險合同成立後，投保人可以隨時解除保險合同，不需要任何理由，不需要經過保險人同意，也不需要與被保險人協商或者經其同意。保險人也不得對投保人解除合同提出異議。在《保險法》2009 年修訂以前，一些保險公司在醫療費用保險或者人身意外傷害保險條款中約定「已發生過保險金領取的，投保人不得要求解除合同」，類似的限制投保人解除合同權利的約定在 2009年《保險法》修訂後都被要求刪除。保險法之所以賦予投保人任意解除權，主要是因為保險合同多為附和合同，投保人在訂立合同時沒有對合同條款進行協商的機會。因此，保險合同雙方在保險交易尤其是在保險合同的訂立過程

中，很難進行平等協商。加上投保人對保險的專業知識比較缺乏，為儘量避免保險人利用擬定合同條款的機會損害合同相對方的利益，法律賦予投保人解除保險合同的充分自由，使投保人對自己利益的保護有了更多選擇合同相對人的機會。

當然，投保人的保險合同解除權也不是沒有任何限制，該解除權的行使要受到法律規定的制約。目前對投保人解除權的限制主要表現在以下幾個方面：第一，中國《保險法》第五十條規定：「貨物運輸保險合同和運輸工具航程保險合同，保險責任開始後，合同當事人不得解除合同。」第二，由於機動車交通事故責任強制保險是依法必須投保的，因此也對投保人的合同解除權有所限制。《機動車交通事故責任強制保險條例》第十六條規定：「投保人不得解除機動車交通事故責任強制保險合同，但有下列情形之一的除外：（一）被保險機動車被依法註銷登記的；（二）被保險機動車辦理停駛的；（三）被保險機動車經公安機關證實丟失的」。第三，對於涉及第三人利益的保險合同尤其是責任保險合同，一些部門規章中也對投保人的合同解除權作出限制。如國家旅遊局、中國保監會頒佈的《旅行社責任保險管理辦法》第十二條規定：「保險合同成立後，旅行社要解除保險合同的，應當同時訂立新的保險合同，並書面通知所在地縣級以上旅遊行政管理部門，但因旅行社業務經營許可證被依法弔銷或註銷而解除合同的除外。」另外按照環境保護部、中國保監會頒佈的《關於開展環境污染強制責任保險試點工作的指導意見》，環境污染責任保險中投保人的解除權也受到限制。

2.2.2　保險人的法定解除權

中國《保險法》第十五條明確規定，除保險法另有規定或者保險合同另有約定外，保險合同成立後，保險人不得解除合同。保險人作為格式合同的擬定者和保險業務的經營者，對保險合同內容應當十分明確，因此保險人一旦與投保人訂立了保險合同，就必須切實履行合同義務，非依法律明文規定或者約定，不得任意解除合同。[7] 保險人依法取得的合同解除權，主要包括以下幾種情形：

---

7. 覃有土（2001）。《保險法概論》。北京：北京大學出版社。207 頁。

第一，投保人違反如實告知義務。中國《保險法》第十六條第二款規定：「投保人故意或者因重大過失未履行前款規定的如實告知義務，足以影響保險人決定是否同意承保或者提高保險費率的，保險人有權解除合同。」該條同時規定了保險人解除合同的法律後果。投保人故意或者重大過失不履行如實告知義務，對保險人評估風險有影響的，保險人有權解除合同，是否退還保險費要根據投保人的主觀過錯程度而定。保險人因此取得的合同解除權自其知道有解除事由之日起超過三十日不行使而消滅。自合同成立之日起超過兩年的，保險人不得因此而解除合同。

第二，投保人、被保險人或受益人謊稱發生保險事故或者故意製造保險事故。中國《保險法》第二十七條規定：「未發生保險事故，被保險人或者受益人謊稱發生了保險事故，向保險人提出賠償或者給付保險金請求的，保險人有權解除合同，並不退還保險費。投保人、被保險人故意製造保險事故的，保險人有權解除合同，不承擔賠償或者給付保險金的責任；除本法第四十三條規定外，不退還保險費。」《保險法》第四十三條規定的是投保人故意造成被保險人死亡、傷殘或者疾病的情形，此時保險人不承擔給付保險金的責任。投保人已交足二年以上保險費的，保險人應當按照合同約定向其他權利人退還保險單的現金價值。

第三，投保人、被保險人未維護保險標的安全的義務。中國《保險法》第五十一條規定：「投保人、被保險人未按照約定履行其對保險標的的安全應盡責任的，保險人有權要求增加保險費或者解除合同。」該條是關於投保人、被保險人維護保險標的安全義務的規定。通常情況下，財產保險合同當事人會在合同中約定投保人、被保險人對保險標的安全應盡的義務。如果投保人一方沒有按約定履行此項義務，則保險事故發生的危險係數就可能增大，保險人維護保險標的安全的責任就會加重，有關維護費用就會增加。在此情況下，從權利義務對等的角度來說，保險人有權要求投保人為此增加保險費；如果投保人不同意，保險人有權解除合同。當然，保險人也可以選擇直接解除合同。[8] 如果投保人、被保險人未按照約定履行維護保險標的安全的義務，保險人對該項義務被違反之後、解除合同之前發生的保險事故是否承擔賠償保

---

8. 吳定富主編（2009）。《〈中華人民共和國保險法〉釋義》。北京：中國財政經濟出版社。127 頁。

險金責任？保險法對此並無明確規定。理論上說要看合同中約定的維護保險標的安全的義務如何認定，如果認定其屬於保證義務，則應按照違反最大誠信原則中的保證義務的規則來處理。

第四，財產保險中約定的條件發生了變化。對此中國《保險法》中規定了兩種情形：一是在財產保險合同中，如果在合同有效期內保險標的面臨的危險程度顯著增加，《保險法》第五十二條要求被保險人按照合同約定及時通知保險人，此時保險人可以按照合同約定增加保險費或者解除合同。二是如果保險標的發生部分損失並已經賠償了保險金，《保險法》第五十八條規定：「保險標的發生部分損失的，自保險人賠償之日起三十日內，投保人可以解除合同；除合同另有約定外，保險人也可以解除合同，但應當提前十五日通知投保人。」需要注意的是，該條規定對投保人的合同解除權作出了限制，在此情形下投保人行使解除權必須在保險人賠償保險金之日起三十日內為之。

第五，人身保險合同效力中止滿二年。寬限期和復效期是採取期交保險費方式的人身保險合同中的重要條款。由於人身保險合同的保險期限較長，因一時疏忽或者經濟困難等原因使投保人沒能在約定的期限按時交納續期保險費的情況時有發生。如果保險人據此直接解除保險合同，將使被保險人失去保障。為了防止上述原因造成保險合同效力終止，寬限期條款通常規定，在期交保險業務中，投保人支付首期保險費後，未按時交納續期保險費的，法律規定或者合同約定給予投保人一定的寬限時間，在寬限期內，保險合同仍然有效，如果發生保險事故，保險人應承擔保險責任。

中國《保險法》第三十六條規定：「合同約定分期支付保險費，投保人支付首期保險費後，除合同另有約定外，投保人自保險人催告之日起超過三十日未支付當期保險費，或者超過約定的期限六十日未支付當期保險費的，合同效力中止，或者由保險人按照合同約定的條件減少保險金額。被保險人在前款規定期限內發生保險事故的，保險人應當按照合同約定給付保險金，但可以扣減欠交的保險費。」按照該條規定，超過寬限期仍然未支付當期保險費的，合同效力中止而非終止。此時法律允許投保人在法定的期限內向保險人申請恢復合同原有的效力，這個期限即為復效期。中國《保險法》第三十七條規定：「合同效力依照本法第三十六條規定中止的，經保險人與投保人協商並達成協議，在投保人補交保險費後，合同效力恢復。但是，自合同效力中止之日起滿二年雙方未達成協議的，保險人有權解除合同。」由於人身保險合同

使用均衡費率，申請復效對投保人來講在一定意義上比重新訂立保險合同更為有利。申請復效時，投保人通常須提交復效申請，提供可保證明如體檢報告、健康證明等，並且付清欠交的保險費及利息。經保險人審核同意後，合同效力恢復。《保險法司法解釋三》第八條規定：「保險合同效力依照保險法第三十六條規定中止，投保人提出恢復效力申請並同意補交保險費的，除被保險人的危險程度在中止期間顯著增加外，保險人拒絕恢復效力的，人民法院不予支持。保險人在收到恢復效力申請後，三十日內未明確拒絕的，應認定為同意恢復效力。保險合同自投保人補交保險費之日恢復效力。保險人要求投保人補交相應利息的，人民法院應予支持。」如果過了復效期投保人仍未補交保險費，保險人取得合同解除權。

第六，投保人申報的被保險人年齡不真實且超過合同約定的年齡限制。人身保險中，被保險人的年齡是保險人測定被保險人風險程度，並據以釐定保險費率或者決定是否承保的重要依據之一。保險合同通常會在「投保範圍」條款中對被保險人在投保時的年齡作出限制，例如規定「被保險人的年齡以周歲計算。本保險合同接受的投保年齡為十八周歲至六十周歲」。或者規定「凡出生滿二十八日至七十五周歲，身體健康者均可作為被保險人」等。針對實踐中投保人錯誤申報被保險人的投保年齡且真實年齡不符合合同約定的年齡限制的情形，中國《保險法》第三十二條第一款規定：「投保人申報的被保險人年齡不真實，並且其真實年齡不符合合同約定的年齡限制的，保險人可以解除合同，並按照合同約定退還保險單的現金價值。保險人行使合同解除權，適用本法第十六條第三款、第六款的規定。」也就是說，此時保險人的合同解除權要受到不可爭辯期間的限制。如果投保人錯誤申報被保險人的投保年齡但真實年齡不違反合同約定的年齡限制，保險人不能解除合同，而只能按《保險法》第三十二條第二款、第三款的規定處理，即投保人申報的被保險人年齡不真實，致使投保人支付的保險費少於應付保險費的，保險人有權更正並要求投保人補交保險費，或者在給付保險金時按照實付保險費與應付保險費的比例支付。投保人申報的被保險人年齡不真實，致使投保人支付的保險費多於應付保險費的，保險人應當將多收的保險費退還投保人。實踐中人身保險合同通常會在「年齡計算與錯報處理」條款或者「年齡錯誤」條款中對此加以約定。

3. 保險合同解除權的行使及法律後果

3.1 投保人行使解除權

投保人主張解除合同的，只要通知對方即可，合同自通知到達對方時解除。需要注意的是，投保人行使解除權的時間不同，其所受到的損失會有差別。實踐中保險期間超過一年的人身保險合同通常設有猶豫期，投保人如果在猶豫期內申請解除合同（通常稱為撤單），保險人應按照約定在扣除工本費後無息退還其所交保險費；投保人如果在猶豫期過後申請解除合同（通常稱為退保），則只能請求保險人給付保險單的現金價值。因此保險條款中通常會提醒投保人「在猶豫期後解除合同會遭受一定的損失」。比較特殊的是在投資連結保險合同中，投保人可以選擇「保險合同生效後立刻投資」或「猶豫期過後投資」（具體描述以保險公司所出具的條款為準）。若選擇前者，投保人在猶豫期內撤單通常是根據實際投資結果計算退費。

猶豫期也叫冷靜期，根據中國保監會《關於規範人身保險業務經營有關問題的通知》（保監發〔2011〕36 號），猶豫期是從投保人收到保險單並書面簽收日起十日內的期間。在猶豫期內，投保人可以無條件解除保險合同，保險公司除扣除不超過 10 元的成本費以外，應退還全部保費，並不得對此收取其他任何費用。特殊情形下猶豫期會更長，例如中國保監會、中國銀監會在《關於進一步規範商業銀行代理保險業務銷售行為的通知》（保監發〔2014〕3 號）中規定：「商業銀行代理銷售的保險產品保險期間超過一年的，應在合同中約定十五個自然日的猶豫期，並在合同中載明投保人在猶豫期內的權利。猶豫期自投保人收到保險單並書面簽收之日起計算。」中國保監會在《關於開展老年人住房反向抵押養老保險試點的指導意見》（保監發〔2014〕53 號）中規定：「保險公司應當在保險合同中明確規定猶豫期的起算時間、長度，猶豫期內客戶的權利，以及客戶在猶豫期內解除合同可能遭受的損失。猶豫期不得短於三十個自然日。」一些地方保監局對人身保險合同中的猶豫期也有規定，保險人在設計保險條款時應予注意。[9]

---

9. 參見《江蘇保監局關於規範人身保險業務經營有關問題的通知》（蘇保監發〔2014〕42 號）、《雲南保監局關於規範向老年人銷售人身保險新型產品相關行為的通知》（雲保監發〔2012〕129 號）、重慶保監局《關於印發〈重慶市人身保險新單回訪管理辦法〉的通知》（渝保監發〔2013〕14 號）等。

在財產保險合同中，保險責任開始前，投保人要求解除保險合同的，通常應當按照應交保險費金額的一定比例向保險人支付退保手續費，保險人應當退還保險費。保險責任開始後，投保人要求解除保險合同的，保險人對保險責任開始之日起至合同解除之日止期間的保險費，按短期費率計收，退還剩餘部分的保險費給投保人。[10]

投保人要求解除保險合同，應按照條款約定向保險公司提供相關的證明和資料，通常包括保險合同、解除合同申請書以及投保人的法定身份證明。保險公司收到解除合同申請書之日起，保險合同終止。保險公司應在合同約定的期間內向投保人退還保險合同約定的金額。在這個過程中還需要注意兩個問題：一是在合同沒有其他約定的情況下，保險合同解除時保險單的現金價值應退還給投保人。《保險法司法解釋三》第十六條規定：「保險合同解除時，投保人與被保險人、受益人為不同主體，被保險人或者受益人要求退還保險單的現金價值的，人民法院不予支持，但保險合同另有約定的除外。」二是投保人解除保險合同不需要經過被保險人或者受益人同意。《保險法司法解釋三》第十七條規定：「投保人解除保險合同，當事人以其解除合同未經被保險人或者受益人同意為由主張解除行為無效的，人民法院不予支持，但被保險人或者受益人已向投保人支付相當於保險單現金價值的款項並通知保險人的除外。」即使是在團體保險業務中，投保人解除合同時，也僅需要向保險公司提供有效證明表明被保險人知悉退保事宜即可，[11] 而不需要取得被保險人同意。

3.2　保險人行使解除權

實踐中，保險人大多是在保險事故發生後，才獲悉投保人或者被保險人有違反法定或者約定義務等合同解除事由，並主張解除合同。在前述保險人有權解除合同的諸多情形中，當保險人基於投保人違反如實告知義務，或者投保人申報的被保險人年齡不真實且超過合同約定的年齡限制而主張解除合

---

10. 參見《保險法》第五十四條。

11. 參見中國保監會《關於規範團體保險經營行為有關問題的通知》（保監發〔2005〕62 號）。

同時，其合同解除權受到不可爭辯期間的限制。[12] 保險人的合同解除權的這一預定存續期間屬於除斥期間。當保險人知有解除之原因後，經法定期間不行使，或者合同成立後，經過法定期間不行使，即應歸於消滅，保險人不得再就保險合同的效力提出爭論或抗辯。[13] 按照最大誠信原則，保險人在這兩種情況下行使合同解除權還受到棄權與禁止反言規則的限制。

對於解除保險合同的方式，保險法上並無規範，可適用《合同法》第九十六條的規定，當事人行使法定和約定解除權主張解除合同的，應當通知對方。合同自通知到達對方時解除。保險人的合同解除權應當向保險合同的對方當事人行使，即向投保人行使。但投保人死亡的，保險人應當向投保人的繼承人，還是被保險人或者受益人行使解除權？根據民法中關於解除權行使的規定，在對方當事人死亡時，解除權應當向其全體繼承人為之。[14]

解除保險合同時往往涉及到現金價值或者未滿期保險費的返還，原則上應返還給投保人。例外的情形是，《保險法》第四十三條規定：「投保人故意造成被保險人死亡、傷殘或者疾病的，保險人不承擔給付保險金的責任。投保人已交足二年以上保險費的，保險人應當按照合同約定向其他權利人退還保險單的現金價值。」按照《保險法司法解釋三》第十六條第二款的規定，保險人依照保險法第四十三條規定退還保險單的現金價值的，「其他權利人」按照被保險人、被保險人繼承人的順序確定。這裏要區分兩種情況，投保人故意造成被保險人死亡的，應屬於保險合同終止；投保人故意造成被保險人傷殘、疾病的，才涉及到保險合同解除問題。.

---

12. 中國《保險法》第十六條第三款所規定：「前款規定的合同解除權，自保險人知道有解除事由之日起，超過三十日不行使而消滅。自合同成立之日起超過二年的，保險人不得解除合同；發生保險事故的，保險人應當承擔賠償或者給付保險金的責任。」

13. 參見陳雲中（1985）。《保險學》。台北：五南圖書出版公司。187 頁。

14. 梁宇賢（2004）。《保險法新論》。北京：中國人民大學出版社。114 頁。

四、保險合同的權利義務終止

合同權利義務的終止，又稱為合同的消滅，是指合同關係在客觀上不復存在，合同債權和合同債務歸於消滅。導致保險合同終止的原因除了合同被解除之外，還包括期限屆滿、全部履行完畢等。

1. 保險合同終止的含義

保險合同的權利義務終止是指合同約定的當事人的權利義務關係的絕對消滅。當具備終止的條件時，合同效力繼續存在的基礎即告喪失，合同關係永久性消滅，不再有可能恢復。保險合同終止不同於保險合同的中止。如前面在寬限期和復效期條款中所述，保險合同中止是由於期交保險業務中投保人過了寬限期仍未補交保費導致合同效力的暫時停止，符合一定條件還可以在復效期內向保險人申請恢復合同效力。保險合同終止也不同於保險合同的撤銷。保險合同被撤銷後，合同關係自始消滅，而保險合同終止只是合同自終止時起失去效力，並不溯及既往。

2. 保險合同終止的主要原因

2.1 保險合同的有效期限屆滿

在保險合同規定的有效期內，未發生任何保險事故，當期間屆滿時，當事人之間的權利義務關係歸於消滅，保險合同即告終止。由於保險事故的發生具有偶然性，所以有效期限屆滿時保險合同終止屬常態，也稱為自然終止。

2.2 保險合同約定的義務已經完全履行

合同因債務完全履行而終止是普遍原則，對於保險合同也是如此。當保險人已經全額履行賠償或者給付保險金的義務後，由於保險金額通常是保險賠償或者給付的最高限額，即使此時保險期限尚未屆滿，保險合同也告終止。

2.3　保險合同解除

如前所述，保險合同有效期尚未屆滿前，合同一方當事人依照法律規定或者約定行使解除權，保險合同效力將提前終止。

2.4　保險合同標的滅失

這裏所說的保險標的滅失，包括財產保險合同中保險標的滅失或者損毀，以及人身保險合同中被保險人死亡，而且導致標的滅失的原因屬於除外責任或者非承保責任。在財產保險中，如果保險標的因保險責任以外的原因而全部滅失或者損毀，保險保障的對象不復存在，保險合同即行終止。在人身保險合同中，如果被保險人因保險責任以外的原因而死亡，例如意外傷害保險合同中的被保險人如果因疾病而死亡，保險合同也即行終止。

2.5　保險合同當事人協議終止

如果保險人在沒有法定或約定的合同解除權的情況下，向投保人提出終止已經訂立的保險合同，並與投保人協商達成終止合同的協議，保險合同終止。

2.6　保險人被依法撤銷或者依法實施破產

保險人被依法撤銷或者依法實施破產後，已無承擔危險保障及履行保險賠付的能力，保險合同於保險人被撤銷或破產宣告之日，即應當終止。例外的情形是，出於對人壽保險合同的被保險人、受益人利益的保護，中國《保險法》第九十二條規定，經營有人壽保險業務的保險公司被依法撤銷或者被依法宣告破產的，其持有的人壽保險合同及責任準備金，必須轉讓給其他經營有人壽保險業務的保險公司；不能同其他保險公司達成轉讓協議的，由國務院保險監督管理機構指定經營有人壽保險業務的保險公司接受轉讓。此時人壽保險合同並不因為保險人被依法撤銷或者依法實施破產而終止。對非人壽保險合同而言，按照《保險保障基金管理辦法》的規定，保險公司被依法撤銷或者依法實施破產，其清算財產不足以償付保單利益的，保險保障基金將對非人壽保險合同的保單持有人提供救助。此時非人壽保險合同並不發生轉讓。

3. 保險合同終止的法律後果

保險合同終止的，其效力自終止時起失去，並不溯及既往。在保險合同終止前已經賠付的保險金以及已經過去的保險期間所對應的保險費，無須返還，但已收取的未滿期保險費或者保險單的現金價值部分，保險人應當予以返還。

第十二章

保險理賠與爭議處理

案例導讀

2011 年 6 月 1 日，北京某餐飲管理公司與 A 保險公司北京分公司簽訂機動車輛保險合同，保險期間自 2011 年 6 月 5 日 0 時起至 2012 年 6 月 4 日 24 時止。2011 年 11 月 18 日，陳某駕駛被保險車輛行駛至北京市朝陽區機場高速公路時，與李某駕駛的車輛發生交通事故，造成被保險車輛受損。經交管部門認定，李某負事故全部責任。事故發生後，A 保險公司依照保險合同的約定，向被保險人某餐飲管理公司賠償保險金 83,878 元，並依法取得代位求償權。基於肇事車輛在 B 保險公司河北省分公司張家口支公司投保了機動車交通事故責任強制保險，A 保險公司於 2012 年 10 月起訴至北京市東城區人民法院，請求判令被告肇事司機李某和 B 保險公司賠償 83,878 元，並承擔案件的訴訟費用。被告向法院提出管轄權異議。本案中，被告李某的住所地為河北省張家口市懷來縣沙城鎮，被告 B 保險公司的住所地為河北省張家口市懷來縣沙城鎮燕京路，保險事故發生地為北京市朝陽區機場高速公路，被保險車輛行駛證記載所有人的住址為北京市東城區工體北路新中西街 × 號。[1]

一、保險合同的理賠

　　保險事故發生後，被保險人或者受益人有請求賠償或給付保險金的權利，保險人依據合同約定負有賠付義務，即有受理的責任。此種義務或責任，實踐中稱為賠款的處理，簡稱理賠。從法律的角度來看，理賠是履行保險合同的過程；從保險經營的角度來看，理賠是保險經營的主要業務環節。

---

1. 華泰財產保險有限公司北京分公司訴李志貴、天安財產保險股份有限公司河北省分公司張家口支公司保險人代位求償權糾紛案。見最高人民法院民事審判第二庭（2015）。《保險案件審判指導》。北京：法律出版社。205 頁。

1. 出險通知

保險事故發生，被保險人或受益人提出索賠後，保險人進入核賠、理賠程序。索賠和理賠程序的第一個環節就是保險事故發生後被保險人或受益人要及時通知保險人，即向保險人報案。中國《保險法》第二十一條規定：「投保人、被保險人或者受益人知道保險事故發生後，應當及時通知保險人」。也就是說，在損失事故發生之後，投保人、被保險人或受益人應將事故發生的時間、地點、原因及其他有關事項，以最快的方式通知保險人，實務中稱為「出險通知義務」。設定出險通知義務，一方面可以使保險人及時知曉保險事故發生，以便運用其風險管理經驗和技術，採取措施或者指導投保人、被保險人採取必要措施，防止損失進一步擴大；另一方面也有利於保險人及時進行查勘定損，以便確定損失的原因和數額。

1.1　出險通知義務

關於出險通知義務的履行時間，中國《保險法》中僅規定要「及時」通知，並沒有規定具體期限。[2] 之所以如此，主要是考慮到通知的時間要求因不同性質的險種、不同的合同類型而差異。實踐中要看保險條款有無關於通知義務的具體約定，有約定則按約定。例如中國保險行業協會 2014 年頒佈的《機動車綜合商業保險示範條款》第十三條約定：「發生保險事故時，被保險人或其允許的駕駛人應當及時採取合理的、必要的施救和保護措施，防止或者減少損失，並在保險事故發生後四十八小時內通知保險人。」該條款第五十六條約定：「被保險機動車全車被盜搶的，被保險人知道保險事故發生後，應在二十四小時內向出險當地公安刑偵部門報案，並通知保險人。」關於人身保險合同的出險通知時間，中國保險行業協會在 2009 年頒佈的《關於推薦使用〈人身保險產品條款部分條目示範寫法〉的通知》中規定：「投保人或受益人知道保險事故後應當在十日內（建議各公司提供不低於十日的期限）通知本公司。」實踐中有的保險公司將通知時間約定為十日，也有的公司約定為七

---

2. 台灣《保險法》對事故發生後的通知時間有明確的規定，該法第五十八條規定：「要保人、被保險人或受益人，遇有保險人應負保險責任之事故發生，除本法另有規定，或契約另有訂定外，應於知悉後五日內通知保險人。」

日，具體看條款約定。如果條款中對出險通知義務的履行時間沒有約定，則由法院在案件審理過程中根據個案具體情況作出判斷。被保險人或受益人知道保險事故發生後，應該在合理時間內儘可能快地通知保險人。至於通知的方式，可以以方便快捷的方式進行通知，比如電話、傳真等方式。如果保險條款中規定了應以書面形式通知，但是投保人、被保險人或者受益人以口頭形式進行了通知而保險公司接受的，可視為放棄書面通知要求。

保險事故發生後，被保險人或受益人應及時以口頭或者書面形式通知保險人，如果被保險人或受益人違反了通知義務，將承擔不利後果。中國《保險法》第二十一條規定：「故意或者因重大過失未及時通知，致使保險事故的性質、原因、損失程度等難以確定的，保險人對無法確定的部分，不承擔賠償或者給付保險金的責任，但保險人通過其他途徑已經及時知道或者應當及時知道保險事故發生的除外。」設定通知義務的目的是為了保險人能及時行使相應的權利。但如果保險人已經通過其他途徑及時知道或者應當及時知道保險事故發生的事實，則保險人基於對方違反出險通知義務的抗辯就不成立。按照該條規定，被保險人一方不及時履行出險通知義務導致承擔不利後果，須在主觀上有故意或者重大過失。如果只是輕微過失和不可抗力，依法不構成違反該義務。同時，不履行出險通知義務須造成相應的損害後果，即「致使保險事故的性質、原因、損失程度等難以確定」，這種後果將直接影響保險責任和賠償金額的確定。只有滿足上述兩個條件，保險人才有權減免相應的賠償責任，即對因被保險人一方未及時通知導致的無法確定的責任或損失部分，保險人不承擔保險賠付責任。

保險人行使抗辯權的基礎是被保險人一方的過錯行為，造成保險人定損理賠上的困難。如果被保險人一方怠於履行出險通知義務，但對於保險人核賠定損並未產生實質性影響，只是由此給保險人查勘定損造成一定的困難，並導致保險人成本費用的增加，此種情形下保險人不能當然免除保險金賠付責任，但可以要求被保險人一方承擔由此增加的成本費用或者從賠付的保險金中直接扣除有關費用。[3] 部分地方法院已經在司法實踐中採用了這樣的做法。例如北京市高級人民法院在《審理民商事案件若干問題的解答之五（試行）》

---

3. 王靜（2013）。《保險類案裁判規則與法律適用》。北京：人民法院出版社。176 頁。

（2007年5月28日發）中指出：「保險事故發生後，保險人不能僅以投保人、被保險人或受益人未履行及時通知義務為由不承擔保險責任。保險事故發生後，投保人、被保險人或受益人未依約定或法律規定履行及時通知義務，導致保險人無法核實保險事故的性質、原因和損失程度等，以及是否屬於免責範圍無法確定的，投保人、被保險人或受益人要承擔不利的法律後果。」在一起機動車輛保險合同糾紛中，投保人史某在保險公司為其車輛投保了車輛損失險、第三者綜合責任險和兩項附加保險。保險合同條款中有「被保險人應當在保險事故發生的四十八小時內通知保險公司，否則，保險公司有權拒絕賠償」的約定。在保險期間內，史某駕駛該車發生交通事故，造成車輛損壞。經交警部門認定，史某負次要責任。事故發生後，史某在30%的比例內負擔了車損，並實際給付12,230.10元。三天後，史某向保險公司報案。保險公司經核定後向史某發出拒賠通知書，理由是史某沒有在《機動車輛保險條款》規定的時間內報案。於是史某將保險公司起訴至法院，要求賠償。法院經審理認為，應當從公平角度和合同整體來考慮雙方的權利義務。本案中，保險事故發生後，交警部門對交通事故的基本事實、現場勘查情況、形成原因及當事人的責任作出了認定並出具了交通事故認定書。根據上述認定，雖然史某在保險事故發生後未履行及時通知義務，但並未導致保險公司無法核實保險事故的性質、原因和損失程度等，保險公司僅以史某未在保險合同約定的保險事故發生後48小時內報案為由拒絕賠付，於法無據。因此法院依法判決保險公司承擔相應的保險責任。

1.2　出險後的施救義務

除通知義務外，財產保險的被保險人在事故發生時還負有施救義務。中國《保險法》第五十七條規定：「保險事故發生時，被保險人應當盡力採取必要的措施，防止或者減少損失。」被保險人的施救義務是指，在保險事故發生時，為防止保險標的損失進一步擴大，被保險人有義務實施積極的救助行為，以減少損失的程度或範圍。該義務是被保險人的法定義務。保險法並未規定被保險人不履行施救義務的法律後果，實踐中有保險公司在保險條款中約定「知道保險事故發生後，被保險人應該盡力採取必要、合理的措施，防止或減少損失，否則，對因此擴大的損失，保險人不承擔賠償責任」。這一約

定與上述原理並不違背，法院通常也予以支持。[4] 但是在具體案件中應當對當事人的過錯與責任、損失後果等進行因果關係的判斷。例如在金某訴某財產保險公司北京分公司一案中，金某作為投保人為其名下的汽車投保了車輛損失保險，保險公司也同意承保。在保險期間內，金某的丈夫魏某駕駛被保險車輛時發現機油燈異常，即停車撥打求救電話。經檢測，車輛由於與路面石頭發生碰撞導致機油格損壞、機油泄漏，最終造成車輛發動機損壞。金某向保險公司報案並提出了賠償請求，但是保險公司以被保險車輛遭受保險責任範圍內的損失後，未經必要修理並檢驗合格繼續使用，致使損失擴大為由，拒絕賠償保險金。在訴訟過程中，法院認為碰撞屬於保險責任範圍內的致損事由，而被保險車輛的駕駛員在使用該車輛的過程中並沒有放任損失擴大的過錯，車輛發動機的損壞是意外碰撞所導致的連鎖反應的最終結果，保險公司對於保險事故造成的被保險車輛的全部損失應當承擔賠償保險金的責任。[5]

　　保險法規定施救義務的目的在於防止道德風險。在保險事故發生之後，道德風險表現為被保險人憑藉其獲得的保險保障，怠於救災減損、放任損失擴大。因此，為鼓勵被保險人積極施救，保險人會承擔被保險人所支付的必要的、合理的施救減損費用。對「必要的、合理的費用」的認定在實踐中不宜過於嚴格，只要施救行為依據一般情況來看是適當的，即使未能達到防止或減輕損失的效果，其費用也應由保險人負擔，以免損傷被保險人施救的積極性。保險人所承擔的施救費用數額，不計入其應當支付的保險標的損失賠償金額，即施救費用與保險賠償金額應分別計算，但兩者最高均不應超過合同約定的保險金額。施救費用一般包括兩個方面，一是保險事故發生時，為搶救財產或者防止災害蔓延而採取必要措施所造成的保險標的的損失。如某企業投保了企業財產保險，在其車間發生火災後，為了使火災不致蔓延擴大，被保險人將車間周圍的附屬建築物（也屬於保險財產）拆除。所造成的損失，應由保險人賠償；二是為施救、保護、整理保險標的所支出的合理費用。如用於救火的人工費用、消防器材費用、整理損餘物資的費用等。當然，在不

---

4. 台灣《保險法》第九十八條第二項規定：「危險事故發生後，經鑑定是因要保人或被保險人未盡合理方法保護標的物，因而增加之損失，保險人不負賠償之責。」

5. 劉建勛（2012）。《保險法典型案例與審判思路》。北京：法律出版社。297–304 頁。

定值保險合同中，除另有約定外，保險人所承擔的施救費用的數額也是按照保險金額與保險價值的比例確定的。

一般來說，保險人承擔施救費用的構成要件如下：第一，對保險標的進行施救的必須是保險合同雙方當事人或其代理人或標的物的受讓人，其目的僅限於減少標的損失。如果是他人採取此項措施必須是受當事人的委託，否則所產生的費用不視為施救費用；第二，保險標的所遭受的損失必須是在保險責任範圍內，否則保險人不予承擔責任；第三，施救費用必須是必要、合理的，不合理部分保險人不負賠償責任。例如倉庫着火，將倉庫內的保險商品搶出火場並加以保護整理，這是合理的費用。但如果再將其搬運至新的場所囤放，所發生的費用則不屬於合理的施救費用。實踐中對施救費用的認定也會產生爭議，例如某運輸公司司機王某駕駛被保險車輛在行駛過程中忽遇路面滑坡，車輛滑至坡下二十餘米處，所幸王某沒有受傷。王某下車後發現車子還有可能繼續下滑，就從工具箱中取出千斤頂，想把車子的前部頂起來防止其繼續下滑。就在王某操作千斤頂時，車輛忽然下滑，王某躲閃不及被車輛壓住，導致腰椎骨折。事故發生後，運輸公司向保險公司報案，並提出索賠請求，包括車輛損失和司機王某的人身損失。保險公司在核賠時發現該車只投保了車輛損失險，遂拒絕對王某的人身損失進行賠付。法院經審理後認為，王某的傷殘費用不屬於施救費用，保險公司可以拒賠。根據《保險法》的規定，施救費用必須是為防止或減少保險標的損失所支付的必要的、合理的費用。本案中王某的傷殘雖然是在施救過程中發生的，但他的傷殘與防止或減少保險標的損失並沒有必然的聯繫，而是屬於在施救過程中發生的一起意外事故。王某的人身傷殘損害不是施救行為所應付出的必要的、合理的代價。因此，保險人在車輛損失保險中無須承擔王某的傷殘治療費用。當然，王某因是在執行職務過程中受傷，對由此導致的損失可要求運輸公司進行賠付。

2. 索賠申請與索賠時效

保險事故發生後，被保險人或者受益人依照約定可以行使保險金請求權，實務中稱為「索賠」。理賠的發生，直接由索賠引起。索賠與理賠是一個問題的兩個方面，它們直接體現了保險合同當事人的具體權利和義務，實現

保險的職能。需要注意的是，被保險人或者受益人索賠時通常需要提交索賠申請書，因此出險通知與索賠是兩個不同的概念，二者的業務流程及需要提交的材料也不相同。實踐中有被保險人或者受益人因誤將出險通知理解為索賠而錯過了索賠時效。

2.1 索賠主體和索賠時需提交的證明和材料

按照保險法的規定，有權向保險人請求賠償或者給付保險金的主體是被保險人或者受益人。特殊情況下，如果財產保險的被保險人在事故發生後、申請索賠前死亡，或者依照《保險法》第四十二條的規定人身保險的保險金作為被保險人的遺產處理的，則被保險人的繼承人有權向保險人請求賠償或者給付保險金。

保險人收到保險金請求權人的索賠請求後，需要首先確定保險事故是否發生、事故發生原因以及損失程度等，而這需要相應的證明材料予以支持。因此，保險法規定投保人、被保險人或者受益人應當向保險人提供其所能提供的與確認保險事故的性質、原因、損失程度等有關的證明和資料。保險人在理賠時所需要的證明和資料通常約定在保險條款中，保險人對所需提供的證明和資料的範圍應合理界定，其範圍不應超出為確定保險事故發生原因和損失程度等所必要的資料，而且必須以被保險人一方依據一般情況可以獲得的資料為限。保險人認為有關的證明和資料不完整的，應當及時一次性通知投保人、被保險人或者受益人補充提供。不能反復要求被保險人一方補充資料。

保險條款中對被保險人一方應提交的材料多有列舉式規定，以人壽保險為例，身故保險金受益人作為申請人填寫保險金給付申請書時，還需要向保險人提供下列證明和資料：保險合同、保險費交費憑證、受益人法定身份證明、國務院衛生行政部門規定的醫療機構或公安部門出具的被保險人死亡證明書或驗屍證明。如果被保險人為宣告死亡的受益人須提供法院出具的宣告死亡判決書、公安部門出具的被保險人戶籍註銷證明以及與確認保險事故的性質、原因、經過等有關的其他證明和資料。當保險金作為被保險人遺產時，除上述相關的證明和資料外，被保險人的繼承人還須提供可證明合法繼承權的文件。受益人或繼承人為未成年人或無民事行為能力人時，應當由其

合法監護人代為申請領取保險金，其合法監護人還必須提供受益人或繼承人為未成年人或無民事行為能力人的證明以及監護人具有合法監護權的證明。

再以機動車輛損失保險為例，索賠時被保險人應當提供保險單、損失清單、有關費用單據、被保險機動車行駛證和發生事故時駕駛人的駕駛證。屬於道路交通事故的，被保險人還應當提供公安機關交通管理部門或法院等機構出具的事故證明、有關的法律文書（判決書、調解書、裁定書、裁決書等）及其他證明。被保險人或其允許的駕駛人根據有關法律法規的規定選擇自行協商方式處理交通事故的，被保險人還應當提供依照《道路交通事故處理程序規定》簽訂記錄交通事故情況的機動車交通事故快速處理協議書。

2.2　索賠時效

在保險合同中，當保險事故發生或者保險合同約定的年齡、期限屆至時，被保險人或者受益人有權向保險人提出保險金賠付的請求。為了督促權利人行使權利，保險法規定保險金請求權應在一定的期限內行使，否則被保險人或者受益人將失去該請求權，即對被保險人和受益人的保險金請求權規定了索賠時效。鑑於財產保險以及人身意外傷害保險、健康保險等非壽險多屬於短期合同，而人壽保險多屬於長期合同，這兩類保險合同中保險金請求權的索賠時效因而不同。中國《保險法》第二十六條規定：「人壽保險以外的其他保險的被保險人或者受益人，向保險人請求賠償或者給付保險金的訴訟時效期間為二年，自其知道或者應當知道保險事故發生之日起計算。人壽保險的被保險人或者受益人向保險人請求給付保險金的訴訟時效期間為五年，自其知道或者應當知道保險事故發生之日起計算。」

保險法將保險金索賠時效明確規定為訴訟時效，自然適用中國《民法通則》中關於訴訟時效中止、中斷、延長的規定，對被保險人、受益人的利益保護更為充分。需要意的是，根據保險法的規定，保險金請求權的訴訟時效「自其知道或者應當知道保險事故發生之日起計算」，而中國《民法通則》中規定的訴訟時效則是「自當事人知道或者應當知道權利被侵害時起計算」，二者的表述明顯不同。保險事故發生後，被保險人或者受益人依據保險合同提出索賠請求，屬於正常行使合同權利，保險人依據法律規定和合同約定進行核賠，是履行合同義務，此時被保險人或受益人的權利並沒有被侵害，但是訴

訟時效已經開始計算，這一點與訴訟時效制度的原意不符。如果保險人經過核賠後拒絕承擔保險責任，被保險人或者受益人認為其權利受到侵害，訴訟時效期間從此時開始計算更符合制度本意。鑑於保險法中對於保險事故發生後的報案時間、理賠時限均有規定，目前這一問題對各方主體的影響不大，但還是需要在立法或者司法解釋中作進一步的協調。[6]

3. 保險理賠

保險理賠是指保險人收到被保險人或受益人的索賠請求後，依據法律規定和合同約定，對有關損害事實進行調查核實，核定保險責任並進行保險金賠償或者給付的行為，是保險人履行保險合同義務的體現。保險理賠程序一般包括：受理索賠申請，審核保險單證和有關證明材料，查勘現場、評估損失，核定責任，確定保險賠付金額並進行保險金實際賠償或給付。保險合同中可以約定保險人理賠的具體要求和程序。為充分保護保險金請求權人的利益，督促保險人履行保險責任，保險法對保險理賠程序和理賠時限也提出了具體要求。

3.1 理賠程序和理賠時限

保險人接到投保人、被保險人或者受益人的保險事故發生通知後，實務中一般先予立案，然後根據對方提供的有關證明和材料以及自己掌握的情況，進行現場查勘、損失評估和責任分析認定，確定該保險事故是否屬於保險合同約定的保險責任範圍。核定責任時一般應考慮：發生事故的是否為保險標的，事故發生時間是否在保險期間以及保險責任期限內，保險事故是否屬於除外責任範圍，保險事故與損失之間的因果關係等。這是保險理賠的主要內容，直接影響合同各方當事人的權利義務。實踐中所說的「理賠難」，也多集中在這個環節。

近年來，保險業的「理賠難」備受社會質疑，也一直是保險行業投訴的熱點。如何解決「理賠難」問題是個複雜的系統工程。不同險種的複雜程度、

---

6. 參見吳定富主編（2009）。《〈中華人民共和國保險法〉釋義》。北京：中國財政經濟出版社。69頁。

理賠程序、被保險人的理賠期望大不相同，理賠難的成因差別甚大，治理方法也有區別。為了緩解「理賠難」的困境，保險法中將保險人核定責任的期間的基本要求規定為「及時」，此處的「及時」應當理解為「合理且儘可能快」。[7] 如果保險事故情形複雜，也應當在收到索賠請求後 30 日內作出核定。同時，考慮到保險業務類型多樣，理賠難度差異很大，保險法允許當事人在保險合同中對核定期間作出特別約定。在顧某訴某財產保險公司上海分公司保險合同糾紛案中，法院認為保險公司出具定損單核定相關損失的時間超出了保險法關於 30 日核定期間的規定，而且未能舉證證明在此期間曾有法定或約定事由導致其無法定損，因此認定保險公司違反了上述法定義務，應承擔相關的法律責任。[8] 對於核定期間的起算時點，《保險法司法解釋二》第十五條中規定：「保險法第二十三條規定的 30 日核定期間，應自保險人初次收到索賠請求及投保人、被保險人或者受益人提供的有關證明和資料之日起算。保險人主張扣除投保人、被保險人或者受益人補充提供有關證明和資料期間的，人民法院應予支持。扣除期間自保險人根據保險法第二十二條規定作出的通知到達投保人、被保險人或者受益人之日起，至投保人、被保險人或者受益人按照通知要求補充提供的有關證明和資料到達保險人之日止。」

經過核定後，如果確定保險事故屬於保險責任的，保險人應當將核定結果通知被保險人或者受益人。接下來就是確定具體的保險賠償或者給付金額，確定保險金賠付數額後，保險人應當及時履行賠付義務。根據中國《保險法》第二十三條第一款的規定，保險人應在與被保險人或者受益人達成賠付保險金的協議後十日內，履行賠償或者給付保險金的義務。如果保險合同對賠償或者給付保險金的期限有約定的，則應依照合同約定來履行。賠償或者給付保險金是保險人主要和基本的合同義務，如果保險人不履行或者不適當履行此項義務，依照保險法的規定，除支付保險金外，還應當賠償被保險人或者受益人因此受到的損失。這也符合合同法關於遲延履行的規定，按照合同法理論，由於遲延履行所發生的損害，稱為遲延損害，債權人可以在要求繼續履行之外就此請求賠償。這裏所說的「損失」，應理解為因保險人遲延履行保險金賠付義務而給被保險人或者受益人造成的直接損失，比如交通費用

---

7. 吳定富主編（2009）。《〈中華人民共和國保險法〉釋義》。北京：中國財政經濟出版社。65 頁。

8. 上海市第一中級人民法院（2010）滬一中民六（商）終字第 233 號民事判決書。

的額外支出、保險金的同期銀行利息損失等。針對保險人違反及時核賠義務的賠償範圍問題，部分法院在司法實踐中已經作出規定。如《福建省高級人民法院民二庭關於審理保險合同糾紛案件的規範指引》（2010 年 7 月 12 日印發）第二十一條規定：「根據保險法第二十三條規定，保險人應及時履行賠付義務。違反該義務的，雙方有約定從約定；無約定的，保險人除支付保險金外，還應當賠償相應的利息損失。」

保險人接到被保險人或者受益人的索賠請求後，經過核定，如果確認不屬於保險責任，則應當向被保險人或受益人發出拒絕賠償的通知。根據《保險法》的規定，拒賠通知應當採取書面形式，必須說明拒賠理由，且應當自作出核定結果之日起三日內發出。這些要求一方面有利於規範理賠程序，保存證據；另一方面被保險人或受益人可以及時行使抗辯權或者尋求司法救濟，有利於保險糾紛的解決。

3.2 保險人先行賠付的規定

保險人的理賠過程因具體的情況不同，有時會很漫長。為促進保險的經濟補償功能的及時實現，保險法規定了先行賠付制度。保險人經過核定，認為屬於保險責任範圍，但是保險金賠償或給付的具體數額尚不能最後確定的，保險人應當根據已有證明和資料可以確定的數額向被保險人或受益人先予支付。保險賠付金額不能最終確定，稱為「賠款之未決」，或因有關證明資料不夠充分，或因損失金額尚在調查核實，或因對標的殘值有待確定等。但是既然已經認定屬於保險責任，在有關事實確定基礎上，應該可以確定部分的賠付責任。對這些「已決」部分，應當先行賠付給被保險人或者受益人。[9]依據《保險法》第二十五條的規定，保險人先行賠付的合理期限為六十日，即「自收到賠償或者給付保險金請求和有關證明資料之日起六十日內」應當根據已有證明和資料可以確定的數額先予支付。待保險人最終確定賠償或者給付的數額後，再支付最終金額與先行賠付金額之間的差額。

---

9. 吳定富主編（2009）。《〈中華人民共和國保險法〉釋義》。北京：中國財政經濟出版社。67 頁。

二、保險合同爭議處理

1. 保險合同爭議處理的途徑

《保險法》第十八條規定了保險合同中應當包括的事項，其中有違約責任和爭議處理。保險合同的當事人在訂立、履行保險合同的過程中有可能發生爭議，例如對保險人是否應當承擔保險責任的爭議、保險合同是否有效的爭議以及保險合同是否可以解除的爭議等等。爭議發生後，當事人可以尋求的爭議解決途徑有四種：和解、調解、訴訟和仲裁。中國《合同法》第一百二十八條規定：「當事人可以通過和解或者調解解決合同爭議。當事人不願和解、調解或者和解、調解不成的，可以根據仲裁協議向仲裁機構申請仲裁。涉外合同的當事人可以根據仲裁協議向中國仲裁機構或者其他仲裁機構申請仲裁。當事人沒有訂立仲裁協議或者仲裁協議無效的，可以向人民法院起訴。」

在這四種爭議處理方式中，和解是指合同糾紛發生後，當事人根據法律、法規和合同，在自願的基礎上協商解決發生的糾紛。這種爭議解決方式通常都會約定在保險條款中。近年來最高人民法院和中國保監會在訴訟和仲裁外，推動通過調解來解決保險合同糾紛，大力推進保險糾紛訴訟與調解對接機制建設，下面主要介紹後三種保險合同爭議處理方式。

2. 訴訟

訴訟是解決保險合同糾紛的主要途徑之一，當前中國保險糾紛訴訟案件總量大且呈現逐年增多的趨勢。據統計，2014 年全國法院受理一審保險合同糾紛案件以及涉及保險的道路交通事故人身損害賠償糾紛案件有 892,382 宗，是 2009 年的年案件受理量的 1.76 倍。[10] 在保險合同糾紛訴訟中，訴訟主體、訴訟管轄、訴訟時效等問題經常產生爭議。圍繞這些問題，《保險法》、《民事訴訟法》以及《最高人民法院關於適用〈中華人民共和國民事訴訟法〉的解釋》（法釋〔2015〕5 號）（以下簡稱民事訴訟法司法解釋）等都作出了相應的規定。

---

10. 韓建順、高長青（2016）。〈論我國保險糾紛訴調對接模式中調解員身份的定位〉，《上海保險》。上海：《上海保險》雜誌社。3 期，30–35 頁。

2.1 保險糾紛案件的訴訟主體

保險公司通常會在各地設立分公司和支公司等分支機構，由分支機構具體開展保險業務。在訂立保險合同、出具保險單時，各保險公司的作法不盡相同。有的直接以分支機構名義向投保人簽發保險單，有的則是由總公司統一核保並簽發保險單。在合同履行過程中發生糾紛時，經常產生爭議的是保險公司的分支機構能否作為獨立的訴訟主體參加訴訟。

依據《保險公司管理規定》，保險公司可以根據發展需要申請設立分支機構對外開展業務。保險公司的分支機構是指經過保險監管機構批准依法設立的分公司、中心支公司、支公司、營業部等以及各類專屬機構。保險公司設立分支機構應當先經保險監管機構批准，頒發分支機構經營保險業務許可證，再向工商行政管理機關辦理登記註冊手續，領取營業執照後方能開展經營活動。保險公司的分支機構是保險公司的組成部分，無獨立的財產和經費，也無獨立的名稱，其領取的是營業執照而不是企業法人營業執照。

中國《保險法》第七十四條規定：「保險公司分支機構不具有法人資格，其民事責任由保險公司承擔。」《民事訴訟法》第四十八條規定：「公民、法人和其他組織可以作為民事訴訟的當事人。」按照《民事訴訟法司法解釋》第五十二條的說明，此處所說的「其他組織」是指合法成立、有一定的組織機構和財產，但又不具備法人資格的組織，其中包括依法設立並領取營業執照的商業銀行、政策性銀行和非銀行金融機構的分支機構。由此可見，在審查保險公司的分支機構能否以「其他組織」的身份獨立參加訴訟時，應當重點審查該分支機構是否依法設立並已經領取營業執照。《保險法司法解釋二》第二十條再次明確：「保險公司依法設立並取得營業執照的分支機構屬於《中華人民共和國民事訴訟法》第四十八條規定的其他組織，可以作為保險合同糾紛案件的當事人參加訴訟。」

在魯某訴某人壽保險公司一案中，魯某作為投保人向該人壽保險公司的臨夏分公司投保個人定期壽險，當合同履行過程中產生糾紛時，魯某直接將該人壽保險公司作為被告訴至法院。[11] 在該案中，雙方當事人針對被告是否適

---

11. 參見北京市朝陽區人民法院（2007）朝民初字第 6882 號民事裁定；北京市第二中級人民法院（2007）二中民終字第 09784 號民事裁定。

格、原告應當起訴保險公司總公司還是分支機構產生爭議。一審法院和二審法院均認為應以臨夏分公司為本案的民事訴訟當事人。對於此類問題，司法機關傾向於認為，應當按照是否是訂立該保險合同的一方當事人作為審查標準。具體來說，如果各項具體業務均由保險公司進行，保險單或者其他保險憑證也是由保險公司以自己的名義簽章後出具的，應當以保險公司作為當事人；如果各項具體業務均由保險公司分支機構進行，但由保險公司最終審核後以自己名義簽發保險單或者其他保險憑證的，也應當以保險公司作為當事人；如果各項業務均由保險公司分支機構進行，保險單或者其他保險憑證也是由保險公司分支機構以自己的名義簽章後出具的，則應當以保險公司分支機構作為當事人。[12]《保險法司法解釋二》第二十條規定的目的在於實現訴訟經濟，所以，因保險公司分支機構所簽發的保險單引發糾紛的，不宜將保險公司或者其他分支機構一併作為共同被告。[13]

由上述分析可見，保險公司分支機構雖然沒有獨立的法人資格，不能獨立對外承擔民事責任，但是在符合法定條件的情況下有獨立的訴訟主體資格，可以作為獨立的訴訟主體起訴和應訴。但在該分支機構無能力承擔民事責任時，法院可以裁定由總公司來承擔分支機構應承擔的民事責任。

2.2　保險糾紛案件的管轄

管轄是指人民法院受理第一審案件的分工和權限，包括級別管轄和地域管轄。中國《民事訴訟法》中針對保險合同糾紛的地域管轄作出了專門規定，該法第二十三條規定：「因合同糾紛提起的訴訟，由被告住所地或者合同履行地人民法院管轄。」第二十四條接着規定：「因保險合同糾紛提起的訴訟，由被告住所地或者保險標的物所在地人民法院管轄。」司法實踐中，對於人身保險合同糾紛如何確定管轄地，尤其是針對被保險人住所地法院是否有管轄權，存在不同觀點。一種觀點認為，按照《民事訴訟法》第二十四條的規定，任何保險合同都存在保險標的物，人身保險合同的標的物就是被保險人本

---

12. 最高人民法院民事審判第二庭（2013）。《最高人民法院關於保險法司法解釋（二）理解與適用》。北京：人民法院出版社。447 頁。

13. 王靜（2016）。《保險案件司法觀點集成》。北京：法律出版社。207 頁。

身，所以被保險人住所地法院有管轄權。另一種觀點認為，物是與人相對立的概念，保險標的物是保險合同所指具體的物。人身保險合同不涉及具體物的，也就不存在保險標的物，因此只能由被告住所地人民法院管轄。比較《民事訴訟法》和《保險法》的用語，如前所述，《保險法》是將保險標的和保險利益作為兩個不同的概念來規定，並且沒有出現保險標的物的概念，實際上是將保險標的與保險標的物的含義等同。《民事訴訟法》的立法者採納的應該也是保險標的等同於保險標的物的觀點。管轄制度的核心原則是便於當事人訴訟和便於法院查明事實的兩便原則。當人身保險合同的被保險人發生保險事故後，即使基於人道主義精神也應該給予同情，在被保險人住所地訴訟對其提供訴訟便利，符合《民事訴訟法》的立法本意。[14] 對此，《民事訴訟法司法解釋》第二十一條第二款明確規定：「因人身保險合同糾紛提起的訴訟，可以由被保險人住所地人民法院管轄。」

2.3　保險糾紛案件的訴訟時效

保險合同糾紛多數是由於行使保險金請求權而引發的，但也有其他原因如由於要求解除合同等[15]而引發糾紛。如果是由於請求賠償或者給付保險金而引發的糾紛，按照中國《保險法》第二十六條的規定，人壽保險的被保險人或者受益人向保險人請求給付保險金的訴訟時效期間為五年；人壽保險以外的其他保險的被保險人或者受益人，向保險人請求賠償或者給付保險金的訴訟時效期間為二年。訴訟時效均自其知道或者應當知道保險事故發生之日起計算。如果是由於要求解除合同等引發的保險合同糾紛，則應當遵循《民法通則》第一百三十五條的規定：「向人民法院請求保護民事權利的訴訟時效期間為二年，法律另有規定的除外。」訴訟時效屬於法律強制性規定，當事人不得以約定排除其適用，不得任意增加或縮短法定期限。對保險條款中關於索賠期限、通知期限等的規定，應當理解為是合同當事人約定的一項合同義務。投保人或被保險人違反此項義務需承擔的責任，應當根據合同的約定及其違反約定所造成的實際後果來確定，並不必然導致保險金請求權的喪失或者放

---

14. 王靜（2016）。《保險案件司法觀點集成》。北京：法律出版社。217–218 頁。

15. 參見江蘇省南京市中級人民法院（2006）寧民二終字第 846 號民事判決。

棄。此類條款約定也不得與法律關於訴訟時效或索賠時效的強制性規定相抵觸，尤其不能違反公平原則。

保險法中規定的保險索賠時效自被保險人或者受益人「知道或者應當知道保險事故發生之日起計算」，保險事故是指將保險合同所承保的危險具體化成為被保險人的損害，而構成保險金賠付條件的特定危險事故。對於一般損害保險中的積極保險來說，是以保險標的受到損害的某一時點為保險事故的發生，時點固然明確。但是在責任保險合同糾紛中，責任保險的保險事故，涉及被保險人對第三人產生損害、第三人請求賠償以及責任確定等時間歷程，究竟以何時點作為保險事故的發生時間，涉及到事故發生後通知義務的履行，以及向保險人請求保險理賠等權利義務。有學者認為，責任保險究竟採取損害事故發生制還是索賠基礎制來認定該險種的保險事故發生，各有利弊，實務中在設計責任保險單條款時，可以視其各損害賠償的責任類型而約定不同的基礎制。如果承保的責任種類為損害事故的發生與第三人產生的損害時空相差甚短時，第三人受損後可立即向被保險人提出請求的，例如汽車責任保險，應以被保險人負擔責任的損害事故即交通事故的發生作為責任保險的保險事故。如果損害事故種類是侵權行為與第三人的損害以及發現相隔甚遠，且被保險人有時也無從得知已造成損害事故時，例如執行專門技術業務的專業技術人員責任保險，則應以索賠基礎制為好，亦即以被保險人受第三人賠償請求時為責任保險的保險事故發生。[16] 中國《保險法》中對如何認定責任保險的保險事故並無明文規定，《最高人民法院關於審理保險糾紛案件若干問題的解釋（徵求意見稿）》（2003 年 12 月 8 日）第十八條第二款規定：「責任保險的保險事故發生之日是指依法確定被保險人的民事責任之日」。該司法解釋雖然沒有頒佈實施，但從中可以看出司法機關對這一問題的認識。

3. 仲裁

通過仲裁解決保險合同爭議是指由雙方當事人共同選定的仲裁機構對合同爭議依法作出有約束力的裁決。根據《仲裁法》的規定，平等主體的公民、

---

16. 江朝國（2015）。《保險法逐條釋義（第二卷 財產保險）》。台北：元照出版有限公司。692-707 頁。

法人和其他組織之間發生的合同糾紛和其他財產權益糾紛，可以仲裁。其中包括保險合同糾紛。

當事人如果想採用仲裁方式解決糾紛，應當雙方自願達成仲裁協議。沒有仲裁協議，一方申請仲裁的，仲裁委員會不予受理。反之，當事人達成仲裁協議，一方向人民法院起訴的，人民法院不予受理，但仲裁協議無效的除外。仲裁委員會由當事人協議選定，不實行級別管轄和地域管轄。通過仲裁解決保險合同爭議，關鍵是要達成仲裁協議。仲裁協議是雙方當事人自願達成的把保險合同糾紛提交仲裁解決的意思表示，協議中應當包括請求仲裁的意思表示、仲裁事項、以及選定的仲裁委員會。仲裁協議一般採取三種形式：第一，合同中的仲裁條款；第二，專門的仲裁協議；第三，表明當事人同意將爭議提交仲裁的其他文件，例如當事人作出此種表示的往來函電或其他書面材料。中國各仲裁委員會一般均有自己的示範仲裁條款，如中國國際經濟貿易仲裁委員會的示範性仲裁條款表述為：「凡因保險合同引起的或與保險合同有關的任何爭議，均應提交中國國際經濟貿易仲裁委員會，按照申請仲裁時該會現行有效的仲裁規則，由申訴一方選擇由該會北京分會在北京或由該會深圳分會在深圳或由該會上海分會在上海進行仲裁。仲裁裁決是終局的，對雙方均有約束力。」北京仲裁委員會示範性仲裁條款表述為：「因保險合同引起的或與保險合同有關的任何爭議，均提請北京仲裁委員會按照該會仲裁規則進行仲裁。仲裁裁決是終局的，對雙方均有約束力。」[17]

目前各保險公司的保險條款中的都有「爭議處理」條款，內容大多表述為「本合同履行過程中，雙方發生爭議時，可以從下列兩種方式中選擇一種爭議處理方式：（一）因履行本合同發生的爭議，由雙方協商解決，協商不成的，提交 ×× 仲裁委員會仲裁；（二）因履行本合同發生的爭議，由雙方協商解決，協商不成的，依法向人民法院起訴。」但是保險條款中的這一約定，並不能自動使仲裁機關獲得對保險合同糾紛進行裁決的權利。保險合同當事人要想通過仲裁這一方式解決他們之間發生的合同爭議，投保人在填寫投保單時必須在兩種方式中勾選仲裁作為爭議處理方式，同時要寫明仲裁機構名稱，或者事後達成完整、明確的仲裁協議。中國保監會在 1999 年發佈的《關

---

17. 許崇苗、李利（2006）。《中國保險法原理與適用》。北京：法律出版社。509 頁。

於在保險條款中設立仲裁條款的通知》（保監發〔1999〕147 號）中就要求各保險公司在擬訂或修訂保險條款時，設立的保險合同爭議條款應當採用上述格式。在訂立具體的保險合同時，保險合同雙方當事人應當對上述兩種爭議解決方式作出選擇。如果選擇仲裁方式，應當載明具體的仲裁機構名稱。

通過仲裁解決保險合同爭議可以降低當事人解決糾紛的成本。仲裁實行一裁終局制度，一般案件在組庭後三個月內結案，適用簡易程序的時間會更短一些，且裁決書（調解書）作出之日起即發生法律效力。因此，仲裁與訴訟相比，當事人可以減少在解決爭議方面的時間、精力和費用。一方當事人不履行仲裁裁決的，另一方當事人可以依照《民事訴訟法》的有關規定向人民法院申請執行。另外，仲裁的保密性決定了仲裁結果無論如何，都不會給保險公司和其他保險當事人的聲譽造成影響。中國《仲裁法》第四十條規定，仲裁不公開進行。當事人協議公開的，可以公開進行，但涉及國家秘密的除外。保密原則是仲裁制度的一項重要原則，目的就是為了保護當事人的信譽和商業秘密。

4. 調解

調解解決爭議是指在保險合同糾紛發生後，在第三方的主持下，分清是非，並在互相諒解的基礎上達成協議。根據主持調解的第三方的身份不同，可以分為訴訟調解、仲裁調解和民間調解。訴訟調解和仲裁調解是在訴訟或仲裁過程中進行的調解，是法院和仲裁機構結案的一種手段，調解書送達後具有強制執行的效力。這裏主要介紹民間調解。民間調解，又稱為非訴訟調解，最初的民間調解是沒有法律約束力的。如果一方當事人不履行調解協議，另一方當事人不能向法院請求強制執行，而只能採取其他的合同爭議處理方式。2007 年 10 月修訂的《民事訴訟法法》第十六條規定：「人民調解委員會是在基層人民政府和基層人民法院指導下，調解民間糾紛的群眾性組織。人民調解委員會依照法律規定，根據自願原則進行調解。當事人對調解達成的協議應當履行；不願調解、調解不成或者反悔的，可以向人民法院起訴。」當前，隨着《中華人民共和國人民調解法》（中華人民共和國主席令第三十四號 2010 年 8 月 28 日通過）和《關於建立健全訴訟與非訴訟相銜接的矛盾糾紛解決機制的若干意見》（法發〔2009〕45 號）的頒佈實施，其中所

規定的司法確認程序，使本無強制執行力的非訴調解協議具有了法律強制執行力。

2012 年 8 月修訂後的《民事訴訟法》在第十五章「特別程序」中專門規定了「確認調解協議案件」。合同糾紛發生後，當事人已經選擇人民調解、行政調解、行業調解等方式化解糾紛並達成調解協議的，如果向司法機關申請確認調解協議，應由雙方當事人依照人民調解法等法律，自調解協議生效之日起三十日內，共同向調解組織所在地的基層人民法院提出。人民法院受理申請後，經審查，符合法律規定的，裁定調解協議有效，一方當事人拒絕履行或者未全部履行的，對方當事人可以向人民法院申請執行；不符合法律規定的，裁定駁回申請，當事人可以通過調解方式變更原調解協議或者達成新的調解協議，也可以向人民法院提起訴訟。

2012 年 12 月，最高人民法院與中國保監會聯合下發《關於在全國部分地區開展建立保險糾紛訴訟與調解對接機制試點工作的通知》（法〔2012〕307號），為保險糾紛當事人提供更多可選擇的糾紛解決途徑。目前常見的訴調對接模式是由保險行業協會負責保險行業調解組織的建設和運行管理，由保險監管機構對保險行業調解組織的工作進行指導。試點地區的法院建立特邀調解組織名冊、特邀調解員名冊，向保險糾紛當事人提供完整、準確的調解組織和調解員信息，供當事人自願選擇。保險糾紛當事人經調解組織、調解員主持調解達成的調解協議，具有民事合同性質，經調解員和調解組織簽字蓋章後，當事人可以申請有管轄權的人民法院確認其效力。經人民法院確認有效的調解協議，具有強制執行效力。

保險糾紛訴調對接機制試點工作，是法院推進多元化糾紛解決機制改革的具體措施。一方面是考慮到保險合同糾紛的專業性、技術性較強，另一方面也是因為近年來保險合同糾紛數量激增極大地佔用了法院的司法資源。截至 2016 年 2 月底，全國已有 166 個地市建立保險糾紛訴調對接機制，調解各類涉保糾紛 12.6 萬件。保險糾紛訴調對接機制建立以來，進入訴訟的保險糾紛數量大大降低，調解成功案件當事人履約率超過 95%。[18] 2016 年 11 月，最高人民法院與中國保監會又聯合發佈了《關於全面推進保險糾紛訴訟與調解對

---

18. 李陽（2016）。〈12.6 萬件涉保糾紛在這裏化解 —— 人民法院深入推進保險訴調對接工作綜述〉。北京：《人民法院報》。2016 年 2 月 28 日。

接機制建設的意見》（法〔2016〕374 號），將保險糾紛訴調對接工作前期試點地區擴展至所有直轄市和省會（自治區首府）城市。明確保險糾紛訴調對接的案件範圍是最高人民法院《民事案件案由規定》（法〔2011〕41 號）中規定的保險糾紛以及其他與保險有關的民商事糾紛。同時對由人民法院委派或者委託調解的保險糾紛案件，嚴格規定了調解時限。對此類保險糾紛案件，調解組織應當自接受案件之日起二十個工作日內調解完畢（不包含傷殘鑑定、損失評估等時間）。經雙方當事人同意，可以適當延長，但最長不得超過七個工作日。

第四編　保險業法

保險業法又稱保險組織法、保險業監管法，是指監督和管理保險業的法律。它是保險法的重要組成部分，通常有狹義和廣義之分。狹義的保險業法，指規定國家對保險業的組織、經營進行監督和管理的專門法律；廣義的保險業法，除監管保險業的專門法律外，還包括國家對保險業進行監督和管理的其他行政法規和規範性文件。保險業法的調整對象一般包括國家在監督和管理保險企業過程中所發生的關係、保險企業相互之間因合作、競爭而發生的關係以及保險企業在內部經營管理過程中所發生的關係。中國《保險法》採取了將保險合同法與保險業法合二為一的立法體例，在保險業法部分對保險公司的設立、變更、解散、破產、保險經營規則、保險中介機構，以及保險業的監督管理和法律責任等都作出了明確的規定。

第十三章

保險市場與保險公司

案例導讀

2017 年 2 月，原告李某向某省保監局反映，某壽險公司營銷員張某承辦的四份保險合同存在偽造原告的資料，偽造風險提示語和哄騙投保人用保單貸款交保費等違法違規行為，要求保監局對該營銷員和保險公司進行行政處罰。針對李某提出的保險消費投訴事項，保監局經調查核實於 2017 年 4 月作出《保險消費投訴處理決定告知書》，決定對該保險公司進行監管談話，責令其限期改正。李某對涉案保險消費投訴決定告知不服，訴至法院。法院審理認為，《保險消費投訴處理管理辦法》第二條第三款規定，保險消費者向中國保監會及其派出機構提出保險消費投訴，是指保險消費者認為在保險消費活動中，因保險機構、保險中介機構、保險從業人員存在違反有關保險監管的法律、行政法規和中國保監會規定的情形，使其合法權益受到損害，向中國保監會及其派出機構反映情況，申請其履行法定監管職責的行為。其規範目的顯然在於保障保險消費者自身的合法權益，如果行政機關對於保險消費者的投訴不予受理或者不履行依法糾正、查處的法定職責，保險消費者可以提起履行職責之訴。《保險消費投訴處理管理辦法》規定的投訴請求權，在於促使中國保監會及其派出機構對於投訴事項發動行政權。如果中國保監會及其派出機構發動了行政權，並將調查處理結果告知投訴人，就履行了法定監管職責。因《保險消費投訴處理管理辦法》並未規定為保險機構施加負擔的請求權，李某基於舉報事項而提起本案要求履行法定職責之訴缺乏請求權基礎，故裁定駁回起訴。[1]

---

1. 參見黑龍江省哈爾濱市中級人民法院（2018）黑 01 行終 559 號行政裁定書。

一、保險市場

2016 年 8 月，中國保監會發佈《中國保險業發展「十三五」規劃綱要》，提出到 2020 年，基本建成保障全面、功能完善、安全穩健、誠信規範，具有較強服務能力、創新能力和國際競爭力，與中國經濟社會發展需求相適應的現代保險服務業，努力由保險大國向保險強國轉變，使保險成為政府、企業、居民風險管理和財富管理的基本手段。保險深度達到 5%，保險密度達到 3,500 元 / 人。使中國保險業在世界保險市場地位進一步提升。

2019 年，全國保險深度（保費收入 /GDP）為 4.3%，比 2018 年提高 0.08 個百分點；保險密度（保費收入 / 總人口）為 3046.07 元，增加 322 元，增長 11.82%。保險業實現原保險保費收入 4.26 萬億元，同比增加 4628.13 億元，增長 12.17%。保險公司總資產共計 20.56 萬億元，較年初增加 2.23 萬億元，增長 12.18%。全國已開業保險公司 228 家，其中財產險公司 89 家，人身險公司 90 家，資產管理公司 24 家，再保險公司 11 家，保險集團公司（控股公司）14 家。[2]

隨着保險公司數量增加，公司類型也在向專業化方向發展。目前保險市場上除保險集團公司外，人身保險公司中包括人壽保險公司、健康保險公司、養老保險公司，財產保險公司中包括出口信用保險公司、商業信用保險公司、汽車保險公司、農業保險公司、責任保險公司等，此外還有再保險公司和保險資產管理公司。

在經營模式上，除通過開設分支機構進行經營的傳統保險公司外，近年來國內保險市場上還出現了具有互聯網保險牌照的保險公司。互聯網保險公司不設分支機構，銷售和理賠業務環節均在線上進行。2013 年 11 月 6 日，眾安在線財產保險股份有限公司正式開業，成為中國首家互聯網保險公司。2015 年以後又陸續有泰康在線財產保險股份有限公司、安心財產保險有限責任公司、易安財產保險股份有限公司三家互聯網保險公司開業。相應地，為規範互聯網保險公司的經營行為，促進互聯網保險健康規範發展，中國保監會於 2015 年 7 月發佈了《互聯網保險業務監管暫行辦法》。

---

2. 數據來源：中國銀保監會網站、中國保險行業協會網站。

此外，為加強保險業信息化建設，中國保險信息技術管理有限責任公司（以下簡稱中國保信）於 2013 年 7 月 31 日成立，該公司致力於建設和運營保險業數據信息共享和對外交互平台。保險業數據信息共享平台是保險業的公共基礎設施和綜合性服務平台，將涵蓋保險主要業務領域的數據信息，全面建成後能夠提供保險生產支持、信息查詢、保單登記和認證、結算等綜合服務。目前，中國保信已經建成和正在規劃建設機動車輛保險、農業保險、健康保險、保險中介平台和保單登記等平台，其中車險平台基本實現了全國範圍內機動車輛保險數據信息的彙集利用和交互共享，在車險保費定價、車船稅聯網徵收、代位求償、反欺詐等方面可以發揮重要作用。2016 年 12 月底，中國保監會委託中國保信承建的全國車險反欺詐信息系統上線。該系統建立保險欺詐風險信息庫，有效識別並打擊團夥欺詐和職業欺詐。

2016 年 5 月 18 日，上海保險交易所股份有限公司（以下簡稱上海保交所）創立大會暨第一次股東大會舉行。按照規劃，上海保交所將着重探索和發揮助力盤活保險存量、支持用好保險增量兩方面的作用，重點搭建國際再保險、國際航運保險、大宗保險項目招投標、特種風險分散的業務平台，探索更為豐富的交易內容，建成一個保險綜合服務平台。上海保交所保險資產登記交易平台首批產品已於 2016 年 11 月順利上線，兩隻產品分別是保單貸款資產證券化產品和債權投資計劃產品。

二、保險公司與其他保險組織

保險公司是與投保人訂立保險合同，並承擔賠償或者給付保險金責任的保險合同當事人。因此，保險公司必須具備保險合同的主體資格。保險公司的合同主體資格主要表現在保險公司必須依法設立、具有法人資格。法律對保險公司的組織形式、設立條件和程序等方面都作出了規定。除保險公司外，中國保險市場上還有相互保險社、互保協會等保險組織以及中國船東互保協會、中國漁業互保協會等提供保險服務的機構。

1. 關於保險公司組織形式的規定

2002 年修訂的《保險法》第七十條中規定保險公司只能採取兩種組織形式，即股份有限公司和國有獨資公司。隨着市場的發展，這一限制在 2009 年修訂保險法時被取消。2009 年修訂的《保險法》第九十四條規定：「保險公司，除本法另有規定外，適用《中華人民共和國公司法》的規定。」而《公司法》中規定的公司組織形式包括股份有限公司和有限責任公司。從保險業近年來發展的情況看，保險公司的組織形式不斷豐富，目前市場上保險公司的組織形式包括股份有限公司、有限責任公司、相互保險公司等。

2. 當前市場上保險公司的組織形式

2.1 股份有限公司和有限責任公司

在目前市場上保險公司的組織形式中，股份有限公司數量比較多。中資保險公司大多採取股份有限公司的組織模式，其中包括中國人民保險集團股份有限公司這樣的國有控股的股份有限公司。在有限責任公司中，既有國有獨資保險公司如中國人壽保險（集團）公司，也有歷史悠久的中國太平保險集團有限責任公司，另外中外合資的壽險公司、外資獨資的財險公司均採取有限責任公司的組織形式。

2.2 相互保險公司

相互保險是指，具有同質風險保障需求的單位或個人，通過訂立合同成為會員，並繳納保費形成互助基金，由該基金對合同約定的事故發生所造成的損失承擔賠償責任，或者當被保險人死亡、傷殘、疾病或者達到合同約定的年齡、期限等條件時承擔給付保險金責任的保險活動。相互保險組織是指，在平等自願、民主管理的基礎上，由全體會員持有並以互助合作方式為會員提供保險服務的組織，包括一般相互保險組織，專業性、區域性相互保險組織等組織形式。[3] 2015 年 1 月，中國保監會頒佈《相互保險組織監管試行

---

3. 參見中國保監會《相互保險組織監管試行辦法》第二條。

辦法》，初步確立了相互保險發展和監管的基本理念和核心原則。《相互保險組織監管試行辦法》第四十條規定：「相互保險公司、合作保險組織經營保險業務，參照本辦法執行。」

其中，相互保險公司是指所有參加保險的人為自己辦理保險而合作成立的法人組織，是保險業所特有的公司組織形式。投保人作為法人的組成人員即會員，以從事相互保險為目的設立公司，以會員向公司繳納保險費，公司對保險事故進行賠付的形式從事保險活動。相互保險公司的參與者並非股東，僅是當事人或稱為會員，公司的所有會員是投保人也是被保險人。按照《相互保險組織監管試行辦法》的規定，在一般的相互保險組織中，會員分為主要發起會員和一般發起會員，同時對一般發起會員有人數的要求。當保險合同終止時，會員資格自動終止。

成立於 2005 年 1 月的陽光農業相互保險公司是目前國內唯一一家相互制保險公司。陽光農業相互保險公司是在原黑龍江農墾總局風險互助體系的基礎上籌建的，是由黑龍江省二十萬農戶發起設立、以投保人作為法人組成成員、以從事相互保險為目的的法人機構。在公司的組織架構中，會員代表大會是公司的最高權力機構。

相互保險公司與保險股份公司相比，具有如下不同點：一是性質不同。保險股份公司以營利為目的，而相互保險公司不以營利為目的。二是資金來源不同。保險股份公司由股東出資形成資本金；而按照《相互保險組織監管試行辦法》，主要發起會員負責籌集初始運營資金，一般發起會員承諾在組織成立後參保成為會員。三是最高權利機關不同。保險股份公司的最高權力機關是股東大會，而相互保險公司的最高權力機關為會員大會或者會員代表大會。四是保險關係的形成不同。保險股份公司通過訂立保險合同與投保人建立起保險關係，而相互保險公司的會員關係與保險關係同時發生。五是損益歸屬不同。保險股份公司的損益歸屬股東，而相互保險公司的損益歸屬成員。

2.3 自保公司

自保是國際大型企業進行風險管理的重要手段，也是國際保險市場的重要組成部分。自保公司是指非保險業中的大規模企業為節省費用和增加承保業務的伸縮性而投資設立的附屬保險機構。自保公司一般由其母公司擁有，

母公司直接影響並支配其運行。自保公司可以直接承保母公司及其下屬公司的風險，也可以間接通過母公司或者其下屬公司的原保險公司辦理再保險，向母公司及其下屬公司提供保障。自保公司在 19 世紀中期就已經出現，很多跨國公司都有自己的自保公司。自保公司具有降低被保險人的保險成本、增加承保彈性、減輕稅收負擔等優點。

截至 2016 年底，國內企業設立的自保公司共有五家。其中，中國鐵路財產保險自保有限公司由中國鐵路總公司獨家出資設立，註冊資本 20 億元人民幣，是中國大陸第二家保險自保公司，2015 年 7 月 1 日經中國保監會批准開業。中國大陸第一家自保公司是 2013 年獲准開業的中石油專屬財產保險有限公司。此外還有註冊地址在香港的三家自保公司，分別是中海石油保險有限公司、中廣核保險有限公司以及中石化保險有限公司。為加強對自保公司的監督管理，中國保監會於 2013 年 12 月頒佈了《關於自保公司監管有關問題的通知》，其中規定自保公司可以採取股份有限公司或者有限責任公司兩種組織形式，公司名稱中必須含有「自保」字樣，並明確財產保險性質。自保公司的經營範圍是母公司及其控股子公司的財產保險和員工的短期健康保險、短期意外傷害保險業務。自保公司可以在母公司及其控股子公司所在地開展保險及再保險分出業務。

3. 其他保險組織

3.1 相互保險社

相互保險社是同一行業的人員為了應付自然災害或意外事故造成的經濟損失而自願結合起來的經濟組織。相互保險社是保險組織的原始形態，但在當今歐美各國也比較普遍。其經營範圍十分廣泛，涉及海上保險、火災保險、人壽保險及其他有關險種。相互保險社具有如下特徵：一是參加相互保險社的社員之間互相提供保險，即每個社員為其他社員提供保險，同時又獲得其他社員提供的保險；二是相互保險社無股本，其經營資本的來源是會員繳納的分擔金，一般在每年年初按暫定的分攤額向會員預收，在年度結束計算出來實際分攤額後，再多退少補；三是相互保險社採取事後分攤制，事先並不確定，對承保業務保險費的計算，並無數理基礎，而是採用賦課方式，

即依保險金給付的多少，由各社員分攤；四是相互保險社的最高管理機構是社員選舉出來的管理委員會。相互保險社的組織與經營十分簡單，保險單持有人即為該社社員，各保險單的保險金額並無多大差別，故每人有相等的投票權選舉理事及高級職員。[4]

2016 年 5 月，中國保監會正式批准眾惠財產相互保險社、匯友建工財產相互保險社和信美人壽相互保險社籌建，標誌着相互保險社這一保險組織形式在中國多層次保險市場體系建設中進入新階段。其中眾惠財產相互保險社已於 2017 年 2 月 14 日拿到中國保監會下發的同意開業批覆函。按照《相互保險組織監管試行辦法》的規定，相互保險組織的設立程序，適用中國保監會關於保險公司設立的一般規定。

3.2　互保協會

除上述保險公司、自保公司、相互保險社外，國內提供保險服務的還有專業的互保協會，如中國船東互保協會、中國漁業互保協會（原中國漁船船東互保協會）。其中，成立於 1984 年的中國船東互保協會是非營利性的船東互相保險的組織，依法享有社團法人資格，接受其業務主管單位交通運輸部和登記管理機關民政部的監督管理。目前船東互保協會能同時向會員提供保賠險（P&I）、船舶險（H&M）、戰爭險（War Risks）、租船人責任險和抗辯險（FD&D）等多險種的風險保障和服務。成立於 1994 年的中國漁業互保協會是由農業部主管、民政部批准的，全國範圍內廣大漁民以及其他從事漁業生產經營或為漁業生產經營服務的單位和個人自願組成，實行互助保險的非營利性的社會團體，是第一家全國性的農業互助合作保險組織。目前能夠為漁民提供漁民人身平安互助保險、漁船互助保險、僱主責任互助保險等保險產品。互保協會並沒有列入《相互保險組織監管試行辦法》，中國《保險法》第一百八十一條規定：「保險公司以外的其他依法設立的保險組織經營的商業保險業務，適用本法。」因此上述互保協會在經營保險業務時，同樣應遵循保險法的規定。

---

4. 許崇苗、李利（2006）。《中國保險法原理與適用》。北京：法律出版社。547 頁。

3.3 保險互助社

2011 年 9 月 8 日，全國首家農村保險互助社在浙江省慈溪市試點運行。農業保險互助社是農民自己自發建立起來的互助互濟，通過聚集起來的財力抵禦風險的農村性質的保險機構。2013 年 6 月中國保監會在《關於慈溪市開展農村保險互助社試點深化工作的批覆》（保監發改〔2013〕552 號）中，允許該試點地區的互助社在原有短期健康險、意外險、家財險的基礎上，經保險監督管理機構批准後，在具備條件的情況下逐步擴大經營範圍，開發設計符合農民保險需求的保險產品，參與經辦新型農村合作醫療保險、農房保險、農業保險等涉農保險業務。互助社資金運用範圍暫限於國債和銀行存款。2015 年 1 月中國保監會在《關於在瑞安市開展農村保險互助社試點的通知》中，同意浙江保監局在瑞安市開展農村保險互助社試點。試點期間，互助社的業務範圍限定為農產品保險、農產品貨運保險和農戶小額貸款保證保險等三個險種。資金運用業務限於銀行存款和國債。2015 年 1 月 23 日中國保監會《相互保險組織監管試行辦法》頒佈後，保險互助社與陽光農業相互保險公司一道納入保監會監管。

三、保險公司的設立和變更

設立保險公司必須符合中國保險法律、法規規定的實質要件，並嚴格遵守法定的設立程序，如申請和批准程序等。否則要依法承擔法律責任。本節以下內容如果沒有特別說明的，僅針對經保險監督管理機構批准設立，並依法登記註冊的商業保險公司加以說明。

1. 保險公司的設立

1.1 保險公司的設立條件

根據《保險法》、《保險公司管理規定》（2015 年修訂）、《外資保險公司管理條例》等的要求，在中國設立保險公司，應當具備下列條件：

1.1.1 有符合條件的投資人，股權結構合理

作為保險機構的合格投資者，必須具備使保險機構能夠健康運行所要求的條件。中國《保險法》第六十八條在規定保險公司的設立條件時，要求保險公司的「主要股東具有持續盈利能力，信譽良好，最近三年內無重大違法違規記錄，淨資產不低於人民幣二億元」。除《保險法》外，對保險公司的股東資格作出明確規定的還包括《保險公司管理規定》、《保險公司股權管理辦法》、《保險公司控股股東管理辦法》等。根據《保險公司股權管理辦法》，除中國保監會對投資入股另有規定外，向保險公司投資入股的主體應當是符合規定條件的中國境內企業法人、境外金融機構，但通過證券交易所購買上市保險公司股票的除外。例外的情形是，中國保監會在《關於規範有限合夥式股權投資企業投資入股保險公司有關問題的通知》（保監發〔2013〕36 號）中，允許有限合夥制股權投資企業投資入股中資保險公司（即外資股東出資或持股比例不足 25% 的保險機構），但要求被投資的保險公司存在控股股東或者實際控制人，且股權結構合理，公司治理良好穩定。[5]

按照規定，向保險公司投資入股的企業法人應當符合下列條件：第一，符合法律、行政法規規定的條件；第二，投資於保險公司的資金來源合法，且經營狀況良好；第三，中國保監會基於審慎監管原則規定的其他條件。除經中國保監會批准外，保險公司單個股東（包括關聯方）出資或者持股比例不得超過保險公司註冊資本的 20%。對符合規定條件的保險公司單個股東（包括關聯方），經中國保監會批准，出資或者持股比例可以超過 20%，但不得超過 51%。[6] 鑑於償付能力對保險公司經營的重要性，《保險公司股權管理辦法》中對持有保險公司股權 15% 以上，或者不足 15% 但直接或者間接控制該保險公司的主要股東，還要求其「具有持續出資能力，最近三個會計年度連續盈利」。

---

5. 該《通知》中所稱「有限合夥制股權投資企業」，一方面是指該企業根據《中華人民共和國合夥企業法》，由有限合夥人和普通合夥人成立，其經營範圍應當包括股權投資；另一方面，根據 2011 年 11 月國家發改委頒佈的《關於促進股權投資企業規範發展的通知》，該企業應在國家發改委或省級有關部門完成備案手續。

6. 參見《中國保監會關於〈保險公司股權管理辦法〉第四條有關問題的通知》（保監發〔2013〕29 號）。

為加強對保險公司股東的監管，《保險法》第八十四條中規定，變更出資額佔有限責任公司資本總額百分之五以上的股東，或者變更持有股份有限公司股份百分之五以上的股東，應當經保險監督管理機構批准。同時，除中國保監會另有規定外，兩個以上的保險公司受同一機構控制或者存在控制關係的，不得經營存在利益衝突或者競爭關係的同類保險業務；股東應當以來源合法的自有資金向保險公司投資，不得用銀行貸款及其他形式的非自有資金向保險公司投資；[7]任何單位或者個人不得委託他人或者接受他人委託持有保險公司的股權。

針對境外投資人，經中國保監會批准，符合條件的境外金融機構可以向保險公司投資入股。外資股東出資或者持股比例佔公司註冊資本應低於25%。全部境外股東出資或者持股比例達到公司註冊資本 25% 以上的，適用《外資保險公司管理條例》（國務院令第 336 號）和《外資保險公司管理條例實施細則》（保監會令（2004）4 號）的規定。

1.1.2　有符合《保險法》和《公司法》規定的章程草案

保險公司章程是規範保險公司的組織和行為，規定保險公司及其股東、董事、監事、管理層等各方權利、義務的具有法律約束力的重要文件，是規範公司治理結構的制度基礎。公司章程是設立公司的必備法律文件，為加強監管，監管機構規定了公司章程中必須記載的事項。按照中國保監會《關於規範保險公司章程的意見》，保險公司章程中應明確規定以下事項：名稱和住所；註冊資本和經營期限；經營範圍；法定代表人；組織形式；開業批准文件文號與營業執照簽發日期（開業前提交核准的章程除外）；發起人，保險公司章程應當編制發起人表，詳細記載發起人情況，包括發起人全稱、認購的股份數及持股比例，發起人已全部轉讓所持股份的，發起人表應當保留其記錄並予以註明；股份結構，保險公司章程中應當編制股份結構表，詳細記載股份情況，包括股份總數、股東全稱、持股數量及持股比例。

---

7. 參見《中國保險監督管理委員會關於修改〈保險公司股權管理辦法〉的決定》（中國保監會令 2014 年第 4 號）。

保險公司設立時，應當由公司籌建機構起草公司章程草案，並提交公司創立大會對章程進行審議表決。申請人將創立大會通過的章程作為申請開業材料之一報中國保監會審核，公司籌建機構根據中國保監會的審核反饋意見對章程進行修改。修改後的公司章程符合相關規定的，中國保監會依法作出批覆。公司章程以中國保監會批覆文本為準。另外，按照中國保監會《關於規範保險公司治理結構的指導意見（試行）》，保險公司還應當結合自身狀況，修訂公司章程，逐步落實指導意見中的各項要求。

1.1.3　有符合法律規定的註冊資本

註冊資本是公司承擔責任的基礎。從公司法來看，中國《公司法》經過修訂並於 2014 年 3 月 1 日起施行後，對註冊資本採用了授權資本制，即公司的資本總額僅載明於公司章程即可，不必認足，公司即可成立。按照規定，有限責任公司的註冊資本為在公司登記機關登記的全體股東認繳的出資額；股份有限公司採取發起設立方式設立的，註冊資本為在公司登記機關登記的全體發起人認購的股本總額。但是如果法律、行政法規以及國務院決定對公司註冊資本實繳、註冊資本最低限額另有規定的，從其規定。

保險業屬於經營風險的特殊行業，為了保證保險公司穩定經營，各國保險監管法規中對保險公司實收資本的最低限額，一般都有明確的規定。中國《保險法》第六十九條對保險公司的註冊資本提出了明確要求：「設立保險公司，其註冊資本的最低限額為人民幣二億元。國務院保險監督管理機構根據保險公司的業務範圍、經營規模，可以調整其註冊資本的最低限額，但不得低於本條第一款規定的限額。保險公司的註冊資本必須為實繳貨幣資本。」《保險公司管理規定》中進一步指出，保險公司的註冊資本最低限額為人民幣 2 億元，且必須為實繳貨幣資本；保險公司以 2 億元人民幣的最低資本金額設立的，在其住所地以外的每一省、自治區、直轄市首次申請設立分公司，應當增加不少於人民幣 2 千萬元的註冊資本。申請設立分公司，保險公司的註冊資本達到前款規定的增資後額度的，可以不再增加相應的註冊資本。保險公司註冊資本達到人民幣 5 億元，在償付能力充足的情況下，設立分公司不需要增加註冊資本。根據《保險公司業務範圍分級管理辦法》的規定，保險公司註冊資本的數額還會影響到其業務範圍，尤其是對擴展類業務經營的申請。

1.1.4　有具備任職資格的董事、監事和高級管理人員

對於金融企業的設立，要求其董事、監事和高級管理人員必須具備相應資格條件並對其資格進行嚴格審查，是世界各國的普遍作法。中國《保險法》第八十一條規定：「保險公司董事、監事和高級管理人員，應當品行良好，熟悉與保險相關的法律、行政法規，具有履行職責所需的經營管理能力，並在任職前取得保險監督管理機構的任職資格核准。」同時，《保險公司董事、監事和高級管理人員任職資格管理規定》（保監會令 2014 年第 1 號）中也強調，保險機構董事、監事和高級管理人員的任職資格核准申請和相關報告，應當由保險公司相應機構負責提交監管機構審核。這也是保險公司治理監管的重要內容。

除上述條件外，設立保險公司還應當有健全的組織機構；建立完善的業務、財務、合規、風險控制、資產管理、反洗錢制度；有具體的業務發展計劃和按照資產負債匹配的原則制定的中長期資產配置計劃；具有合法的營業場所，安全、消防設施符合要求，營業場所、辦公設備等與業務發展規劃相適應，信息化建設符合中國保監會要求；以及法律、行政法規和中國保監會規定的其他條件。

1.2　保險公司的設立程序

設立保險公司必須依法報送有關文件，履行法律規定的審批程序獲得批准。根據中國《保險法》和《保險公司管理規定》，保險公司的設立程序主要包括申請籌建、申請開業和設立登記等環節。保險公司設立境外分支機構、境外保險公司和保險中介機構的，應按照《保險公司設立境外保險類機構管理辦法》辦理。

1.2.1　申請籌建

申請籌建是指申請人向保險監管機構提出要求籌備建立保險公司的書面申請。根據《保險公司管理規定》第八條，申請籌建保險公司的，申請人應當提交下列材料一式三份：（一）設立申請書，申請書應當載明擬設立保險公司的名稱、擬註冊資本和業務範圍等；（二）設立保險公司可行性研究報告，包

括發展規劃、經營策略、組織機構框架和風險控制體系等；（三）籌建方案；（四）保險公司章程草案；（五）中國保監會規定投資人應當提交的有關材料；（六）籌備組負責人、擬任董事長、總經理名單及本人認可證明；（七）中國保監會規定的其他材料。中國保監會應當對籌建保險公司的申請進行審查，自受理申請之日起六個月內作出批准或者不批准籌建的決定，並書面通知申請人。決定不批准的，應當書面說明理由。經中國保監會批准籌建保險公司的，申請人應當自收到批准籌建通知之日起一年內完成籌建工作。籌建期間屆滿未完成籌建工作的，原批准籌建決定自動失效。籌建機構在籌建期間不得從事保險經營活動。籌建期間不得變更主要投資人。

在上述材料中，可行性研究報告是發起人申請前對保險市場的研究與自身實力估計的一種書面反映。通過可行性研究報告，一方面可以說明保險市場的發展和完善需要建立一家新的保險公司；另一方面可以說明通過對自身條件的估計，其完全有能力發起設立一家新的保險公司。保險監管機構通過對可行性研究報告的分析、核實，作出正確的判斷，以決定是否批准其申請。監管機構對申請籌建保險公司的審批日趨嚴格，近年來市場上已有因發起人不符合保險公司股東資格的有關規定；或者公司可行性研究報告缺乏對市場定位和經營策略系統全面的分析、無法證明該項目具備充分的可行性，而被中國保監會決定不予許可保險公司籌建的例子。[8]

1.2.2　申請開業和設立登記

籌建工作完成後，申請人應當向中國保監會提出開業申請，並提交下列材料一式三份：（一）開業申請書；（二）創立大會決議，沒有創立大會決議的，應當提交全體股東同意申請開業的文件或者決議；（三）公司章程；（四）股東名稱及其所持股份或者出資的比例，資信良好的驗資機構出具的驗資證明，資本金入帳原始憑證複印件；（五）中國保監會規定股東應當提交的有關材料；（六）擬任該公司董事、監事、高級管理人員的簡歷以及相關證明材料；（七）公司部門設置以及人員基本構成；（八）營業場所所有權或者使用

---

8. 參見中國保監會《保監發改〔2012〕759號》、《保監發改〔2013〕90號》、《保監許可〔2015〕88號》、《保監許可〔2015〕89號》等。

權的證明文件；（九）按照擬設地的規定提交有關消防證明；（十）擬經營保險險種的計劃書、三年經營規劃、再保險計劃、中長期資產配置計劃，以及業務、財務、合規、風險控制、資產管理、反洗錢等主要制度；（十一）信息化建設情況報告；（十二）公司名稱預先核准通知；（十三）中國保監會規定提交的其他材料。中國保監會應當審查開業申請，進行開業驗收，並自受理開業申請之日起 60 日內作出批准或者不批准開業的決定。驗收合格決定批准開業的，頒發經營保險業務許可證；驗收不合格決定不批准開業的，應當書面通知申請人並說明理由。保險許可證是保險機構經營保險業務的法定證明文件，主要分為《保險公司法人許可證》和《經營保險業務許可證》。[9] 它們是保險公司或其分支機構依法經營保險業務的證明文件。

經批准開業的保險公司，應當持批准文件以及經營保險業務許可證，向工商行政管理機關辦理登記註冊手續，領取營業執照後方可營業。《保險法》第七十八條規定：「保險公司及其分支機構自取得經營保險業務許可證之日起六個月內，無正當理由未向工商行政管理機關辦理登記的，其經營保險業務許可證失效。」

2. 保險公司的變更與業務轉讓

保險公司的變更是指保險公司的名稱、註冊資本以及公司章程等重要事項發生變化，根據中國《保險法》的規定，保險公司重要事項發生變更需要經過保險監管機構的批准。保險公司的合併和分立都會導致保險公司重要事項的變更，如公司註冊資本、公司名稱的變化等。

2.1 保險公司的合併

隨着各國保險市場的開放和金融全球化的加劇，上世紀末本世紀初，國際上掀起了保險公司兼併收購的浪潮。通過兼併收購，保險公司可以擴大規模，調整業務結構，增強競爭力。按照《公司法》的規定，公司合併可以採取吸收合併或者新設合併方式。其中，一個公司吸收其他公司為吸收合併，

---

9. 參見《保險許可證管理辦法》（中國保監會令 2007 年第 1 號）。

被吸收的公司解散。兩個以上公司合併設立一個新的公司為新設合併,合併各方解散。保險公司合併可以採取吸收合併或者新設合併方式,但不得違反《保險法》第九十五條關於保險人不得兼營人身保險業務和財產保險業務的規定。[10]

保險公司的合併不僅會對參與合併的保險公司及其股東和債權人產生重要影響,而且會對保險公司經營管理人員和從業人員產生影響,甚至影響到保險消費者的權益。因此,保險公司的合併需要嚴格依照法律規定的程序進行。按照《保險公司收購合併管理辦法》(保監發〔2014〕26號)規定,經中國保監會核准設立的保險集團(控股)公司、保險公司、再保險公司的收購合併活動受該辦法的約束,保險資產管理公司、保險互助組織的收購合併活動參照該辦法執行。保險公司在收購合併過程中除需要履行董事會、股東會或者股東大會決議等內部程序外,還需要向中國保監會提出申請,經批准後才能進行。

保險公司合併後,合併各方的債權債務和保單責任應當由存續保險公司或者新設保險公司承繼。保險公司合併後的業務範圍由中國保監會按照有關規定重新核准。經中國保監會核准後的業務範圍小於合併各方的業務範圍的,合併各方應當自取得中國保監會批准後的六個月內將相關業務轉讓給符合資質的保險公司。

2.2　保險公司的分立

保險公司分立,是指一個保險公司因經營需要或者其他原因而分開設立為兩個以上的保險公司的行為。保險公司分立,有新設分立和派生分立兩種方式。其中,新設分立是指一個保險公司將其全部財產分割,分別歸入兩個以上的保險公司的分立方式;派生分立則是指一個保險公司以其部分財產設立另一個保險公司的分立方式。在新設分立中,原保險公司的財產按照各個新成立的保險公司的性質、宗旨、經營範圍等進行重新分配,同時原保險公司解散,原保險公司的債權債務原則上由各個新設立的保險公司分別承擔。在派生分立中,原保險公司繼續存在,原保險公司的債權債務可以由原保

---

10. 參見《保險公司收購合併管理辦法》第十三條。

公司與新設立的保險公司分別承擔，也可以由原保險公司單獨承擔。原保險公司需要減少註冊資本的，應當依法辦理減資手續。[11] 按照《保險法》和《公司法》的規定，保險公司分立也需要經過董事會、股東會或者股東大會決議，還要報經保險監管機構批准，並依法向工商行政管理機關辦理設立登記、註銷登記或者變更登記手續。

2.3 保險公司其他事項的變更

除了保險公司合併、分立和保險公司組織形式的變更外，保險公司在其存續期間內還可以依法對公司章程進行修訂，對公司的名稱、註冊資本、營業場所、出資人或者股東、高級管理人員等進行變更。根據《保險公司管理規定》第二十六條，保險機構有下列情形之一的，應當經中國保監會批准：（一）保險公司變更名稱；（二）變更註冊資本；（三）擴大業務範圍；（四）變更營業場所；（五）保險公司分立或者合併；（六）修改保險公司章程；（七）變更出資額佔有限責任公司資本總額 5% 以上的股東，或者變更持有股份有限公司股份 5% 以上的股東；（八）中國保監會規定的其他情形。保險公司變更上述事項時，首先要由董事會或者股東會、股東大會同意，並報經保險監管機構批准，最後還要依法向公司登記機關辦理變更登記。

關於保險公司的股權變更，《保險公司股權管理辦法》中有明確規定。投資人通過證券交易所持有上市保險公司已發行的股份達到 5% 以上，應當在該事實發生之日起五日內，由保險公司報中國保監會批准。中國保監會有權要求不符合該辦法規定資格條件的投資人轉讓所持有的股份。除上市保險公司外，未上市保險公司變更出資或者持股比例不足註冊資本 5% 的股東，應當在股權轉讓協議書簽署後的 15 日內，就股權變更報中國保監會備案。保險公司股權採取拍賣方式進行處分的，保險公司應當於拍賣前向拍賣人告知股權變更的有關規定。投資人通過拍賣競得保險公司股權的，應當符合保險公司股東的資格條件，並依照規定報中國保監會批准或者備案。另外，保險公司股東和實際控制人不得利用關聯交易損害公司的利益。股東利用關聯交易嚴重損害保險公司利益，危及公司償付能力的，由中國保監會責令改正。在按

---

11. 李玉泉（2003）。《保險法（第二版）》。北京：法律出版社。301 頁。

照要求改正前，中國保監會可以限制其股東權利；拒不改正的，可以責令其轉讓所持的保險公司股權。監管機關還對特定情形下的股東轉讓股權進行限制。例如，保險公司股東自出資或者持股比例超過20％（不含20％）之日起三年內，不得進行股權轉讓，通過法院拍賣等依法進行的強制股權轉讓和經中國保監會特別批准的股權轉讓除外。[12]

2.4　保險公司保險業務轉讓

　　保險公司的變更可能導致保險公司業務轉讓。《保險公司保險業務轉讓管理暫行辦法》（中國保監會令2011年第1號）中規定，保險業務受讓方保險公司應當承擔轉讓方保險公司依照原保險合同對投保人、被保險人和受益人負有的義務。保險公司轉讓或者受讓保險業務，應當經董事會或者股東會、股東大會批准；轉讓全部保險業務的，應當經股東會、股東大會批准，並向中國保監會提出申請。中國保監會批准保險業務轉讓後，轉讓方保險公司應當及時將受讓方保險公司基本信息、轉讓方案概要及責任承擔等相關事宜書面告知相關投保人、被保險人，並徵得相關投保人、被保險人的同意；人身保險合同的被保險人死亡的，轉讓方保險公司應當書面告知受益人並徵得其同意。保險公司轉讓全部保險業務，依法終止其業務活動的，應當在轉讓協議履行完畢之日起十五個工作日內向中國保監會辦理保險許可證註銷手續，並向工商行政管理部門辦理相關手續。保險公司轉讓部分保險業務，涉及保險許可證事項變更的，應當在轉讓協議履行完畢之日起十五個工作日內，按照中國保監會的有關規定辦理變更手續。

　　以下兩種情況導致的保險業務轉讓不適用《保險公司保險業務轉讓管理暫行辦法》：一是按照中國《保險法》第八十九條第二款規定：「經營有人壽保險業務的保險公司，除因分立、合併或者被依法撤銷外，不得解散。」保險公司轉讓保險業務不得違反該條規定。當經營有人壽保險業務的保險公司被依法撤銷或者被依法宣告破產時，其持有的人壽保險合同及責任準備金，必須轉讓給其他經營有人壽保險業務的保險公司；不能同其他保險公司達成轉

---

12. 參見《中國保監會關於〈保險公司股權管理辦法〉第四條有關問題的通知》（保監發〔2013〕29號）第四條。

讓協議的，由國務院保險監督管理機構指定經營有人壽保險業務的保險公司接受轉讓。[13] 二是，對償付能力不足的保險公司，保險監督管理機構應當將其列為重點監管對象，並可以根據具體情況責令其轉讓保險業務。[14]

四、保險公司破產、解散和清算

1. 保險公司破產

企業破產，是指作為債務人的企業處於法院依法定條件和程序所確認的已經不能以現有財產清償到期債務的狀態。法院依法定程序宣告債務人破產後，將依法強制接管和清理債務人的財產，按特別程序清償其債務。保險公司也屬於企業法人，其破產程序適用中國《企業破產法》的規定，但保險公司作為金融企業，也具有自身的特殊性。《保險法》第九十條規定：「保險公司有《中華人民共和國企業破產法》第二條規定情形的，經國務院保險監督管理機構同意，保險公司或者其債權人可以依法向人民法院申請重整、和解或者破產清算；國務院保險監督管理機構也可以依法向人民法院申請對該保險公司進行重整或者破產清算。」

1.1 保險公司破產申請條件

從上述規定可以看出，向法院申請保險公司破產首先需要符合中國《企業破產法》第二條規定的情形，即「企業法人不能清償到期債務，並且資產不足以清償全部債務或者明顯缺乏清償能力的，依照本法規定清理債務。企業法人有前款規定情形，或者有明顯喪失清償能力可能的，可以依照本法規定進行重整。」保險公司出現上述情形的，也可以進入破產清算或者重整程序。其次，保險公司或者其債權人向人民法院申請重整、和解或者破產清算，應當經過保險監管機構同意。保險公司的業務屬於金融業務的重要組成部分，對國民經濟和人民生活有重大影響。因此，是否應當由人民法院宣告保險公

---

13. 參見《保險法》第九十二條。

14. 參見《保險法》第一百三十八條。

司破產，不能單純依據保險公司無法清償到期債務這一現象作出簡單判斷，而應該經過多方面考慮。而且經營有人壽保險業務的保險公司破產時需要依法轉讓保險合同及責任準備金，也需要得到保險監管機構的特別審批。保險公司申請破產時應向中國保監會提交下列材料：（一）破產申請書；（二）股東會或者股東大會決定破產的決議；（三）無法償還到期債務相關證明材料；（四）職工工資的支付和社會保險費用的繳納情況；（五）職工安置方案；（六）中國保監會規定提交的其他文件。

1.2　保險公司破產申請主體

合法有效的破產申請必須由合法的破產申請人提出。從《保險法》第九十條的規定來看，保險公司破產申請人包括保險公司本身、其債權人和國務院保險監督管理機構。其中，保險監管機構作為破產申請人，在被整頓或者被接管的保險公司符合《企業破產法》規定情形時，可以依法向人民法院申請對該保險公司進行重整或者破產清算。這是為避免保險公司經營風險進一步擴大進而導致被保險人的利益陷入危險境地而採取的必要措施。同時也與《企業破產法》第一百三十四條「商業銀行、證券公司、保險公司等金融機構有本法第二條規定情形的，國務院金融監督管理機構可以向人民法院提出對該金融機構進行重整或者破產清算的申請」的規定相銜接。需要注意的是，《企業破產法》第七條第三款規定：「企業法人已解散但未清算或者未清算完畢，資產不足以清償債務的，依法負有清算責任的人應當向人民法院申請破產清算。」保險公司在解散時也需要依法成立清算組進行清算，在這一過程中如果出現上述情形的，「依法負有清算責任的人」能否向人民法院申請破產清算，保險法中並沒有明確規定。

1.3　申請內容

1.3.1　重整

按照《企業破產法》的規定，重整是指債權人申請對債務人進行破產清算，在人民法院受理破產申請後、宣告債務人破產前，債務人或者出資額佔債務人註冊資本 1/10 以上的出資人，可以向人民法院申請對該企業進行重新

整頓。即當企業法人不能清償到期債務時，不立即對其財產進行清算，而是經由利害關係人的申請，在法院的主持下，由債務人與債權人達成協議，制定重整計劃，對具備重整條件和經營能力的債務人，進行生產經營上的整頓和債權債務關係上的清理，以期擺脫財務困境、重獲經營能力的特殊法律程序。自人民法院裁定債務人重整之日起至重整程序終止，為重整期間。在重整期間，經債務人申請，人民法院批准，債務人可以在管理人的監督下自行管理財產和營業事務。

1.3.2　和解

和解申請只能由債務人提出。按照《企業破產法》的規定，債務人可以直接向人民法院申請和解；也可以在人民法院受理破產申請後、宣告債務人破產前，向人民法院申請和解。

債務人申請和解，應當提出和解協議草案。和解協議經過債權人會議通過，並由人民法院裁定認可後，終止和解程序，並予以公告。債務人應當按照和解協議規定的條件清償債務。人民法院受理破產申請後，債務人與全體債權人就債權債務的處理自行達成協議的，可以請求人民法院裁定認可，並終結破產程序。

1.3.3　破產清算

破產清算是指保險公司被宣告破產以後，由管理人接管公司，對破產財產進行評估、處理和分配。管理人由人民法院指定，依法執行職務，向人民法院報告工作，並接受債權人會議和債權人委員會的監督。管理人可以由有關部門、機構的人員組成的清算組或者依法設立的律師事務所、會計師事務所、破產清算事務所等社會中介機構擔任。

在分析保險公司破產時需要注意兩點：第一，與一般企業不同，《保險法》對保險公司有最低償付能力的要求。償付能力要求是一種避免保險公司出現資不抵債情形的緩衝機制。原則上只要保險公司具有一定的償付能力，即使未達到保險監管機構規定的最低償付能力要求，它也不會立即破產。保險監管機構對償付能力不足的保險公司可以採取諸如接管、責令增加資本金、辦理再保險等一系列措施，以幫助其恢復償付能力。這些制度和措施都使得

保險公司能夠更有效地防範破產風險，保障包括被保險人、受益人在內的債權人的利益。如果保險監管機構發現保險公司已經突破償付能力的底限，資產已經不能支付到期債務，監管機構有權向人民法院申請對該保險公司進行重整或者破產清算。第二，按照《保險法》第一百條的規定，在保險公司被撤銷或者被宣告破產時，可以使用保險保障基金，向投保人、被保險人或者受益人提供救濟，或者向依法接受該保險公司人壽保險合同的保險公司提供救濟。《保險保障基金管理辦法》（中國保監會令 2008 年第 2 號）中對保險保障基金的籌集、管理和使用進行了具體規定。

2. 保險公司解散與清算

保險公司解散，是指依法設立的保險公司因為法定原因或者出現法定事由，經保險監管部門批准，結束營業活動、停止從事保險業務的行為。保險公司解散時要成立清算組進行清算。

2.1 保險公司解散的事由

按照《保險法》第八十九條的規定，中資保險公司解散主要有三種情形：因合併、分立而解散；股東會、股東大會決議解散；公司章程規定的解散事由出現。此外，公司被依法撤銷也會導致保險公司解散。

第一，因合併、分立而解散。

如前所述，按照中國《公司法》第九章「公司合併、分立、增資、減資」的規定，公司可以進行合併或者分立。在吸收合併情況下，被吸收方保險公司的法人資格消滅，該公司解散；在新設合併情況下，各方保險公司的全部資產都併入新的保險公司，原各方保險公司的法人資格相應消滅，也都要進行解散。保險公司分立的，在新設分立情況下，原保險公司分成兩個以上的新公司，因此其法人資格喪失，也應解散。

第二，股東會、股東大會決議解散。

保險公司可以根據股東的提議，由股東大會或者股東會作出決議解散公司。由於解散屬於公司的重要事項，所以股東大會或者股東會決定解散公司的，需要經過特別決議通過。

第三，公司章程規定的解散事由出現。

根據公司章程的規定，公司營業期限屆滿，或者公司章程中規定的解散公司的事由出現的，公司應當解散。在上述情況下，公司解散無須股東大會或者股東會決議，但公司也可以通過修改公司章程而使公司繼續存續。

保險法中對經營有人壽保險業務的保險公司解散作出了特別規定，即「經營有人壽保險業務的保險公司，除因分立、合併或者被依法撤銷外，不得解散」。也就是說，經營有人壽保險業務的保險公司，既不能因公司章程約定的事由解散，也不能以股東大會或者股東會決議的方式解散。這一規定是為了保護人壽保險合同的被保險人和受益人的權益不致因為保險公司的解散而受到影響。壽險公司如果因分立或者合併而解散的，按照監管規定，公司的資產協議轉讓方案須得到監管機構事前的批准，這也為壽險合同中被保險人或者受益人的權益提供了保障。

2.2　保險公司解散的程序

首先，保險公司解散要經過保險監管機構批准。根據中國保監會的行政審批指南，依法需要解散保險公司的，應向保險監管機構提交下列解散申請材料：（一）解散申請書；（二）股東會或者股東大會同意解散決議；（三）清算組織及其負責人情況和相關證明；（四）清算程序；（五）債權債務安排方案；（六）資產分配計劃和資產處分方案；（七）中國保監會規定提交的其他文件。[15]

其次，保險公司解散時要成立清算組進行清算。根據規定，保險公司的清算除應遵守《公司法》的規定外，其資產協議轉讓方案和保險合同的轉讓方

---

15. 參見中國保監會《保險公司及其分支機構設立、保險公司終止（解散、破產）審批事項服務指南》。

案均需獲得保險監管機構的批准。外資保險公司的解散和清算還應符合《外資保險公司管理條例》的規定。

　　保險公司解散或者依法被撤銷的，應當立即停止接收新業務，並上繳保險許可證。按照《公司法》第一百八十三條的規定，保險公司如果因股東會、股東大會決議解散，或者公司章程規定的解散事由出現，應當在解散事由出現之日起十五日內成立清算組，開始清算。逾期不成立清算組進行清算的，債權人可以申請人民法院指定有關人員組成清算組進行清算。人民法院應當受理該申請，並及時組織清算組進行清算。

第十四章

保險中介

一、保險中介制度概述

保險中介是指介於保險人與保險客戶之間，專門從事保險業務諮詢與招攬、風險管理與安排、價值衡量與評估、損失鑑定與理賠等中介服務活動，並從中依法獲取佣金的機構或者個人。近年來，中國保險中介業務快速增長。截至 2013 年首季度末，全國共有保險專業中介機構 2,520 家。其中，保險中介集團公司 5 家，全國性保險專業代理機構 108 家，區域性保險專業代

---

1. 參見上海海事法院（2014）滬海法商初字第 1676 號民事判決書。

理機構 1,652 家，保險經紀機構 433 家，保險公估機構 322 家。[2] 面對複雜的社會風險，保險中介可以提供更加專業的服務。《國務院關於加快發展現代保險服務業的若干意見》中指出，要發揮中介機構在風險定價、防災防損、風險顧問、損失評估、理賠服務等方面的積極作用，更好地為保險消費者提供增值服務。優化保險中介市場結構，規範市場秩序。穩步推進保險營銷體制改革。2011 年，中國保監會頒佈了《保險中介服務集團公司監管辦法（試行）》、《保險代理、經紀互聯網保險業務監管辦法（試行）》等，鼓勵保險大型中介企業、集團等開展壽險營銷業務。2013 年頒佈了《關於支持汽車企業代理保險業務專業化經營有關事項的通知》，支持汽車企業投資設立保險代理、保險經紀公司，或與已有保險代理、保險經紀公司合作，開展汽車保險業務。《中國保險業發展「十三五」規劃綱要》中提出，要穩步推進保險中介市場發展。建立多層次、多成分、多形式的保險中介服務體系，培育具有專業特色和國際競爭力的龍頭型中介機構，發展小微型、社區化和門店化經營的區域性專業代理機構，鼓勵保險銷售多元化發展，探索獨立個人代理人制度。改進准入管理，加強退出管理，推動保險中介市場要素有序流動，鼓勵專業中介機構兼併重組。

根據《國務院對確需保留的行政審批項目設定行政許可的決定》（中華人民共和國國務院令第 412 號）以及《保險專業代理機構監管規定》、《保險經紀機構監管規定》和《保險公估機構監管規定》等，從事對保險標的出險後的查勘、檢驗、估損及理算、代理相關業務的損失勘查和理賠、協助被保險人或者受益人進行索賠等保險中介業務，須經中國保監會批准。從事保險中介業務的機構應使用規範的名稱：專門從事保險代理業務的機構名稱中應包含「保險代理」或「保險銷售」字樣；從事保險經紀業務的機構名稱中應包含「保險經紀」字樣；從事保險公估業務的機構名稱中應包含「保險公估」字樣。上述中介機構均可向其客戶提供保險事故索賠服務。依據《行政許可法》等法律法規，中國保監會及其派出機構不予受理、批准使用其他名稱的保險中介機構的設立申請。

---

2. 參見中國銀保監會網站〈2013 年 1 季度保險專業中介機構經營情況〉。

近年來，國務院為鼓勵就業而大量取消職業資格許可和認定事項，在保險領域比較明顯地體現在保險中介行業資格許可制度的變化。2015 年 4 月 24 日修訂的《保險法》中，將第一百一十一條修改為：「保險公司從事保險銷售的人員應當品行良好，具有保險銷售所需的專業能力。保險銷售人員的行為規範和管理辦法，由國務院保險監督管理機構規定。」而之前的規定中要求保險公司從事保險銷售的人員應當符合國務院保險監督管理機構規定的資格條件，取得保險監督管理機構頒發的資格證書。再如將《保險法》第一百二十二條修改為：「個人保險代理人、保險代理機構的代理從業人員、保險經紀人的經紀從業人員，應當品行良好，具有從事保險代理業務或者保險經紀業務所需的專業能力。」而之前的規定同樣要求個人保險代理人、保險代理機構的代理從業人員、保險經紀人的經紀從業人員，應當具備國務院保險監督管理機構規定的資格條件，取得保險監督管理機構頒發的資格證書。相應的修訂在《保險法》第一百一十六條、第一百一十九條、第一百三十條、第一百六十七條、第一百七十一條、第一百七十二條等條文中均有體現。[3] 另外，目前《保險法》第五章中僅規定了「保險代理人和保險經紀人」這兩類保險中介，在接下來的修訂中擬增加對保險公估人的規範。[4]

要使保險中介這一渠道更好地為社會經濟服務，針對保險中介加強監管就顯得尤為重要，《保險法》第一百一十三條對保險中介業務中涉及的非法行為以及當前保險市場中利用中介手段從事非法活動的行為作出了規範，對具體的違法行為進行界定，並出台了相應的罰則。除《保險法》之外，現有與保險中介配套的法律法規體系，包括《保險專業代理機構監管規定》、《保險經紀機構監管規定》、《保險公估機構監管規定》、《保險兼業代理機構管理試點辦法》、《保險經紀從業人員、保險公估從業人員監管辦法》、《保險銷售從業人員監管辦法》等規章制度在內的多項規範，初步形成了中國保險中介監管制度體系，較為全面地規定了保險中介機構准入退出條件、市場行為規範、違規處罰以及中介從業人員的種類、執業管理、違法違規行為的處罰等內容。2015 年 9 月中國保監會發佈《關於深化保險中介市場改革的意見》，明確了保

---

3. 參見《全國人民代表大會常務委員會關於修改〈中華人民共和國計量法〉等五部法律的決定》（2015 年 4 月 24 日第十二屆全國人民代表大會常務委員會第十四次會議通過）。

4. 參見國務院法制辦《關於修改〈中華人民共和國保險法〉的決定（徵求意見稿）》（2015 年 10 月 14 日）。

險中介市場發展的總體目標和主要任務，並提出要完善法規制度體系，全面修訂監管規章，清理規範性文件，盡快建立以《保險法》為基礎、以部門規章為主體、以規範性文件為補充的保險中介監管法規制度體系。2016 年 10 月，中國保監會在《關於做好保險專業中介業務許可工作的通知》（保監發〔2016〕82 號）中進一步對股東出資、註冊資本託管、公司治理、風險測試等作出規定。

二、保險代理人

1. 保險代理人概述

根據中國《保險法》第一百一十七條的規定，保險代理人是指根據保險人的委託，向保險人收取佣金，並在保險人授權的範圍內代為辦理保險業務的機構或者個人。保險代理人在保險人授權範圍內代理保險業務的行為所產生的法律責任，由保險人承擔。保險代理人包括專業代理人、兼業代理人和個人代理人。保險代理人的代理業務一般包括代銷保險產品、代收保險費，以及中國保監會批准的其他業務。目前對保險代理人實行的是政府監管和行業自律相結合的監管體制，中國保監會負責對保險代理人進行檢查，保險行業協會通過《保險中介機構自律公約》、《銀行代理保險業務自律公約》等約束代理人的行為。

針對保險代理人的立法，是以 1992 年 11 月 2 日中國人民銀行頒佈的《保險代理機構管理暫行辦法》為起點的，這也是中國第一次對保險代理機構進行全面的規範，標誌着中國代理法律制度的初步建立。1995 年《保險法》第六章對保險代理人和保險經紀人作了原則性規定，並於 2002 年進行了修訂。隨着保險展業的飛速發展，保險市場日漸成熟，監管部門分別對保險代理人、保險經紀人和保險公估人作出進一步規定並出台了相關細則。其中針對保險代理人的規定，包括中國人民銀行於 1996 年 2 月 2 日頒佈的《保險代理人管理暫行規定》、1997 年 11 月 30 日制訂的《保險代理人管理規定（試行）》，中國保監會於 2001 年 11 月 16 日制定的《保險代理機構管理規定》、2005 年 1 月 1 日頒佈實施的經過修訂的《保險代理機構管理規定》、2006 年 12 月 24

日頒佈的《保險兼業代理機構管理試點辦法》，以及 2015 年 10 月 15 日修訂的《保險專業代理機構監管規定》。對保險代理人的監管日益完善。

2. 保險專業代理人、兼業代理人與個人代理人

2.1　保險專業代理人

保險專業代理機構是指根據保險公司的委託，向保險公司收取佣金，在保險公司授權的範圍內專門代為辦理保險業務的機構，包括保險專業代理公司及其分支機構。在中國境內設立保險專業代理公司，應當符合中國保監會規定的資格條件，取得經營保險代理業務許可證。保險專業代理機構可以經營的保險代理業務包括：（一）代理銷售保險產品；（二）代理收取保險費；（三）代理相關保險業務的損失勘查和理賠；（四）中國保監會批准的其他業務。

保險專業代理機構的名稱中應當包含「保險代理」或者「保險銷售」字樣。根據《保險專業代理機構監管規定》，除中國保監會另有規定外，保險專業代理機構只能採取有限責任公司和股份有限公司兩種組織形式；設立保險專業代理公司，其註冊資本的最低限額為人民幣 5000 萬元。保險專業代理公司的註冊資本必須為實繳貨幣資本。依據法律、行政法規規定不能投資企業的單位或者個人，不得成為保險專業代理公司的發起人或者股東。保險公司員工投資保險專業代理公司的，應當書面告知所在保險公司；保險公司、保險中介機構的董事或者高級管理人員投資保險專業代理公司的，應當根據《公司法》的有關規定取得股東會或者股東大會的同意。

中國保監會依法批准設立保險專業代理公司的，應當向申請人頒發許可證。申請人收到許可證後，方可開展保險代理業務。保險專業代理公司許可證的有效期為三年，公司應當在有效期屆滿三十日前，向中國保監會申請延續。為保護客戶的利益，保險專業代理公司應當自取得許可證之日起二十日內投保職業責任保險或者繳存保證金。保險專業代理公司繳存保證金的，應當按註冊資本的 5% 繳存；保險專業代理公司增加註冊資本的，應當相應增加保證金數額；保證金繳存額達到人民幣 100 萬元的，可以不再增加保證金。

保險專業代理公司只有在註冊資本減少、許可證被註銷、投保了符合條件的職業責任保險或者符合中國保監會規定的其他情形下，才可以動用保證金。

　　為加強監管，《保險專業代理機構監管規定》中規定了嚴格的市場退出機制。如果保險專業代理公司許可證有效期屆滿，沒有申請延續；或者不再符合法規中關於公司設立的條件；或者內部管理混亂，無法正常經營；或者存在重大違法行為，未得到有效整改；或者未按規定繳納監管費，中國保監會將不予延續許可證有效期。保險專業代理公司如果因許可證有效期屆滿，中國保監會依法不予延續有效期，或者許可證依法被撤回、撤銷、弔銷的，應當依法組織清算或者對保險代理業務進行結算，並向中國保監會提交清算報告或者結算報告。保險專業代理公司解散的，應當依法成立清算組進行清算，並自解散事由出現之日起十日內書面報告中國保監會。保險專業代理公司解散，在清算中發現已不能清償到期債務，並且資產不足以清償全部債務或者明顯缺乏清償能力的，應當依法提出破產申請，其財產清算與債權債務處理，按照法定破產程序進行。保險專業代理公司因上述原因，或者法律、行政法規規定的其他情形，退出市場的，中國保監會依法註銷許可證，並予以公告。中國保監會在其網站上定期發佈關於保險專業中介機構市場退出情況的公告。

2.2　保險兼業代理人

　　保險兼業代理機構是指符合中國保監會規定的資格條件，並經中國保監會批准取得保險兼業代理許可證，從事保險兼業代理活動的各類機構。保險兼業代理活動是指相關機構在從事自身業務的同時，接受保險公司的委託，在保險公司授權範圍內代為辦理保險業務，並向保險公司收取保險代理手續費的行為。截至 2015 年底，中國保險兼業代理機構總數多達二十一萬餘家。

　　為規範保險兼業代理市場，中國保監會於 2006 年頒佈了《保險兼業代理機構管理試點辦法》（保監發〔2006〕109 號）（以下簡稱《試點辦法》），在北京和遼寧兩地先行試點。2008 年 6 月保監會下發了《保險兼業代理機構管理規定（徵求意見稿）》，但最終並沒有頒佈實施。因此目前對保險兼業代理機構的監管仍然遵循《試點辦法》的規定。

按照《試點辦法》，中國保監會將保險兼業代理機構劃分為 A、B、C 三類，實施分類監管。其中，申請 A 類保險兼業代理資格的機構註冊資本或開辦資金不低於人民幣 1000 萬元；申請 B 類保險兼業代理資格的機構註冊資本或開辦資金不低於人民幣 50 萬元；對申請 C 類保險兼業代理資格的機構沒有註冊資本或開辦資金的要求，但應當委託保險公司代為申請。相應地，中國保監會對保險兼業代理機構與保險公司建立代理關係的數量也實行分類管理，其中，與同一家 A 類保險兼業代理機構建立代理關係的保險公司數量不限；與同一家 B 類保險兼業代理機構建立代理關係的保險公司數量不得超過五家；與同一家 C 類保險兼業代理機構建立代理關係的保險公司數量僅限一家。保險公司不得委託在其自身獲保監會批准的經營區域以外的保險兼業代理機構開展保險代理業務。

中國保監會做出核准保險兼業代理資格決定的，應當向申請人頒發許可證，並由中國保監會予以公告。許可證有效期為兩年。申請人收到許可證後應當按照有關規定辦理工商登記手續或相關登記手續。保險兼業代理機構應當在領取許可證之前向中國保監會繳存保證金，並在領取許可證時提交繳存憑證。C 類保險兼業代理機構繳存保證金，應委託保險公司代為辦理。保險兼業代理機構的保證金應以存款形式繳存到中國保監會指定帳戶，每一家保險兼業代理機構應繳存 2 萬元。

保險兼業代理實踐中存在的問題主要表現在以下三個方面：

一是保險公司委託不具備資格條件的兼業代理人開展保險業務。例如，2005 年 5 月保險監管部門在實施現場檢查中發現，某保險公司為迅速提升銀保業務規模，於 2005 年 1 月擅自委託沒有保險代理許可證的某商業銀行的四家分理處銷售該公司的一款分紅險產品。截至被查處時，該保險公司共通過上述銀行代理網點實現保費收入 5000 餘萬元，並向該商業銀行支付了 3% 的代理手續費共計 150 餘萬元。[5] 保險公司及銀行的上述行為嚴重違反了保險法中關於中介監管的規定。無保險代理許可證的機構代理保險業務，會導致相關業務失去保險監管部門的監管，而且由於保險代理機構的操作隨意性大，保

---

5. 李迎春主編（2007）。《保險監管案例評析》。安徽人民出版社。114 頁。

險公司也無法對相關代理業務進行有效的風險控制；另外，此類違規行為還破壞了保險代理機構的市場准入規則。

二是變相強制保險。在備受社會關注的黃某訴北京鐵路局未盡告知義務而向旅客收取強制保險費的案件中，黃某於 2005 年 8 月 8 日在北京鐵路局營業廳購買了一張北京至義烏的火車票，票價為 203 元。事後黃某得知這張車票中包含了基本票價 2% 的「鐵路旅客意外傷害強制保險費」，約 3.98 元。而在買票時，黃某並沒有被告知票價中包含這項費用，更不知道保險涵蓋的範圍是甚麼、如何進行索賠，火車票上也無相關説明。黃某認為，鐵路部門在收取「鐵路旅客意外傷害強制保險費」時未履行告知義務，遂將北京鐵路局和某保險公司訴至北京市鐵路運輸法院，要求法院依法確認被告在收取意外傷害保險費時未履行告知義務，並要求被告返還強制收取的意外傷害保險費 3.98 元。[6] 本案雖然以黃某敗訴而告終，但最終鐵路部門自 2013 年 1 月 1 日起取消了每張車票 2% 的保險費。隨後又出現某些網站在旅客購票時強制搭售保險的現象，事實上無論線上、線下，經營者在銷售、代售或者代購火車票時強制搭售交通意外險的行為，都屬於損害消費者自主選擇權和公平交易權等合法權益的違法行為。[7]

三是銷售誤導、抬高手續費標準。例如在銀行保險渠道存在的銷售誤導、帳外支付手續費、惡性價格競爭等現象。具體表現為，手續費惡性競爭，費率水平超過保險公司可承受範圍，銀代業務利潤微薄甚至無利可圖；手續費支付方式不規範，存在帳外暗中向銀行代理機構、網點及其工作人員直接或間接支付各種費用的行為；部分網點仍然存在銷售誤導行為，如片面誇大投資性產品的投資收益水平，不如實告知保險責任、退保費用、現金價值和費用扣除等關鍵要素等。中國保監會、中國銀監會於 2011 年聯合下發《商業銀行代理保險業務監管指引》（保監發〔2011〕10 號），就是要重點解決手續費支付方式不規範、銷售誤導等問題。其中規定除了手續費之外，保險公司不得以任何名義、任何形式向代理機構、網點或經辦人員支付合作協議

---

6. 參見北京鐵路運輸法院（2005）京鐵民初字第 91 號民事判決書；北京鐵路運輸中級法院（2006）京鐵中民終字第 11 號民事判決書。

7. 《保險法》第十一條規定：「訂立保險合同，應當協商一致，遵循公平原則確定各方的權利和義務。除法律、行政法規規定必須保險的外，保險合同自願訂立。」《消費者權益保護法》第八條規定：「消費者享有知悉其購買、使用的商品或者接受的服務的真實情況的權利。」

規定的手續費之外的其他任何費用，包括業務推動費以及以業務競賽或激勵名義給予的其他利益。2014 年 1 月，中國保監會、中國銀監會又發佈《關於進一步規範商業銀行代理保險業務銷售行為的通知》（保監發〔2014〕3 號），對銀郵代理渠道銷售行為進一步提出規範性要求。例如要求保險公司和商業銀行將合適的產品賣給合適的主體，對低收入居民、老年人等特定人群出台進一步保護措施；引導銀保業務進行結構調整，鼓勵風險保障型產品和長期儲蓄型產品發展。

2.3　個人保險代理人

個人保險代理人屬於保險代理人的一種，其與保險公司之間屬於委託代理關係。在具體案件中，保險公司的業務人員是否屬於個人保險代理人，保險公司與該業務人員之間是否屬於委託代理關係，應當依據二者所訂立的具體協議的法律性質確定。2009 年《保險法》修訂後，要求保險公司從事保險銷售的人員應當具備保險監督管理機構規定的資格條件，取得保險監督管理機構頒發的資格證書。2015 年 4 月《保險法》再次修訂後，對保險公司從事保險銷售的人員只要求應當品行良好，具有保險銷售所需的專業能力。不再規定保險銷售人員需取得保險監督管理機構頒發的資格證書。根據中國保監會公佈的數據，截至 2016 年 9 月，中國保險銷售從業人員達 628.13 萬人。保險銷售從業人員是指為保險公司銷售保險產品的人員，包括保險公司的保險銷售人員和保險代理機構的保險銷售人員。目前對保險銷售人員的管理主要交由保險公司和保險代理機構負責。

中國保監會在《保險銷售從業人員監管辦法》（保監會令 2013 年第 2 號）中規定，保險公司、保險代理機構應當規範保險銷售從業人員的銷售行為，嚴禁保險銷售從業人員在保險銷售活動中有下列行為：（一）欺騙投保人、被保險人或者受益人；（二）隱瞞與保險合同有關的重要情況；（三）阻礙投保人履行如實告知義務，或者誘導其不履行如實告知義務；（四）給予或者承諾給予投保人、被保險人或者受益人保險合同約定以外的利益；（五）利用行政權力、職務或者職業便利以及其他不正當手段強迫、引誘或者限制投保人訂立保險合同，或者為其他機構、個人牟取不正當利益；（六）偽造、擅自變更保險合同，或者為保險合同當事人提供虛假證明材料；（七）挪用、截留、侵

佔保險費或者保險金；（八）委託未取得合法資格的機構或者個人從事保險銷售；（九）以捏造、散佈虛假信息等方式損害競爭對手的商業信譽，或者以其他不正當競爭行為擾亂保險市場秩序；（十）泄露在保險銷售中知悉的保險人、投保人、被保險人的商業秘密及個人隱私；（十一）在客戶明確拒絕投保後干擾客戶；（十二）代替投保人簽訂保險合同。保險公司、保險代理機構如果發現保險銷售從業人員在保險銷售中存在違法違規行為的，應當立即予以糾正，並向中國保監會派出機構報告。

目前由於保險代理人的銷售誤導等違規行為導致的保險合同糾紛仍然較多，《中國保監會關於 2016 年保險消費投訴情況的通報》中指出，在消費者投訴涉及人身險的事項中，從銷售渠道看，投訴較多的涉及個人代理有 7802 宗，佔比 48.64%；銀郵渠道 3389 宗，佔比 21.13%。銷售誤導問題的產生與中國目前的保險代理人制度有一定關聯，保險代理人與保險公司簽訂業務代理合同，保險代理人按業績獲取佣金，公司通常不為其提供底薪，不提供福利和保障。在這樣的制度設計下，保險公司和代理人僅僅是一種鬆散的經濟利益關係，保險公司無法實現對代理人合理有效的激勵和約束，進而導致代理人為追求自身利益而產生有損保險公司和投保人利益的行為，其他內在問題如代理人法律定位、人員脫退率、續期服務脫節、增員等逐漸暴露。

為減少上述問題的發生，推進保險營銷體制改革，中國保監會一直在探索保險代理人制度改革，2010 年頒佈的《關於改革完善保險營銷員管理體制的意見》（保監發〔2010〕84 號）中要求各保險公司和保險中介機構依據《勞動法》、《勞動合同法》、《保險法》等法律法規，依法理順和明確與保險營銷員的法律關係，促進保險營銷隊伍穩定發展。鼓勵保險公司投資設立專屬保險代理機構或者保險銷售公司。2015 年，中國保監會在《關於深化保險中介市場改革的意見》（保監發〔2015〕91 號）中提出要推進獨立個人代理人制度，探索鼓勵現有優秀個人代理人自主創業、獨立發展。為進一步推動保險營銷員管理體制改革，中國保監會積極鼓勵保險公司拓展專業中介、網銷、社區門店、交叉銷售等銷售渠道，走多元化營銷道路。

三、保險經紀人

1. 保險經紀人概述

保險經紀人是基於投保人的利益，為投保人與保險人訂立保險合同提供中介服務，並依法收取佣金的機構。與保險代理人不同，保險經紀人是與投保人簽訂委託協議。相應地，如果保險經紀人因過錯給投保人或被保險人造成損失的，應當由保險經紀人依法承擔賠償責任，與保險人無關。根據服務對象的不同，保險經紀人可以分為直接保險經紀人和再保險經紀人。其中，直接保險經紀人基於投保人的利益，幫助投保人與保險人訂立保險合同。再保險經紀人從事再保險相關業務，基於原保險人（保險分出人）的利益，為原保險人與再保險人（保險分入人）簽訂再保險合同提供服務。針對保險經紀人的規定，包括中國人民銀行於 1998 年 2 月 16 日頒佈的《保險經紀人管理規定（試行）》，中國保監會於 2001 年 11 月 16 日頒佈的《保險經紀機構管理規定》，2005 年 1 月 1 日頒佈的經修訂的《保險經紀機構管理規定》，以及 2015 年 10 月 15 日修訂的《保險經紀機構監管規定》等。

在實踐中，保險經紀人的業務範圍不僅限於保險交易的撮合，還可以延伸到索賠諮詢等，這都取決於委託合同的約定。根據《保險經紀機構監管規定》，保險經紀人可以經營下列保險經紀業務：（一）為投保人擬訂投保方案、選擇保險公司以及辦理投保手續；（二）協助被保險人或者受益人進行索賠；（三）再保險經紀業務；（四）為委託人提供防災、防損或者風險評估、風險管理諮詢服務；（五）中國保監會批准的其他業務。相應地，保險經紀人收取的佣金主要包括以下幾種：一是保險經紀人接受客戶委託，為客戶提供包括辦理投保手續在內的一系列保險經紀服務，在這種情況下，由承保的保險公司從客戶支付的保險費中抽取一部分，向保險經紀人支付佣金；二是客戶並不投保，或者並不通過保險經紀人投保，只是委託保險經紀人為其提供風險評估、風險管理、防災防損諮詢服務，或委託保險經紀人為其代辦索賠。在這種情況下，客戶應按國家有關規定或雙方的約定向保險經紀人支付諮詢費或者佣金；三是為保險公司安排再保險時收取保險公司支付的佣金；四是組織保險公司對特殊保險項目進行共保時按保險公司收取保險費的一定比例收取佣金。

2. 保險經紀人的監管

目前中國的保險經紀人都是機構，沒有個人。除中國保監會另有規定外，保險經紀機構只能採取有限責任公司、股份有限公司這兩種組織形式。根據《保險經紀機構監管規定》和《保險經紀機構設立審批事項服務指南》，設立保險經紀公司、獲得經營保險經紀業務許可，需要具備如下條件：（一）股東、發起人信譽良好，最近 3 年無重大違法記錄，出資應自有、真實、合法，不得用銀行貸款及其他形式的非自有資金投資。（二）註冊資本達到《中華人民共和國公司法》和中國保監會有關規定的最低限額，且為實繳貨幣資本並實施託管。（三）公司章程符合有關規定。（四）董事長、執行董事、高級管理人員符合規定的任職資格條件。（五）商業模式合理可行，公司治理完善到位，具備健全的組織機構和管理制度。（六）有與業務規模相適應的固定住所。（七）有與開展業務相適應的業務、財務等計算機軟硬件設施。（八）保險經紀機構的名稱中應當包含「保險經紀」字樣，且字號不得與現有的保險中介機構相同，中國保監會另有規定除外。（九）風險測試符合要求。（十）法律、行政法規和中國保監會規定的其他條件。

設立保險經紀機構，要先取得保險監管機構的審批許可，再向工商行政管理機關辦理登機，領取營業執照。實踐中，有保險經紀公司因董事、監事、高管人員不符合任職資格條件，或者未按要求配置保險經紀業務軟件，而被中國保監會決定不予許可經營保險經紀業務的事例。[8] 除中國保監會另有規定外，設立保險經紀公司，其註冊資本的最低限額為人民幣 5000 萬元，且必須為實繳貨幣資本。保險經紀公司許可證的有效期為三年，保險經紀公司應當在有效期屆滿三十日前，向中國保監會申請延續。另外，按照《保險法》的規定，保險經紀人分立、合併、變更組織形式、設立分支機構或解散的，也都應當經保險監管機構批准。

保險經紀從業人員是指保險經紀機構中，為投保人或者被保險人擬訂投保方案、辦理投保手續、協助索賠的人員，或者為委託人提供防災防損、風險評估、風險管理諮詢服務、從事再保險經紀等業務的人員。[9] 為加強對保險

---

8. 參見中國保監會《保監許可〔2016〕678 號》、《保監許可〔2016〕878 號》。

9. 參見《保險經紀機構監管規定》第二十九條。

經紀從業人員的管理，中國保監會於 2013 年頒佈了《保險經紀從業人員、保險公估從業人員監管辦法》（保監會令 2013 年第 3 號）。其中規定從業人員不得以捏造、散佈虛假信息等方式損害其他機構、個人的商業信譽，不得以虛假廣告、虛假宣傳或者其他不正當競爭行為擾亂保險市場秩序。保險經紀從業人員不得以個人名義從事保險經紀業務，不得為非法從事保險業務、保險經紀業務的機構或者個人開展保險經紀業務。此外，保險經紀從業人員不得有下列行為：欺騙保險人、投保人、被保險人或者受益人；隱瞞與保險合同有關的重要情況；阻礙投保人履行如實告知義務，或者誘導其不履行如實告知義務；給予或者承諾給予投保人、被保險人或者受益人保險合同約定以外的利益；利用行政權力、職務或者職業便利以及其他不正當手段強迫、引誘或者限制投保人訂立保險合同；偽造、擅自變更保險合同，或者為保險合同當事人提供虛假證明材料；挪用、截留、侵佔保險費或者保險金；利用業務便利為其他機構或者個人牟取不正當利益；串通投保人、被保險人或者受益人，騙取保險金；泄露在保險經紀業務中知悉的保險人、投保人、被保險人的商業秘密及個人隱私。

實踐中值得注意的一個問題是，國際上的保險經紀公司往往能夠自主開發和設計相關保險產品，但是根據中國現行的保險條款費率監管體制，保險監管部門只受理保險公司或者其分支機構申報的保險條款費率，還不接受保險經紀公司直接提交的保險產品審批和備案申請。為充分發揮保險經紀公司在風險數據積累、專業人才儲備、保險產品研發機制建立等方面的優勢，中國保監會在《關於進一步發揮保險經紀公司促進保險創新作用的意見》（保監發〔2013〕16 號）中鼓勵保險公司在完善自身保險產品研發機制的同時，加強與保險經紀公司合作，發揮保險經紀公司優勢，探索建立數據共享和服務聯動等方面的工作機制，協同開展風險管理研究和保險產品開發。同時要尊重和體現保險經紀公司推動保險創新的勞動成果。如果保險公司使用保險經紀公司單獨開發或者聯合開發的保險條款、保險產品的，保險公司應當在向監管部門報備產品時予以闡明，可以在保單上進行專門說明或者明確標示。

四、保險公估人

1. 保險公估人概述

在保險合同履行過程中，合同當事人對保險合同所涉及的具體賠付金額往往會產生爭議，這是由保險尤其是損失補償型保險的特性決定的。保險事故發生時，當保險標的損失的程度以及保險人承擔責任的範圍不確定的，往往需要專門的評估和鑑定。保險公估機構就是基於這種市場需求產生的。保險公估人是指接受委託，專門從事保險標的或者保險事故評估、勘驗、鑑定、估損理算等業務，並按約定收取報酬的機構。保險合同當事人可以委託保險公估機構或者具有相關專業知識的人員，對保險事故進行評估和鑑定。接受委託對保險事故進行評估和鑑定的機構和人員，應當依法、獨立、客觀、公正地進行評估和鑑定，任何單位和個人不得干涉。接受委託對保險事故進行評估和鑑定的機構和人員，自接受委託時起就與委託人形成相應的法律關係，應盡到合理的注意義務，因其故意或者過失給保險人或者被保險人造成損失的，依法應承擔賠償責任。

2. 保險公估人的監管

針對保險公估人的監管法規主要有中國保監會於 2001 年 11 月 16 日頒佈的《保險公估機構管理規定》，以及 2015 年 10 月 15 日修訂的《保險公估機構監管規定》等。根據《保險公估機構監管規定》，保險公估人應當為機構，應當採取有限責任公司、股份有限公司或者合夥企業的組織形式。對保險公估機構設立審查的重點與保險代理機構、保險經紀機構基本相同，主要集中在以下幾個方面：公估機構的名稱、股東、發起人或者合夥人的情況、董事和高管人員的任職資格、公司的組織機構和管理制度、住所和經營場所、以及業務、財務等計算機軟硬件設施等。監管規定中對保險公估機構的註冊資本未作具體要求，而且保險公估機構的註冊資本為在公司登記機關登記的全體股東認繳的出資額。

在設立申請被受理後，中國保監會及其派出機構將根據內部流程分工對設立申請進行審查。如確有需要，中國保監會及其派出機構可以組織現場驗

收，到擬設機構的營業場所進行現場考查，詢問、了解、核實相關情況，並對籌備組人員進行提問和風險提示。保險公估機構許可證的有效期為三年，保險公估機構應當在有效期屆滿三十日前，向中國保監會申請延續。保險公估機構分立、合併或解散都須報經中國保監會核准。保險公估機構解散，在清算中發現已不能清償到期債務，並且資產不足以清償全部債務或者明顯缺乏清償能力的，應當依法提出破產申請，其財產清算與債權債務處理，按照法定破產程序進行。

保險公估機構的業務範圍包括：保險標的承保前和承保後的檢驗、估價及風險評估；保險標的出險後的查勘、檢驗、估損理算及出險保險標的殘值處理；風險管理諮詢；以及中國保監會批准的其他業務。需要注意的是，雖然《保險法》中規定了保險公估機構的地位和作用，但公估機構出具的鑑定結論並不具有法律強制性的效力。因此，即使保險合同雙方當事人約定聘請公估機構進行鑑定，仍然可以對其鑑定結論提出質疑。這與法醫等機構的鑑定行為存在明顯的區別。保險公估機構接受當事人一方委託所作的相關鑑定結論，當事人如有異議，屬於事實認定範疇，應由法院作出調查認定。

保險公估從業人員是指保險公估機構及其分支機構中從事保險標的承保前檢驗、估價及風險評估的人員，或者從事保險標的出險後的查勘、檢驗、估損理算等業務的人員。保險公估從業人員不得以個人名義招攬、從事保險公估業務或者同時在兩個以上保險公估機構中執業。保險公估機構、保險公估分支機構及其從業人員在開展公估業務過程中，不得有下列欺騙投保人、被保險人、受益人或者保險公司的行為：向保險合同當事人出具虛假或者不公正的保險公估報告；隱瞞或者虛構與保險合同有關的重要情況；冒用其他機構名義或者允許其他機構以本機構名義執業；從業人員冒用他人名義或者允許他人以本人名義執業，或者代他人簽署保險公估報告；串通投保人、被保險人或者受益人，騙取保險金；通過編造未曾發生的保險事故或者故意誇大已經發生保險事故的損失程度等進行虛假理賠；其他欺騙投保人、被保險人、受益人或者保險公司的行為。

第十五章

保險業監督管理

案例導讀

2010 年 3 月，中國保監會對某保險公司進行現場檢查。檢查過程中發現，2009 年 11 月，該保險公司對其新單回訪標準話術進行了修改，修改後的話術仍然與保監會《人身保險新型產品信息披露管理辦法》（2009 年 10 月 1 日起實施）要求不符，一是投連、萬能險話術中未明確提示猶豫期內可以享有的退保權益，未向投保人確認其是否知悉保險責任和責任免除事項，未明確確認投保人是否知悉費用扣除項目及扣除的比例或者金額；二是分紅險話術中未明確提示猶豫期內可以享有的退保權益。該保險公司的標準回訪話術違規直接導致了其實際完成的電話回訪不符合監管要求。上述違法事實及相關人員責任，有現場檢查確認書、現場檢查會談筆錄、新單回訪錄音及書面紀錄、相關人員的工作說明書等證據在案證明，足以認定。中國保監會認為，該保險公司的上述行為違反了《保險法》第一百一十六條第十三項及《人身保險新型產品信息披露管理辦法》第二十四條、第二十九條、第三十三條的規定，依照《保險法》第一百六十二條的規定，決定對該公司予以罰款 30 萬元人民幣的行政處罰。對相關人員依照《保險法》第一百七十三條的規定予以警告並處以罰款。[1]

　　保險監管是指政府根據保險法律規定設立保險行政管理機構，由該機構負責制定具體的保險監管規則，並對保險產品提供者的資格和經營狀況、保險產品的內容和設計、保險合同的條款和格式、保險費率、保險市場行為進行日常的審批、監督、核查和指導。中國保險監管經歷了從注重市場行為監管到市場行為監管與償付能力監管並重，再以償付能力監管為核心的監管體系，以及目前以償付能力、公司治理結構和市場行為監管為支柱的過程。[2]中國保監會成立以後，通過頒佈一系列部門規章和規範性文件，中國保險業在市

---

1. 參見《中國保險監督管理委員會行政處罰決定書（保監罰〔2011〕1 號）》。

2. 李揚、陳文輝（2006）。《國際保險監管核心原則 —— 理念、規則及中國實踐》。北京：經濟管理出版社。56 頁。

場行為監管方面逐步規範，在市場准入、保險條款費率、保險資金運用以及銷售、核保、理賠等方面形成了較為完善的市場行為監管機制；在此基礎上逐步建立和完善償付能力監管體系，以 2003 年 3 月《保險公司償付能力額度及監管指標管理規定》的頒佈為起點，中國保險監管開始由以市場行為監管和償付能力監管並重轉向以償付能力監管為核心，償付能力監管的制度框架逐步建立起來；2006 年中國保監會發佈《關於規範保險公司治理結構的指導意見》，此後陸續出台二十多個部門規章或規範性文件，初步構建了保險公司治理監管體系。

一、中國保險業監督管理機構及其職責

1. 中國保險監管機構的發展歷程

新中國成立初期，保險業曾經劃歸財政部領導，並作為國家財政體系中一個單獨核算的組成部分。1959 年起國內保險業務基本停止經營，只保留涉外保險業務。保險業劃歸中國人民銀行領導，成立中國人民銀行國外業務局下屬的保險處。1979 年國內保險業務恢復辦理後，保險業仍然由中國人民銀行監督管理。1985 年 3 月，國務院頒佈《保險企業管理暫行條例》，該《條例》第四條明確規定「國家保險管理機關是中國人民銀行」。為了貫徹落實《保險企業管理暫行條例》，中國人民銀行逐步建立和加強了監管保險業的內設機構。最初的內設監管機構是中國人民銀行金融管理司的保險信用合作處，1994 年 5 月改為非銀行金融機構管理司的保險處。隨着 1995 年《保險法》的頒佈，為加大保險監管力度，中國人民銀行在 1995 年成立保險司，專門負責對中資保險公司的監管。在這一時期，對外資保險公司及外國保險公司在華代表處的監管工作由外資金融機構管理司的保險處負責，對保險公司的稽核工作由中國人民銀行稽核局負責。中國人民銀行還加強了系統內部保險監管機構的建設，要求中國人民銀行各省級分行設立保險科，省以下各分支行配備專門的保險監管員。

隨着銀行業、證券業、保險業分業經營、分業監管模式的確立，1998 年 11 月 18 日，國務院批准設立中國保險監督管理委員會，專門負責保險監管職

能。從 1999 年年底開始，中國保監會在各省、自治區、直轄市和部分計劃單列市設立派出機構，全國保險監管組織體系進一步完善。2003 年，國務院決定將中國保監會由國務院直屬副部級事業單位改為國務院直屬正部級事業單位，並相應增加職能部門、派出機構和人員編制。中國保監會內設 16 個職能機構和兩個事業單位，並在全國各省、自治區、直轄市、計劃單列市設有 36 個保監局，在蘇州、煙台、汕頭、溫州、唐山市設有五個保監分局。2018 年 3 月，根據第十三屆全國人民代表大會第一次會議批准的國務院機構改革方案，將中國保險監督管理委員會的職責整合，組建中國銀行保險監督管理委員會；將中國保險監督管理委員會審慎監管基本制度的職責劃入中國人民銀行；不再保留中國保險監督管理委員會。[3]

2.　保險監管的目的與職責

保險監管是控制保險市場主體參與市場行為的一個完整的系統。保險監管與保險市場最為接近，是保險市場能否成功有效運行的關鍵。保險監管的目的在於保障被保險人的合法權益，確保保險人的償付能力，這兩點在中國的保險立法中表現得尤為明顯。同時，保險監管也是為了防範和化解風險，維護保險體系的穩定與安全，規範保險市場運作，保證公平競爭。在廣義的保險監管框架中，除國家保險監管機構根據有關法律、法規及其授權，依據一定的規則和程序，檢查處理違反保險監管規定的行為，並對違反保險管理規定的市場主體和個人追究法律責任外，還包括立法監管、司法監管和行業自律組織、社會有關機構對保險機構及其有關活動進行的監督和管理。在不同的國家，不同的經濟模式和社會背景下，保險監管的內容有所不同。2006 年，《國務院關於保險業改革發展的若干意見》中明確提出要不斷完善以償付能力、公司治理結構和市場行為監管為支柱的現代保險監管制度。《中國保險業發展「十三五」規劃綱要》中也指出，要堅持機構監管與功能監管相統一，完善公司治理、償付能力和市場行為「三支柱」監管制度。在「三支柱」監管框架中，近年來保險監管實踐逐步把監管重心放在償付能力監管方面。

---

3. 參見中國銀保監會網站。

作為全國商業保險的主管部門，中國保監會根據國務院授權，依法對保險業實施監督管理。中國保監會的主要職責包括：（一）擬定保險業發展的方針政策，制定行業發展戰略和規劃；起草保險業監管的法律、法規；制定業內規章。（二）審批保險公司及其分支機構、保險集團公司、保險控股公司的設立；會同有關部門審批保險資產管理公司的設立；審批境外保險機構代表處的設立；審批保險代理公司、保險經紀公司、保險公估公司等保險中介機構及其分支機構的設立；審批境內保險機構和非保險機構在境外設立保險機構；審批保險機構的合併、分立、變更、解散，決定接管和指定接受；參與、組織保險公司的破產、清算。（三）審查、認定各類保險機構高級管理人員的任職資格；制定保險從業人員的基本資格標準。（四）審批關係社會公眾利益的保險險種、依法實行強制保險的險種和新開發的人壽保險險種等的保險條款和保險費率，對其他保險險種的保險條款和保險費率實施備案管理。（五）依法監管保險公司的償付能力和市場行為；負責保險保障基金的管理，監管保險保證金；根據法律和國家對保險資金的運用政策，制定有關規章制度，依法對保險公司的資金運用進行監管。（六）對政策性保險和強制保險進行業務監管；對專屬自保、相互保險等組織形式和業務活動進行監管。歸口管理保險行業協會、保險學會等行業社團組織。（七）依法對保險機構和保險從業人員的不正當競爭等違法、違規行為以及對非保險機構經營或變相經營保險業務進行調查、處罰。（八）依法對境內保險及非保險機構在境外設立的保險機構進行監管。（九）制定保險行業信息化標準；建立保險風險評價、預警和監控體系，跟蹤分析、監測、預測保險市場運行狀況，負責統一編制全國保險業的數據、報表，並按照國家有關規定予以發佈。

二、市場行為監管

狹義的市場行為監管一般專指對保險公司在開展保險業務過程中的銷售、核保、理賠等行為的監管；廣義上說，市場行為監管包括市場准入監管、條款費率監管、資金運用監管以及對以銷售、核保、理賠等為主要內容的業務經營行為的監管等內容。

1. 市場准入監管

1.1 保險市場准入

　　未經中國保監會許可，任何單位和個人不得在中華人民共和國境內經營保險業務。中國《保險法》第六條規定：「保險業務由依照本法設立的保險公司以及法律、行政法規規定的其他保險組織經營，其他單位和個人不得經營保險業務。」該法第六十七條規定：「設立保險公司應當經國務院保險監督管理機構批准。國務院保險監督管理機構審查保險公司的設立申請時，應當考慮保險業的發展和公平競爭的需要。」保險法中規定了設立保險公司應當具備的條件，即：主要股東具有持續盈利能力，信譽良好，最近三年內無重大違法違規記錄，淨資產不低於人民幣二億元；有符合《保險法》和《公司法》規定的章程；有符合《保險法》規定的註冊資本；有具備任職專業知識和業務工作經驗的董事、監事和高級管理人員；有健全的組織機構和管理制度；有符合要求的營業場所和與經營業務有關的其他設施；法律、行政法規和國務院保險監督管理機構規定的其他條件。

　　2015 年修訂的《保險公司管理規定》（中國保監會令 2009 年第 1 號）中再次強調，設立保險機構應當經中國保監會批准。保險業務由依照《保險法》設立的保險公司以及法律、行政法規規定的其他保險組織經營，其他單位和個人不得經營或者變相經營保險業務。《保險法》嚴格規定了保險市場的准入條件，從四個方面增強了對市場准入監管的力度：一是增加對保險公司主要股東資質的要求；[4] 二是強化對保險公司實繳貨幣資本的要求；[5] 三是將保險公司的董事和監事也納入任職資格管理的範疇，要求董事和監事必須具備任職的專業知識和業務工作經驗；[6] 四是授權保險監管機構可以根據監管需要調整、增設准入條件[7]。對於擅自設立保險公司、保險資產管理公司或者非法經營商業保險業務的，由保險監督管理機構予以取締，沒收違法所得，並處違

---

4. 參見《保險法》第六十八條。

5. 參見《保險法》第六十九條。

6. 參見《保險法》第八十一條、八十二條、八十三條。

7. 參見《保險法》第六十八條。

法所得一倍以上五倍以下的罰款；沒有違法所得或者違法所得不足二十萬元的，處二十萬元以上一百萬元以下的罰款。構成犯罪的，依法追究刑事責任。

除《保險法》以外，《保險公司管理規定》、《保險公司股權管理辦法》、《保險公司控股股東管理辦法》、《中國保監會關於加強保險公司籌建期治理機制有關問題的通知》等也都對設立保險公司法人機構、分支機構、投資入股保險公司等作出了規定。為加強保險公司業務管理，建立健全保險市場准入和退出機制，《保險公司業務範圍分級管理辦法》（保監發〔2013〕41 號，以下簡稱《辦法》）中根據保險業務的屬性和風險特徵，將保險公司業務分為基礎類業務和擴展類業務兩級。在該《辦法》出台以前，保險公司一旦設立就被授權經營全部的人身保險業務或者財產保險業務。該《辦法》出台後，對保險公司申請從事相關業務都設定了相應的准入條件。以人身保險公司為例，《辦法》中規定人身保險公司的基礎類業務包括以下五項：（一）普通型保險，包括人壽保險和年金保險；（二）健康保險；（三）意外傷害保險；（四）分紅型保險；（五）萬能型保險。新設人身保險公司申請基礎類業務時，應當符合以下條件：（一）以人民幣兩億元的最低註冊資本設立的，只能申請第一項至第三項中的一項；（二）每增加前三項中的一項，應當增加不少於人民幣兩億元的註冊資本；（三）申請前三項以及第四項、第五項之一的，註冊資本不低於人民幣 10 億元；（四）申請全部基礎類業務的，註冊資本不低於人民幣 15 億元；（五）申請第四項、第五項的，必須同時申請前三項；（六）申請第二項、第四項、第五項的，應當具有專項內控制度、專業人員、服務能力、信息系統和再保險方案；（七）法律、行政法規及中國保監會規定的其他條件。投資連結型保險、變額年金屬於人身保險公司的擴展類業務，人身保險公司申請這兩類業務的，需要分別符合《保險公司業務範圍分級管理辦法》中規定的條件。例如申請投資連結型保險業務的，最近三年年末平均淨資產不低於人民幣 20 億元；申請變額年金業務的，最近三年年末平均淨資產不低於人民幣 30 億元等。

2013 年 7 月，中國保監會正式成立中資保險法人機構准入審核委員會。作為保監會的部門間集體審議機制，該委員會主要審核中資保險法人機構的籌建事項。除依法不予受理、暫緩受理和發起人主動撤回申請的情況外，所有有效的中資保險法人機構准入申請均提交該委員會審議，以投票方式進行表決，並提出許可或不予許可的審核意見。該委員會的審核對象包括中資保

險集團（控股）公司和中資保險法人機構，後者包括財產保險公司、人身保險公司、相互保險公司、專屬保險公司、再保險公司以及保險資產管理公司。在該委員會成立之前，申請設立中資保險法人機構需向中國保監會發展改革部遞交材料，審核通過後才能籌建開業；開設地方分支機構則需要向保監會相關業務部門申請，經業務部門和地方保監局認可後才能設立。

關於違反市場准入監管的行為，監管部門近年來重點關注的主要有：

一是「互助計劃」等類保險活動。中國保監會於 2015 年 10 月在其網站的「消費者教育及風險提示」欄目中發佈《關於「互助計劃」等類保險活動的風險提示》，指出社會上出現一些以「××互助」、「××聯盟」等為名的非保險機構基於網絡平台推出多種與相互保險形式類似的「互助計劃」，主要集中在意外互助和重大疾病互助等領域。「互助計劃」與相互保險經營原理不同且其經營主體不具備相互保險經營資質。中國保監會《相互保險組織監管試行辦法》第五條規定相互保險組織應當經中國保監會批准設立，並在工商行政管理部門依法登記註冊。目前銷售「互助計劃」的經營主體並不具備合法的相互保險經營資質，不受《中華人民共和國保險法》等相關法律法規保護。保監會鼓勵滿足社會大眾多元化風險保障訴求的創新行為，但堅決反對以保險名義誤導公眾並可能給公眾帶來損失的違法金融活動。

二是在《關於有關人員涉嫌以籌建相互保險公司名義開展非法集資活動的風險提示》中，中國保監會指出當前有關人員編造虛假相互保險公司籌建項目，試圖通過承諾高額回報方式吸引社會公眾出資加盟，涉嫌嚴重誤導社會公眾，擾亂正常金融秩序，可能令相關投資者造成經濟損失。根據中國《保險法》規定，設立保險公司應該經國務院保險監督管理機構批准。未經批准，擅自設立保險公司的應依法予以取締。

三是針對一些內地壽險公司的代理人直接或間接向內地客戶宣傳和推薦境外保單，甚至將內地保險公司的營業場所提供為境外保險公司的推銷活動場所的現象，中國保監會在《關於嚴禁協助境外保險公司推銷地下保單有關問題的通知》（保監發〔2004〕29 號）中指出，這種行為違反了《保險法》及相

關法律法規，侵害了內地投保人的合法權益，嚴禁協助境外保險公司在內地非法銷售保單的行為。[8]

四是在 2012 年開展的打擊「假機構、假保單、假賠案」的反保險欺詐工作中，中國保監會重點打擊的三類欺詐行為中包括非法經營保險業務類欺詐行為和保險合同詐騙類欺詐行為。其中非法經營保險業務類欺詐行為包括非法設立保險公司、非法設立保險中介機構，設立虛假的保險機構網站，假冒保險公司名義設立微博、發送短信開展業務，非法開展商業保險業務、非法經營保險中介業務，以及銷售境外保險公司保單等行為。保險合同詐騙類欺詐行為包括銷售非法設立的保險公司的保單、假冒保險公司名義制售假保單等行為。

1.2　保險市場退出

保險市場准入與退出密切相關。隨着保險市場主體增加，市場競爭日益加劇，在這種情況下，市場退出機制的完善具有重要意義。《中國保險業發展「十三五」規劃綱要》中提出要完善現代保險市場體系，在深化准入機制改革的同時，深化退出機制改革，建立法律和市場手段為主、行政手段為輔、具有剛性約束的多層次市場退出機制。市場主體退出機制是指市場主體依照法定條件和程序，經過登記主管機關核准後，失去主體資格和經營資格，從而退出市場的制度。保險公司市場退出機制，是指運用保險市場系統組成要素之間的相互作用，推動無法繼續存在下去的保險市場主體，以適當的方式退出保險市場的流程及規則。中國保險市場的退出首先是從保險專業中介機構開始的，中國保監會在其官網上會定期公告保險專業中介機構市場退出情況。2016 年 6 月，為全面深化市場准入退出機制改革，規範保險公司分支機構市場退出行為，中國保監會決定在廣西轄區開展市場退出機制試點工作，並制定了《廣西轄區保險公司分支機構市場退出管理指引》。該指引中所稱

---

8. 關於此類行為的監管，另可參見《中國保監會、公安部關於嚴厲打擊非法銷售境外保單活動的通知》（保監發〔2004〕129 號）、《關於打擊非法銷售境外保單工作有關問題的覆函》（保監廳函〔2005〕223 號）、《中國保監會關於內地居民赴港購買保險的風險提示》。

市場退出，是指保險公司分支機構因撤銷或被弔銷經營許可證，退出保險市場。市場退出包括主動退出、勸導退出和強制退出。

為構建完善的市場退出機制，中國保監會先後頒佈了《保險公司股權管理辦法》、《保險公司保險業務轉讓管理暫行辦法》、《保險公司收購合併管理辦法》等。其中，《保險公司股權管理辦法》（中國保險監督管理委員會令 2010 年第 6 號）中規定了保險公司股權轉讓的程序，對規範股權流動做了以下三方面的規定：一是保險公司變更出資或持股 5%以上的股東（包括認購上市保險公司股份達 5%以上的），應當經保監會批准；二是保險公司變更出資或持股 5%以下的股東，應當報保監會備案，上市保險公司除外；三是通過拍賣、質押等非協議方式轉讓保險公司股權的，也應當符合規定的條件和程序。《保險公司保險業務轉讓管理暫行辦法》（中國保險監督管理委員會令 2011 年第 1 號）中規定的保險業務轉讓，是指保險公司之間在平等協商基礎上自願轉讓全部或者部分保險業務的行為。保險公司通過業務轉讓，達到自願退出保險市場或者剝離部分保險業務的目的。這種自願轉讓不同於《保險法》中規定的強制轉讓。保險公司保險業務轉讓行為應當經中國保監會批准，且不得損害投保人、被保險人和受益人合法權益。《保險公司收購合併管理辦法》（保監發〔2014〕26 號）主要規範境內保險公司的併購行為，不包括保險公司對非保險公司的股權投資，也不包括保險公司對境外保險機構的股權投資。允許兩家或者兩家以上的保險公司併購，標誌着健全保險市場准入退出機制工作取得了階段性成果。

在市場退出制度設計中，最重要的是保護保單持有人的利益。《保險公司管理規定》中要求，保險公司依法解散或者被撤銷的，在保險合同責任清算完畢之前，公司股東不得分配公司資產，或者從公司取得任何利益。保險公司依法解散的，應當經中國保監會批准，並報送債權債務安排方案。《保險法》第九十二條特別規定：「經營有人壽保險業務的保險公司被依法撤銷或者被依法宣告破產的，其持有的人壽保險合同及責任準備金，必須轉讓給其他經營有人壽保險業務的保險公司；不能同其他保險公司達成轉讓協議的，由國務院保險監督管理機構指定經營有人壽保險業務的保險公司接受轉讓。轉讓或者由國務院保險監督管理機構指定接受轉讓前款規定的人壽保險合同及責任準備金的，應當維護被保險人、受益人的合法權益。」

除上述保護措施外，《保險保障基金管理辦法》（中國保險監督管理委員會令 2008 年第 2 號）也對保險公司被依法撤銷或者依法實施破產時如何維護保單持有人的利益作出了規定。保險保障基金是用於救助保單持有人、保單受讓公司或者處置保險業風險的非政府性行業風險救助基金。就非人壽保險合同來說，對保單持有人的損失在人民幣五萬元以內的部分，保險保障基金予以全額救助；保單持有人為個人的，對其損失超過人民幣五萬元的部分，保險保障基金的救助金額為超過部分金額的 90%；保單持有人為機構的，對其損失超過人民幣五萬元的部分，保險保障基金的救助金額為超過部分金額的 80%。這裏所說的保單持有人的損失，是指保單持有人的保單利益與其從清算財產中獲得的清償金額之間的差額。對人壽保險合同來說，當被依法撤銷或者依法實施破產的保險公司的清算資產不足以償付人壽保險合同保單利益的，保險保障基金按照下列規則向保單受讓公司提供救助：保單持有人為個人的，救助金額以轉讓後保單利益不超過轉讓前保單利益的 90% 為限；保單持有人為機構的，救助金額以轉讓後保單利益不超過轉讓前保單利益的 80% 為限。

2. 條款費率監管

保險條款是保險公司與投保人之間關於保險合同權利義務的約定，是保險合同的核心內容。保險費率是特定險種中每個危險單位的保險價格。由於保險合同大多屬於格式合同，保險條款和費率通常由保險公司單方面制訂，且內容複雜，專業性強。為避免投保人接受不公平的條件，保護被保險人和受益人的合法權益，防止保險費率的惡性競爭，保險監管機關一直對保險條款和保險費率實施嚴格的監管。根據中國《保險法》第一百三十五條的規定：「關係社會公眾利益的保險險種、依法實行強制保險的險種和新開發的人壽保險險種等的保險條款和保險費率，應當報國務院保險監督管理機構批准。國務院保險監督管理機構審批時，應當遵循保護社會公眾利益和防止不正當競爭的原則。其他保險險種的保險條款和保險費率，應當報保險監督管理機構備案。」

按照現行規定，在財產保險中，應當在使用前報送中國保監會審批保險條款和保險費率的險種包括：（一）機動車輛保險；（二）非壽險投資型保

險；（三）保險期間超過一年期的保證保險和信用保險；（四）中國保監會認定的其他關係社會公眾利益的保險險種和依照法律和行政法規實行強制保險的險種。其他保險險種的保險條款和保險費率，應當報中國保監會備案。[9]在人身保險中，應當在使用前報送中國保監會審批保險條款和保險費率的險種包括：（一）普通型、分紅型、萬能型、投資連結型以外的其他類型人壽保險；（二）普通型、分紅型、萬能型、投資連結型以外的其他類型年金保險；（三）未能比照《關於印發人身保險新型產品精算規定的通知》（保監發〔2003〕67號）之《個人分紅保險精算規定》開發的團體分紅型人壽保險和團體分紅型年金保險；（四）中國保監會規定須經審批的其他保險險種。前款規定以外的保險條款和保險費率，應當報中國保監會備案。[10]實行審批制的產品，未獲得保險監管機構批准不得銷售；實行事後備案制的產品，應該在產品銷售之後的十日內向保險監管機構備案。

《保險法》一方面要求保險公司公平合理擬訂保險條款和保險費率並及時履行相關義務，[11]另一方面加大了對違反保險條款和費率監管的行為的處罰力度，對未按照規定申請批准保險條款和保險費率的，由保險監管機構責令改正，並處以 5 萬元以上 30 萬元以下的罰款；情節嚴重的，可以限制其業務範圍，責令其停止接受新業務或者弔銷其經營保險業務許可證。對未按照規定報送保險條款、保險費率備案的，由保險監管機構責令限期改正；逾期不改正的，處 1 萬元以上 10 萬元以下的罰款。除《保險法》以外，《保險公司管理規定》、《人身保險公司保險條款和保險費率管理辦法》、《財產保險公司保險條款和保險費率管理辦法》、《關於強化人身保險產品監管工作的通知》等規範性文件中對保險條款和費率的設計做出了更為詳細的規定。例如，《人身保險公司保險條款和保險費率管理辦法》（2015 年修訂）中，對人身保險的分類、設計與命名規則、審批與備案規則、精算報告具體要求及相關法律責任等都有規定，尤其是在第四十八條特別規定：「保險公司使用的保險條款和保險費率有下列情形之一的，由中國保監會責令停止使用，限期修改；情節嚴

---

9. 參見《關於實施〈財產保險公司保險條款和保險費率管理辦法〉有關問題的通知》（保監發〔2010〕43號）。

10. 參見《關於〈人身保險公司保險條款和保險費率管理辦法〉若干問題的通知》（保監發〔2012〕2 號）。

11. 參見《保險法》第一百一十四條。

重的，可以在一定期限內禁止申報新的保險條款和保險費率：（一）損害社會公共利益；（二）內容顯失公平或者形成價格壟斷，侵害投保人、被保險人或者受益人的合法權益；（三）條款設計或者費率釐定不當，可能危及保險公司償付能力；（四）違反法律、行政法規或者中國保監會的其他規定。」

　　保險公司報備的產品與現行法律、法規或中國保監會的規章及規範性文件相抵觸或顯失公平的，一經發現，立即停止銷售，經修改後重新備案。保險公司對已經獲得批准或者備案的保險條款和保險費率進行變更的，應當按照規定重新申報審批或者備案。2014 年 6 月 26 日，中國保監會下發《關於規範財產保險公司保險產品開發銷售有關問題的緊急通知》（保監產險〔2014〕88 號），對財產保險產品開發進行規範。內容包括：產品開發應當符合保險原理；保險事故發生時，被保險人對保險標的必須有法律上承認的利益，嚴禁開發帶有賭博或博彩性質的保險產品；應當科學合理釐定保險產品費率；保險產品的命名應當清晰明瞭，不得以博取消費者眼球為目的，進行惡意炒作等。2014 年 8 月 11 日，中國保監會對五家財產保險公司分別發出監管函，要求停止使用產品，原因包括費率釐定不符合公平性原則、產品設計不符合保險原理等。[12] 2017 年 1 月，中國保監會印發《財產保險公司保險產品開發指引》，從產品開發基本要求、命名規則、保險條款要求、保險費率要求、產品開發組織制度、產品開發流程等方面對財險產品的開發設計進行規範。

　　目前中國保監會對保險條款和費率監管的改革主要表現在以下兩個方面：

　　一是推動費率市場化。費率市場化改革首先在商業車險領域進行，自 2012 年開始，商業車險改革的主要任務是建立市場化的條款費率形成機制，目前綜合各方面情況看，改革試點取得明顯成效。一方面，保險責任範圍擴大，新版商業車險示範條款徹底解決了「高保低賠」、「無責不賠」等前期輿論集中反映的問題，擴大了對保險消費者的保障範圍。[13] 另一方面，消費者保費支出下降，截至 2016 年 4 月末，試點地區車均保費同比下降 6.8%。人身

---

12. 參見《中國保監會監管函（監管函〔2014〕15 號）》、《中國保監會監管函（監管函〔2014〕16 號）》、《中國保監會監管函（監管函〔2014〕17 號）》、《中國保監會監管函（監管函〔2014〕18 號）》、《中國保監會監管函（監管函〔2014〕19 號）》。

13. 參見《中國保險行業協會機動車綜合商業保險示範條款（2014 版）》；《中國保險行業協會特種車綜合商業保險示範條款（2014 版）》；《中國保險行業協會摩托車、拖拉機綜合商業保險示範條款（2014 版）》；《中國保險行業協會機動車單程提車保險示範條款（2014 版）》。

險產品的費率改革從 2013 年 8 月啟動，中國保監會先後實施了普通險費率政策改革、萬能險費率政策改革和分紅險費率政策改革，到 2015 年 9 月，人身險產品費率形成機制完全建立起來。人身險費率市場化改革的整體思路是「放開前端、管住後端」，其實質是將前端產品定價權交還保險公司，產品預定利率（或最低保證利率）由保險公司根據市場供求關係自主確定；後端的準備金評估利率由監管部門根據「一籃子資產」的收益率和長期國債到期收益率等因素綜合確定，通過後端影響和調控前端合理定價，管住風險。

二是簡化條款報備方式。中國保監會在《關於啟用財產保險公司備案產品自主註冊平台的通知》中指出，財產保險公司備案產品自主註冊平台自 2016 年 8 月 15 日起正式啟用。該平台的啟用是財險公司備案產品自主註冊改革正式實施的標誌，適用自主註冊的保險產品，由各財險公司在自主註冊平台進行自主、在線、實時產品註冊。自主註冊平台對提交的註冊材料進行自動審核，材料完整的實時予以註冊，產品註冊完成後即可使用。各財險公司無需再向保監會報送備案材料。這一舉措有利於完善財產保險公司產品管理制度，增強產品創新能力，提高產品監管效率。

3. 資金運用監管

保險資金運用對整個保險業至關重要。截至 2016 年底，中國保險資金運用餘額 133,910.67 億元，較年初增長 19.78%。其中，銀行存款 24,844.21 億元，佔 18.55%；債券 43,050.33 億元，佔 32.15%；股票和證券投資基金 17,788.05 億元，佔 13.28%；其他投資 48,228.08 億元，佔 36.02%。[14] 2016 年保險資金運用收益率 5.66%，相比 2015 年的 7.56% 有所下降。保險公司所積累的可用於中長期投資的巨額保險資金使之成為資本市場的主要機構投資者。隨着保險業的迅速發展，保險資金運用也逐步成為保險公司的主要利潤來源。保險資金的運用能夠使承保業務和融資業務相互滲透、互動發展，不僅促使保險業務成為聚積資金的手段，實現組織經濟補償的目的，還能緩解保險費率與利潤之間的矛盾。

---

14. 數據來源：中國銀保監會網站

保險資金運用對保險公司具有重要意義，但也會帶來一定的風險。保險公司是負債經營，保險資金的特點決定了保險資金運用以安全性為首要原則，在保證安全性的基礎上，兼顧流動性和收益性。監管機構對於保險資金運用的監管主要有兩條途徑：一是限制資金運用的渠道，二是規定不同投資渠道可運用的資金和具體項目的資金佔其資金總額的具體比例。1995 年頒佈的《保險法》對保險資金運用範圍進行了嚴格限定，規定保險資金運用僅限於銀行存款、買賣政府債券、金融債券和國務院規定的其他資金運用形式，同時規定保險公司的資金不得用於設立證券經營機構和向企業投資。狹窄的保險資金運用渠道制約了行業發展，隨着國家經濟和保險行業的發展，保險資金投資渠道也在不斷拓寬，現行《保險法》第一百零六條規定：「保險公司的資金運用必須穩健，遵循安全性原則。保險公司的資金運用限於下列形式：（一）銀行存款；（二）買賣債券、股票、證券投資基金份額等有價證券；（三）投資不動產；（四）國務院規定的其他資金運用形式。」此外，《保險資金運用管理暫行辦法》（保監會令 2014 年第 3 號）中也有類似的規定。

　　近年來，為實現保險資金保值增值，中國保監會根據國務院的決定和保險業發展的實際需要，結合《保險法》中關於「國務院規定的其他資金運用形式」的規定，不斷拓寬保險資金運用渠道，先後出台了《保險公司投資證券投資基金管理暫行辦法》、《保險資產管理公司管理暫行規定》、《保險機構投資者股票投資管理暫行辦法》、《關於印發〈保險機構債券投資信用評級指引（試行）〉的通知》等一系列部門規章和規範性文件。2012 年，中國保監會先後發佈十餘項保險資金運用新政策，進一步放開不動產和股權投資的行業和領域、允許投資理財產品等類證券化金融產品、允許保險資金以對沖風險為目的參與金融衍生品交易等。2013 年至 2015 年，中國保監會又陸續放開了投資創業板、優先股、創業投資基金、支持歷史存量保單投資藍籌股、增加境外投資範圍等政策。2016 年 7 月中國保監會對《保險資金間接投資基礎設施項目試點管理辦法》進行了修訂，正式發佈《保險資金間接投資基礎設施項目管理辦法》，明確投資計劃可以採取債權、股權、物權及其他可行方式投資基礎設施項目，增加了政府和社會資本合作（PPP）等可行投資模式。

　　根據《保險法》和中國保監會的上述部門規章和規範性文件，目前中國保險資金運用渠道主要包括：（一）銀行存款；（二）債券，包括政府債券、金融債券、企業（公司）債券、非金融企業債務融資工具以及符合規定的其

他債券（符合信用評級的要求）；（三）股票，包括公開發行並上市交易的股票和上市公司向特定對象非公開發行的股票、創業板上市公司股票、公開發行和非公開發行的優先股；（四）證券投資基金；（五）間接投資基礎設施；（六）股權投資，即境內依法設立和註冊登記，且未在證券交易所公開上市的股份有限公司和有限責任公司的股權。其中，實現控股的股權投資應當限於下列企業：保險類企業，包括保險公司、保險資產管理機構以及保險專業代理機構、保險經紀機構；非保險類金融企業；與保險業務相關的企業；（七）不動產，指土地、建築物及其他附着於土地上的定着物；（八）其他金融產品，包括境內依法發行的商業銀行理財產品、銀行業金融機構信貸資產支持證券、信託公司集合資金信託計劃、證券公司專項資產管理計劃、保險資產管理公司基礎設施投資計劃、不動產投資計劃和項目資產支持計劃等金融產品；（九）金融衍生產品，指其價值取決於一種或多種基礎資產、指數或特定事件的金融合約，包括遠期、期貨、期權及掉期（互換）；（十）股指期貨，指經中國證券監督管理機構批准，在中國金融期貨交易所上市的以股票價格指數為標的的金融期貨合約；（十一）創業投資基金，指依法設立並由符合條件的基金管理機構管理，主要投資創業企業普通股或者依法可轉換為普通股的優先股、可轉換債券等權益的股權投資基金；（十二）保險資金境外投資，包括貨幣市場類、固定收益類、權益類、不動產、基金等品種；[15]（十三）設立私募基金，範圍包括成長基金、併購基金、新興戰略產業基金、夾層基金、不動產基金、創業投資基金和以上述基金為主要投資對象的母基金。

在拓寬投資渠道的同時，中國保監會還建立了大類資產比例監管體系。為防範系統性風險，《中國保監會關於加強和改進保險資金運用比例監管的通知》（保監發〔2014〕13號）中將保險公司投資資產（不含獨立帳戶資產）劃分為流動性資產、固定收益類資產、權益類資產、不動產類資產和其他金融資產等五大類，設立大類資產監管比例。針對保險公司配置大類資產制定保險資金運用上限比例，例如：（一）投資權益類資產的帳面餘額，合計不高於保險公司上季末總資產的30%，且重大股權投資的帳面餘額，不高於保險公司上季末淨資產。帳面餘額不包括保險公司以自有資金投資的保險類企業

---

15. 參見《保險資金境外投資管理暫行辦法》（2007年第2號）、《關於印發〈保險資金境外投資管理暫行辦法實施細則〉的通知》（保監發〔2012〕93號）。

股權。（二）投資不動產類資產的帳面餘額，合計不高於保險公司上季末總資產的 30%。帳面餘額不包括保險公司購置的自用性不動產。保險公司購置自用性不動產的帳面餘額，不高於公司上季末淨資產的 50%。（三）投資其他金融資產的帳面餘額，合計不高於保險公司上季末總資產的 25%。（四）境外投資餘額，合計不高於保險公司上季末總資產的 15%。違反有關監管比例規定的，中國保監會責令限期改正。

4. 業務行為監管

這裏所說的保險業務行為，是指保險公司圍繞保險經營，與投保人等利益相關者（包括投保人、被保險人、公司股東和其他投資者、其他競爭主體等）之間發生的各種行為。主要包括保險公司的銷售、廣告宣傳和產品說明；核保和定價；保單簽發；保單續保，中止和終止；向保單持有人支付紅利、進行理賠等給付行為；向投資者、市場和保單持有人進行信息披露；投訴處理；以及與同業的競爭等。另外，與保險公司簽訂委託代理合同，代理保險公司銷售保險產品的中介機構和營銷員在代理權限範圍內的行為也被視為保險公司的行為。

按照中國《保險法》第一百一十六條的規定，保險公司及其工作人員在保險業務活動中不得有下列行為：（一）欺騙投保人、被保險人或者受益人；（二）對投保人隱瞞與保險合同有關的重要情況；（三）阻礙投保人履行保險法規定的如實告知義務，或者誘導其不履行保險法規定的如實告知義務；（四）給予或者承諾給予投保人、被保險人、受益人保險合同約定以外的保險費回扣或者其他利益；（五）拒不依法履行保險合同約定的賠償或者給付保險金義務；（六）故意編造未曾發生的保險事故、虛構保險合同或者故意誇大已經發生的保險事故的損失程度進行虛假理賠，騙取保險金或者牟取其他不正當利益；（七）挪用、截留、侵佔保險費；（八）委託未取得合法資格的機構從事保險銷售活動；（九）利用開展保險業務為其他機構或者個人牟取不正當利益；（十）利用保險代理人、保險經紀人或者保險評估機構，從事以虛構保險中介業務或者編造退保等方式套取費用等違法活動；（十一）以捏造、散佈虛假事實等方式損害競爭對手的商業信譽，或者以其他不正當競爭行為擾亂保險市場秩序；（十二）泄露在業務活動中知悉的投保人、被保險人的商業

秘密；（十三）違反法律、行政法規和國務院保險監督管理機構規定的其他行為。

《保險法》加強了對違法行為責任人的責任追究，保險公司、保險資產管理公司、保險專業代理機構、保險經紀人等從事違法行為，保險監督管理機構除對該單位給予處罰外，對其直接負責的主管人員和其他直接責任人員給予警告，並處一萬元以上十萬元以下的罰款；情節嚴重的，撤銷任職資格。對有違法行為的保險銷售人員、個人代理人以及保險中介機構的從業人員，可以予以警告、罰款。情節嚴重的，保險監督管理機構可以禁止有關責任人員一定期限直至終身進入保險業。例如，2010 年 1 月至 3 月，中國保監會北京保監局對某保險公司北京市分公司進行現場檢查。在檢查過程中，該公司存在拒絕妨礙監督檢查的違法行為。中國保監會認定，相關主管人員與直接責任人的行為違反了《保險法》第一百五十六條的規定，依據《保險法》第一百七十九條的規定，對三名責任人員分別給予終身禁止進入保險業、三年內、五年內禁止進入保險業的行政處罰。[16]

配合《保險法》的規定，近年來中國保監會還出台了《保險公司管理規定》、《人身保險業務基本服務規定》、《關於規範人身保險業務經營有關問題的通知》、《人身保險銷售誤導行為認定指引》、《人身保險新型產品信息披露管理辦法》、《關於促進團體保險健康發展有關問題的通知》、《關於進一步加大力度規範財產保險市場秩序有關問題的通知》等，逐步完善對銷售、理賠等業務行為的監管。2015 年 7 月，中國保監會發佈《互聯網保險業務監管暫行辦法》，對互聯網渠道的經營條件與經營區域、信息披露、經營規則、監督管理等提出明確要求。

三、公司治理監管

保險公司治理結構監管是保險監管發展到一定階段的產物，目前已經成為現代保險監管制度的三大支柱之一，在保險監管中具有重要地位。近年來

---

16. 參見《中國保險監督管理委員會行政處罰決定書（保監罰〔2010〕35 號）》。

政府對保險公司治理的監管更趨嚴格，國際保險監督官協會在《保險公司治理結構核心原則》中，提出了完善保險公司治理的要求及保險公司治理監管的重點和方法。[17] 在中國，中國保監會於 2006 年 1 月頒佈了《關於規範保險公司治理結構的指導意見（試行）》，提出了公司治理監管的基本準則，通過強化主要股東義務、加強董事會建設、明確監事會職責、規範管理層運作、加強關聯交易和信息披露管理等措施推動保險公司治理結構的完善。

1.　公司治理監管的內涵

公司治理指的是董事會和高級管理人員管理保險公司業務的方式，包括董事會成員和高級經營層如何對其行為負責的方式。公司治理包括公司規定、透明、獨立、負責、公平和社會責任。及時和準確地披露保險公司的重大事項，包括財務狀況、經營狀況、所有權和治理情況，是保險公司治理結構的一部分。公司治理還包括符合法律和監管要求。[18] 良好的公司治理不僅是現代公司制度中最重要的架構，也是企業增強競爭力和提高經營效益的必要條件。保險監管機構要求保險公司遵守所有適用的公司治理標準，並對保險公司是否遵守了上述標準進行檢查。這種標準包括公司法等企業組織法中有關公司治理結構的規定、保險法中關於保險公司治理結構的規定以及保險監管機構制定的有關保險公司治理結構的規定。

公司治理問題產生於企業所有者與經營者的分離。法律規範公司治理的初衷，在於消除或減少因企業所有者與經營者分離而產生的代理成本，並對作為企業所有者的股東提供司法救濟的途徑。公司治理監管對於保險公司非常重要。首先，由於風險管理的普遍性及保險工具被廣泛使用，現代保險公司不僅關係到股東和僱員的利益，而且關係到千百萬被保險人的利益。如果保險公司經營出現問題，不僅將極大影響正常的社會管理，還可能引發金融市場的震動進而波及社會經濟生活的各方面。其次，保護被保險人利益是保險公司治理結構監管的法律基礎。為實現對被保險人利益的保護，除了在

---

17. 李揚、陳文輝（2006）。《國際保險監管核心原則——理念、規則及中國實踐》。北京：經濟管理出版社。112 頁。

18. 參見國際保險監督官協會《保險監管核心原則》ICP9。

具體交易時為被保險人提供特別保護外，還需要通過多種措施確保保險公司經營的持續和穩定。第三，市場行為監管和償付能力監管存在先天不足。市場行為是保險公司實施的具體行為，償付能力是保險公司履行保險責任的能力。市場行為不當、償付能力不足均是保險公司經營中的表象問題，在這一表象背後，保險公司機關構造等治理問題才是影響公司具體行為、經營狀況等的深層次問題之一。

2. 中國保險公司治理結構及監管要求

有效的保險公司治理結構監管，要求保險公司應遵守所有適用的公司治理準則；董事會應發揮其在公司治理結構中的重要作用，建立和維護有效的公司內部組織架構；經理層應履行其職責；董事、經理、總精算師、合規負責人等關鍵職位人員應具有相應的資格；公司主要股東應當符合一定要求，具有良好的財務狀況和持續出資能力，不得通過關聯交易等方式侵害公司利益；保險公司股權變更應遵守監管規定；業務轉讓應受到監管；保險公司應當進行適當的信息披露。按照《中國保監會關於進一步規範報送〈保險公司治理報告〉的通知》，保險公司應於每年 5 月 15 日前向中國保監會報送上一年度的公司治理報告。公司應根據監管要求，對公司治理情況進行自查，並根據自查結果對公司治理情況進行自我評價。公司自我評價情況將作為公司治理監管的重要依據。按照《保險公司信息披露管理辦法》第九條的規定，保險公司披露的公司治理概要應當包括下列內容：（一）近三年股東大會（股東會）主要決議；（二）董事簡歷及其履職情況；（三）監事簡歷及其履職情況；（四）高級管理人員簡歷、職責及其履職情況；（五）公司部門設置情況；（六）持股比例在 5% 以上的股東及其持股情況。

要求保險公司遵守所有適用的公司治理標準，是監管機構進行保險公司治理監管的主要路徑。在中國，規範保險公司治理結構及其監管的法律法規主要有《公司法》、《保險法》、《證券法》、《保險公司管理規定》、《外資保險公司管理條例》、《關於規範保險公司治理結構的指導意見（試行）》、《保險公司董事會運作指引》、《關於規範保險公司章程的意見》、《保險公司董事、監事和高級管理人員任職資格管理規定》、《保險公司獨立董事管理暫行辦法》、《保險公司股權管理辦法》、《保險公司控股股東管理辦法》、《保險公司

關聯交易管理暫行辦法》、《保險公司信息披露管理辦法》、《保險公司收購合併管理辦法》、《保險公司保險業務轉讓管理暫行辦法》、《保險公司內部控制基本準則》等。從相關法律法規來看，中國對保險公司治理結構及監管要求的規定內容較豐富，形成了保險公司治理規則體系。

2.1　董事會應在公司治理中發揮重要作用

2.1.1　董事會的職權

董事會在公司治理中的作用在公司法中有規定，公司法在規定董事會的職責時，通常會考慮公司的規模大小、性質及複雜性。在公司層面，董事會應依據法律規定並在法律允許的範圍內結合公司本身情況來明確自身的具體職責。中國《公司法》第四十六條規定了董事會可以行使的職權：董事會有權決定公司的經營計劃和投資方案；決定公司內部管理機構的設置；決定聘任或者解聘公司經理及其報酬事項，並根據經理的提名決定聘任或者解聘公司副經理、財務負責人及其報酬事項；以及制定公司的基本管理制度等。

根據《關於規範保險公司治理結構的指導意見（試行）》，保險公司董事會除履行法律法規和公司章程所賦予的職責外，還應當對以下事項負最終責任：第一，內控。使保險公司建立與其業務性質和資產規模相適應的內控體系，並對保險公司內控的完整性和有效性定期進行檢查評估。第二，風險。使保險公司建立識別、評估和監控風險的機制，並對保險公司業務、財務、內控和治理結構等方面的風險定期進行檢查評估。第三，合規。使保險公司建立合規管理機制，並對保險公司遵守法律法規、監管規定和內部管理制度的情況定期進行檢查評估。

在董事會成員中，非由職工代表擔任的董事由股東（大）會選舉和更換，董事會中的職工代表由公司職工通過職工代表大會、職工大會或者其他形式民主選舉產生。保險公司董事會是公司的重要決策機構和執行機關，在公司治理中起着重要作用。因此，董事應當具有良好的品行和聲譽，具備與其職責相適應的專業知識和企業管理經驗；應當誠信勤勉，持續關注公司經營管理狀況，保證有足夠的時間履行職責。董事應當並有權要求管理層全面、及時、準確地提供反映公司經營管理情況的各種資料或就相關問題作出說明；

應當對董事會決議事項進行充分審查，在審慎判斷的基礎上獨立作出表決。董事會決議違反法律法規或公司章程，致使公司遭受嚴重損失的，投讚成票和棄權票的董事應當依法承擔責任。按照《保險公司董事會運作指引》第三十七條規定：「中國保監會認為保險公司董事或董事會存在不盡職行為的，可以通過以下方式進行監督：（一）責令作出說明；（二）監管談話；（三）以監管函的方式責令改正。」

2.1.2　董事會專業委員會

保險公司根據監管規定與實際需要，在董事會下設專業委員會。專業委員會是董事會的輔助決策機構，為董事會決策提供專業意見，或經董事會授權就專業事項進行決策。保險公司董事會可以按照股東（大）會的有關決議，設立戰略、審計、提名、薪酬與考核等專業委員會。專業委員會委員由董事擔任。其中審計委員會中至少應當有一名以上的財務或審計方面的專業人士。各專業委員會對董事會負責，各專業委員會的提案應提交董事會審查決定。

中國保監會在《關於規範保險公司治理結構的指導意見（試行）》中要求，保險公司至少應當在董事會下設審計委員會和提名薪酬委員會。其中，審計委員會由三名以上不在管理層任職的董事組成，獨立董事擔任主任委員。審計委員會成員應當具備與其職責相適應的財務和法律等方面的專業知識。審計委員會負責定期審查內部審計部門提交的內控評估報告、風險管理部門提交的風險評估報告以及合規管理部門提交的合規報告，並就公司的內控、風險和合規方面的問題向董事會提出意見和改進建議。審計委員會負責提名外部審計機構。提名薪酬委員會由三名以上不在管理層任職的董事組成，獨立董事擔任主任委員。提名薪酬委員會負責審查董事及高管人員的選任制度、考核標準和薪酬激勵措施；對董事及高管人員的人選進行審查並向董事會提出建議；對高管人員進行績效考核並向董事會提出意見。

2.1.3　獨立董事制度

獨立董事是指在所任職的保險公司不擔任除董事以外的其他職務，並與保險公司及其控股股東、實際控制人不存在可能影響對公司事務進行獨立客

觀判斷關係的董事。在公司董事會中引入獨立董事的目的是確保公司依法合規經營，保護公司中小股東利益。這一制度在中國最早出現於上市公司中，《公司法》第一百二十二條規定：「上市公司設立獨立董事，具體辦法由國務院規定。」保險公司治理監管對非上市保險公司也要求設立獨立董事，《關於規範保險公司治理結構的指導意見（試行）》中規定「保險公司應當逐步建立健全獨立董事制度」。保險公司董事會應當至少有兩名獨立董事，並逐步使獨立董事佔董事會成員的比例達到三分之一以上。除失職及其他不適宜擔任職務的情形外，獨立董事在任期屆滿前不得被免職。獨立董事辭職或者因特殊原因被提前免職的，保險公司應當向中國保監會說明情況，獨立董事可以向中國保監會陳述意見。《保險公司獨立董事管理暫行辦法》（保監發〔2007〕22 號）中規定了獨立董事的任職資格和條件，並規定獨立董事不得在其他經營同類主營業務的保險公司任職，且不得同時在四家以上的企業擔任獨立董事。

在權責方面，獨立董事對保險公司的高管人員任免及薪酬激勵措施、重大關聯交易、利潤分配方案、非經營計劃內的投資、租賃、資產買賣、擔保等重大交易事項以及其他可能對被保險人或中小股東權益產生重大影響的事項，應當認真審查並向董事會提交書面意見。董事會不接受獨立董事意見的，半數以上且不少於兩名獨立董事可以向董事會提議召開臨時股東大會。董事會不同意召開臨時股東大會或股東大會不接受獨立董事意見的，獨立董事應當向中國保監會報告。半數以上且不少於兩名獨立董事認為有必要的，可以聘請外部審計機構提供審計意見，費用由保險公司承擔。

如果獨立董事存在下列情形，例如在履行職責過程中接受不正當利益或者利用獨立董事地位謀取私利；董事會決議違反法律、法規、公司章程，或者明顯損害公司、股東、被保險人合法權益，獨立董事本人表決時未投反對票的；或者明顯違反法律法規有關獨立董事獨立性的規定，本人不主動報告的，中國保監會可以按照有關法律、法規和規章的規定予以處罰。

2.2　監事會應監督公司董事會、管理層的行為

監事會是專司監督公司董事會、管理層的公司機關，因此在保險公司治理結構中，監事會也具有重要作用。中國《公司法》第五十三條規定了有限責

任公司監事會的職責，其中包括：檢查公司財務；對董事、高級管理人員執行公司職務的行為進行監督，對違反法律、行政法規、公司章程或者股東會決議的董事、高級管理人員提出罷免的建議；當董事、高級管理人員的行為損害公司的利益時，要求董事、高級管理人員予以糾正；提議召開臨時股東會會議，在董事會不履行公司法規定的召集和主持股東會會議職責時召集和主持股東會會議；向股東會會議提出提案；依照公司法第一百五十二條的規定，對董事、高級管理人員提起訴訟等。這一規定也適用於股份有限公司的監事會。

《保險法》規定，設立保險公司需要有具備任職專業知識和業務工作經驗的監事。《關於規範保險公司章程的意見》（保監發〔2008〕57 號）中規定，保險公司章程應當明確監事會的構成及職權。監事會中職工代表的比例應當符合《公司法》的規定。公司章程中還應當規定監事的任職條件、任免程序、職權和義務；規定監事會的議事規則，或分別制定專門的議事規則作為章程附件。監事會議事規則由監事會擬定，報股東大會批准。

《關於規範保險公司治理結構的指導意見（試行）》中規定保險公司應當明確監事會職責，為監事會提供必要的工作保障。監事會發現董事會決議違反法律法規或公司章程時，應當依法要求其立即改正。董事會拒絕或者拖延採取改正措施的，監事會應當提議召開臨時股東大會。股東大會不接受監事會意見的，監事會應當向中國保監會報告。監事會應當每年將監事的盡職情況向股東大會報告，並同時報送中國保監會。

2.3　公司管理層應勤勉盡責

管理層負責公司的生產經營管理工作，《關於規範保險公司治理結構的指導意見（試行）》中要求保險公司制定管理層工作規則，明確管理層職責，清晰界定董事會與管理層之間的關係。保險公司總經理全面負責公司的日常經營管理，其責任不因其他管理層成員的職責而減輕或免除。按照《公司法》第四十九條的規定，經理由董事會決定聘任或者解聘，對董事會負責，其職權包括主持公司的生產經營管理工作，組織實施董事會決議；組織實施公司年度經營計劃和投資方案；擬定公司內部管理機構設置方案；擬定公司的基本管理制度；制定公司的具體規章等。

除總經理外，保險公司還有若干關鍵的專業技術職位，如總精算師、合規負責人、首席風險官等。按照監管規定，人身保險公司應當設立總精算師職位。總精算師既向管理層負責，也向董事會負責，並向中國保監會及時報告公司的重大風險隱患。總精算師應當參與保險公司風險管理、產品開發、資產負債匹配管理等方面的工作。保險公司還應當設立合規負責人職位。合規負責人既向管理層負責，也向董事會負責，並向中國保監會及時報告公司的重大違規行為。合規負責人負責公司合規管理方面的工作，定期就合規方面存在的問題向董事會提出改進建議。首席風險官不得同時負責銷售與投資管理，其主要職責包括制定風險管理政策和制度，協調公司層面全面風險管理等。首席風險官有權了解公司重大決策、重大風險、重大事件、重要系統及重要業務流程，並參與相關決策的評估。

為加強內控、風險和合規方面的工作，保險公司還應當設立審計、風險管理、合規管理等職能部門。其中，審計部門負責對保險公司的業務、財務進行審計，對內控進行檢查並定期提交內控評估報告。風險管理部門負責對公司的風險狀況進行檢查並定期提交風險評估報告。風險評估報告應當經總經理或其指定的管理層成員審核並簽字認可。合規管理部門負責對產品開發、市場營銷和對外投資等重要業務活動進行合規審查，對公司管理制度、業務規程和經營行為的合規風險進行識別、評估、監測並提交合規報告。合規報告應當經合規負責人審核並簽字認可。合規管理部門應當獨立於業務和財務部門。業務規模較小、沒有條件成立專職合規管理部門的保險公司，應當採取其他方式強化合規管理職能。

2.4　董事、監事和高級管理人員應符合資格要求

按照《公司法》的規定，高級管理人員是指公司的經理、副經理、財務負責人，上市公司董事會秘書和公司章程規定的其他人員。而保險公司高級管理人員的範圍比公司法的規定更為寬泛，《保險公司董事、監事和高級管理人員任職資格管理規定》（保監會令 2014 年第 1 號）中，將對保險機構經營管理活動和風險控制具有決策權或者重大影響的人員，包括總公司總經理、副總經理和總經理助理；總公司董事會秘書、合規負責人、總精算師、財務負責人和審計責任人；分公司、中心支公司總經理、副總經理和總經理助

理；支公司、營業部經理；以及與上述高級管理人員具有相同職權的管理人員，都界定為保險公司的高級管理人員。為加強對保險公司高級管理人員的監管，中國保監會還頒佈了《保險公司總精算師管理辦法》（中國保險監督管理委員會令 2007 年第 3 號）、《保險公司財務負責人任職資格管理規定》（保監會令 2008 年第 4 號）、《保險公司合規管理辦法》（保監發〔2016〕116 號）、《關於印發〈保險公司內部審計指引（試行）〉的通知》（保監發〔2007〕26 號）、《人身保險公司全面風險管理實施指引》（保監發〔2010〕89 號）等。

保險公司任命董事、監事和高級管理人員，除經過公司內部的決策程序外，還要向中國保監會提交任職資格核准申請書、任職資格申請表、身份證、學歷證書等有關證書的複印件（有護照的應當同時提供護照複印件），對擬任人員品行、專業知識、業務能力、工作業績等方面的綜合鑑定，以及擬任高級管理人員勞動合同簽章頁複印件等書面材料和有關電子文檔。中國保監會還可以對保險公司擬任董事、監事或者高級管理人員進行任職考察談話。中國保監會應當自受理任職資格核准申請之日起 20 日內，作出核准或者不予核准的決定。

中國《公司法》第一百四十六條規定了消極的資格要求，即不得擔任公司的董事、監事、高級管理人員的情形，如無民事行為能力或者限制民事行為能力；因貪污、賄賂、侵佔財產、挪用財產或者破壞社會主義市場經濟秩序，被判處刑罰，執行期滿未逾五年，或者因犯罪被剝奪政治權利，執行期滿未逾五年等。《保險法》第八十二條對此予以確認，即有《公司法》第一百四十六條規定的情形的，不得擔任保險公司的董事、監事、高級管理人員。除此之外，《保險法》以及《保險公司董事、監事和高級管理人員任職資格管理規定》中還規定了其他的不得任職的情形，如被金融監管部門取消、撤銷任職資格，自被取消或者撤銷任職資格之日起未逾五年；被金融監管部門禁止進入市場，期滿未逾五年；被國家機關開除公職，自作出處分決定之日起未逾五年；申請前一年內受到中國保監會警告或者罰款的行政處罰；因涉嫌從事嚴重違法活動，被中國保監會立案調查尚未作出處理結論；受到其他行政管理部門重大行政處罰未逾兩年；在香港、澳門、台灣或者中國境外被判處刑罰，執行期滿未逾五年，或者因嚴重違法行為受到行政處罰，執行期滿未逾三年等。

此外，《保險公司董事、監事和高級管理人員任職資格管理規定》中還規定了積極的資格要求，如保險公司董事、監事和高級管理人員應當通過中國保監會認可的保險法規及相關知識測試。保險公司董事長應當具有金融工作五年以上或者經濟工作十年以上工作經歷。保險公司董事和監事應當具有五年以上與其履行職責相適應的工作經歷。保險公司總經理、副總經理和總經理助理應當具有大學本科以上學歷或者學士以上學位，從事金融工作八年以上或者經濟工作十年以上等。

需要注意的是，已核准任職資格的保險機構高級管理人員，在同一保險機構內調任、兼任同級或者下級高級管理人員職務，無須重新核准其任職資格，但中國保監會對擬任職務的資格條件有特別規定的除外。保險機構董事、監事調任或者兼任高級管理人員，應當重新報經中國保監會核准任職資格。除此之外，未經中國保監會核准任職資格，保險公司不得以任何形式任命董事、監事或者高級管理人員。實踐中也有保險公司因董事及高級管理人員任職管理違規而受到行政處罰的情形。[19] 保險公司董事、監事和高級管理人員怠於履行職責或存在重大失職行為的，中國保監會可以責令保險公司予以撤換或取消其任職資格。

2.5　保險公司股東應符合資格要求

股東（大）會是保險公司的最高權力機構，股東作為保險公司的出資人，對保險公司經營管理和公司治理具有重要意義。《保險法》、《保險公司管理規定》、《關於規範保險公司治理結構的指導意見（試行）》中都對股東資格和股東構成等作出規定，近年來中國保監會還通過《保險公司股權管理辦法》（中國保險監督管理委員會令 2010 年第 6 號）、《保險公司控股股東管理辦法》（保監會令 2012 年第 1 號）、《保險公司收購合併管理辦法》（保監發〔2014〕26 號）等進一步加強對保險公司股東的監管。

關於股東資格，《保險法》第六十八條規定保險公司「主要股東具有持續盈利能力，信譽良好，最近三年內無重大違法違規記錄，淨資產不低於人

---

19. 參見《中國保險監督管理委員會行政處罰決定書（保監罰〔2010〕34 號）》、《中國保險監督管理委員會行政處罰決定書（保監罰〔2011〕3 號）》。

民幣二億元」。《保險公司管理規定》第六條要求保險公司的投資人要符合法律、行政法規和中國保監會規定的條件,保險公司股權結構合理。《保險公司股權管理辦法》第十五條進一步指出,持有保險公司股權15%以上,或者不足15%但直接或者間接控制該保險公司的主要股東,還應當具有持續出資能力,最近三個會計年度連續盈利;具有較強的資金實力,淨資產不低於人民幣2億元;信譽良好,在本行業內處於領先地位。《關於規範保險公司治理結構的指導意見(試行)》第一條規定,對保險公司經營管理有較大影響的主要股東,應當具有良好的財務狀況和持續出資能力,支持保險公司改善償付能力,不得利用其特殊地位損害保險公司、被保險人、中小股東及其他利益相關者的合法權益。保險公司股東之間形成關聯關係的,應當主動向董事會申報。保險公司應當及時向中國保監會報告股東之間的關聯情況。

公司治理監管中對保險公司股權結構也有要求,《保險公司股權管理辦法》第四條規定:「保險公司單個股東(包括關聯方)出資或者持股比例不得超過保險公司註冊資本的20%。中國保監會根據堅持戰略投資、優化治理結構、避免同業競爭、維護穩健發展的原則,對於滿足本辦法第十五條規定的主要股東,經批准,其持股比例不受前款規定的限制。」該規定是針對依法登記註冊的、外資股東出資或者持股比例佔公司註冊資本不足25%的保險公司。如果是全部外資股東出資或者持股比例佔公司註冊資本25%以上的保險公司,則適用外資保險公司管理的有關規定。按照《外資保險公司管理條例》及《外資保險公司管理條例實施細則》,外國保險公司如果與中國的公司、企業合資在中國境內設立經營人身保險業務的合資保險公司,其中外資比例不得超過公司總股本的50%。

針對保險公司控股股東,即出資額佔保險公司資本總額百分之五十以上或者持有的股份佔保險公司股本總額百分之五十以上的股東,以及出資額或者持有股份的比例雖然不足百分之五十,但依其出資額或者持有的股份所享有的表決權已足以對股東會、股東大會的決議產生重大影響的股東,中國保監會頒佈了《保險公司控股股東管理辦法》對其加以監管,要求保險公司控股股東應當善意行使對保險公司的控制權,依法對保險公司實施有效監督,防範保險公司經營風險,不得利用控制權損害保險公司、投保人、被保險人和受益人的合法權益。

如果收購人一次或累計取得保險公司三分之一以上（不含三分之一）股權，且成為該保險公司第一大股東；或者收購人一次或累計取得保險公司股權雖不足三分之一，但成為該保險公司第一大股東，且對保險公司實現控制的，其收購行為要遵守《保險公司收購合併管理辦法》，除風險處置或在同一控制人控制的不同主體之間轉讓等特殊情形外，收購人應書面承諾自收購完成之日起三年內，不轉讓所持有的被收購保險公司股權或股份。

2.6 保險公司股權變更應合規

鑑於保險公司股東對於規範公司治理的重要性，監管機構將保險公司的股權變更也納入監管範圍。如前所述，保險公司變更出資額佔有限責任公司資本總額百分之五以上的股東，或者變更持有股份有限公司股份百分之五以上的股東，應當經保險監督管理機構批准。除上市公司的股東變更除外，保險機構變更出資額不超過有限責任公司資本總額5%的股東，或者變更持有股份有限公司股份不超過5%的股東，應當自該情形發生之日起十五日內，向中國保監會報告。按照《保險公司股權管理辦法》規定，投資人通過證券交易所持有上市保險公司已發行的股份達到5%以上，應當在該事實發生之日起五日內，由保險公司報中國保監會批准。中國保監會有權要求不符合規定資格條件的投資人轉讓所持有的股份。

按照《保險公司收購合併管理辦法》的規定，在收購過程中，自簽訂股權轉讓協議、出資協議書或股份認購協議起至相關股權或股份完成過戶的期間為收購過渡期。在收購過渡期內，除為挽救面臨嚴重財務困難的保險公司外，收購人不得提議改選保險公司董事會，被收購保險公司不得進行有重大影響的投資、購買和出售資產行為，或者與收購人及其關聯方進行交易。

2.7 規範保險公司關聯交易

關聯交易是指保險公司與其關聯方之間的交易。對公司而言，如果交易條件公正、價格公平公允，往往能夠實現交易雙方的共贏。但是在關聯交易中，交易對方可能是公司的控股股東，也可能是公司的董事或者其他對公司決策與行為具有重大影響的人，如果其利用此地位損害公司利益，則公司利

益在交易中很容易受到損害。現代公司治理將關聯交易作為重要內容予以規範，在保險公司治理中，也必須對關聯交易進行重點監管。

關聯關係是指公司控股股東、實際控制人、董事、監事、高級管理人員與其直接或者間接控制的企業之間的關係，以及可能導致公司利益轉移的其他關係。但是，國家控股的企業之間不僅因為同受國家控股而具有關聯關係。中國《公司法》第二十一條規定：「公司的控股股東、實際控制人、董事、監事、高級管理人員不得利用其關聯關係損害公司利益。」《保險法》第一百零八條規定：「保險公司應當按照國務院保險監督管理機構的規定，建立對關聯交易的管理和信息披露制度。」該法第一百零九條規定：「保險公司的控股股東、實際控制人、董事、監事、高級管理人員不得利用關聯交易損害公司的利益。」

《保險公司股權管理辦法》中明確要求股東應當向保險公司如實告知其控股股東、實際控制人及其變更情況，並就其與保險公司其他股東、其他股東的實際控制人之間是否存在以及存在何種關聯關係向保險公司做出書面說明。保險公司應當及時將公司股東的控股股東、實際控制人及其變更情況和股東之間的關聯關係報告中國保監會。《保險公司控股股東管理辦法》中規定保險公司控股股東不得利用關聯交易、利潤分配、資產重組、對外投資等任何方式損害保險公司的合法權益。保險公司控股股東與保險公司之間進行重大關聯交易，保險公司按照《保險公司信息披露管理辦法》的要求，披露保險公司全體獨立董事就該交易公允性出具的書面意見以及其他相關信息，保險公司控股股東應當積極配合。為規範保險公司收購行為，《保險公司收購合併管理辦法》中規定在保險公司收購合併完成後 12 個月內，保險公司應當於每季度前 30 日內，將上一季度有重大影響的投資、購買或者出售資產、關聯交易等情況書面報告中國保監會。

《保險公司關聯交易管理暫行辦法》（保監發〔2007〕24 號）是對保險公司關聯交易進行監管的主要規範，其中將保險公司的關聯方分為以股權關係為基礎的關聯方、以經營管理權為基礎的關聯方和其他關聯方，並分別加以界定。按照其規定，保險公司關聯交易是指保險公司與關聯方之間發生的下列交易活動：（一）保險公司資金的投資運用和委託管理；（二）固定資產的買賣、租賃和贈與；（三）保險業務和保險代理業務；（四）再保險的分出或者分入業務；（五）為保險公司提供審計、精算、法律、資產評估、廣告、職

場裝修等服務；（六）擔保、債權債務轉移、簽訂許可協議以及其他導致公司利益轉移的交易活動。《保險公司管理規定》第五十六條要求保險公司應當建立控制和管理關聯交易的有關制度。保險公司的重大關聯交易應當按照規定及時向中國保監會報告。《保險公司關聯交易管理暫行辦法》中對此項規定予以細化，明確了保險公司重大關聯交易和一般關聯交易的認定標準，重大關聯交易由董事會或股東大會批准，一般關聯交易按照公司內部授權程序審查。重大關聯交易應當在發生後十五個工作日內報告中國保監會。此外，保險公司的關聯交易管理制度還應當報中國保監會備案。

按照《保險公司信息披露管理辦法》第十五條的規定：「保險公司披露的重大關聯交易信息應當包括下列內容：（一）交易對手；（二）定價政策；（三）交易目的；（四）交易的內部審批流程；（五）交易對公司本期和未來財務及經營狀況的影響；（六）獨立董事的意見。」如果保險公司違規進行關聯交易，應承擔相應的法律責任。《保險法》第一百五十一條規定：「保險公司的股東利用關聯交易嚴重損害公司利益，危及公司償付能力的，由國務院保險監督管理機構責令改正。在按照要求改正前，國務院保險監督管理機構可以限制其股東權利；拒不改正的，可以責令其轉讓所持的保險公司股權。」《保險公司股權管理辦法》第十一條、《保險公司控股股東管理辦法》第三十五條也都對此作出規定。

2.8 監督保險公司業務轉讓

保險公司轉讓保險業務，會涉及到投保人、被保險人和受益人的權益，應受到監管。保險公司轉讓保險業務可能有多種原因，例如為達到自願退出保險市場或者剝離部分保險業務的目的而轉讓保險業務，或者因保險公司收購合併而轉讓保險業務，《保險公司收購合併管理辦法》第十七條規定：「保險公司合併後的業務範圍由中國保監會按照有關規定重新核准。經中國保監會核准後的業務範圍小於合併各方業務範圍的，合併各方應當自取得中國保監會批准後的六個月內將相關業務轉讓給符合資質的保險公司。」

為規範保險公司轉讓保險業務的行為，《保險公司保險業務轉讓管理暫行辦法》（中國保險監督管理委員會令 2011 年第 1 號）中規定了保險公司轉讓或者受讓保險業務的審批流程，並規定了保險業務受讓方保險公司應當符

合的條件：（一）受讓的保險業務在其業務範圍之內；（二）公司治理結構完善，內控制度健全；（三）償付能力充足，且受讓保險業務後，其償付能力符合中國保監會的相關規定；（四）最近兩年內無受金融監管機構重大行政處罰的記錄；（五）在受讓業務的保單最初簽發地設有分支機構；（六）已進行經營管理受讓業務的可行性研究；（七）中國保監會規定的其他條件。保險業務受讓方保險公司應當承擔轉讓方保險公司依照原保險合同對投保人、被保險人和受益人負有的義務。

保險公司轉讓全部保險業務，依法終止其業務活動的，應當在轉讓協議履行完畢之日起 15 個工作日內向中國保監會辦理保險許可證註銷手續，並向工商行政管理部門辦理相關手續。保險公司轉讓部分保險業務，涉及保險許可證事項變更的，應當在轉讓協議履行完畢之日起 15 個工作日內，按照中國保監會的有關規定辦理變更手續。

2.9　保險公司依法進行信息披露

信息披露是指保險公司向社會公眾公開其經營管理相關信息的行為。中國保險公司的信息披露既包括對監管機構的披露，也包括對股東及社會公眾的披露。對保險監管機構而言，信息披露既是監管保險公司的一種重要手段與途徑，也是其監管保險公司的基礎；對與保險公司進行交易的相對人而言，保險公司進行充分的信息披露，有助於其了解保險公司的風險等相關情況，幫助其做出正確的交易判斷。按照《保險公司信息披露管理辦法》第十九條的規定，保險公司應當在每年 4 月 30 日前在公司互聯網站和中國保監會指定的報紙上發佈年度信息披露報告。

中國《保險法》第八十六條規定：「保險公司應當按照保險監督管理機構的規定，報送有關報告、報表、文件和資料。保險公司的償付能力報告、財務會計報告、精算報告、合規報告及其他有關報告、報表、文件和資料必須如實記錄保險業務事項，不得有虛假記載、誤導性陳述和重大遺漏。」《關於規範保險公司治理結構的指導意見（試行）》中也要求保險公司按照相關法律、法規和監管規定披露財務、風險和治理結構等方面的信息，並保證披露信息的真實性、準確性和完整性。要求保險公司建立信息披露內部管理制度，指定專人負責信息披露事務。

按照《保險公司信息披露管理辦法》第六條規定,保險公司應當披露的信息包括:(一)基本信息;(二)財務會計信息;(三)風險管理狀況信息;(四)保險產品經營信息;(五)償付能力信息;(六)重大關聯交易信息;(七)重大事項信息。保險公司信息披露應當遵循真實、準確、完整、及時、有效的原則,不得有虛假記載、誤導性陳述和重大遺漏。保險公司董事會秘書負責管理公司信息披露事務。未設董事會的保險公司,應當指定公司高級管理人員管理信息披露事務。

保險公司有下列重大事項之一的,應當披露相關信息並作出簡要説明:(一)控股股東或者實際控制人發生變更;(二)更換董事長或者總經理;(三)當年董事會累計變更人數超過董事會成員人數的三分之一;(四)公司名稱、註冊資本或者註冊地發生變更;(五)經營範圍發生重大變化;(六)合併、分立、解散或者申請破產;(七)撤銷省級分公司;(八)償付能力出現不足或者發生重大變化;(九)重大戰略投資、重大賠付或者重大投資損失;(十)保險公司或者其董事長、總經理因經濟犯罪被判處刑罰;(十一)重大訴訟或者重大仲裁事項;(十二)保險公司或者其省級分公司受到中國保監會的行政處罰;(十三)更換或者提前解聘會計師事務所;(十四)中國保監會規定的其他事項。

此外,為強化對保險公司股東的管理,《保險公司股權管理辦法》第二十二條規定,保險公司應當自知悉其股東發生以下情況之日起 15 日內向中國保監會書面報告:所持保險公司股權被採取訴訟保全措施或者被強制執行;質押或者解質押所持有的保險公司股權;變更名稱;發生合併、分立;解散、破產、關閉、被接管;其他可能導致所持保險公司股權發生變化的情況。《保險公司控股股東管理辦法》中要求保險公司控股股東建立信息披露管理制度,明確規定涉及保險公司重大信息的範圍、保密措施、報告和披露等事項。

四、償付能力監管

保險公司償付能力是指保險公司償還債務的能力,償付能力監管是現代保險監管制度的核心。償付能力是按監管規則或專門會計準則計算的保險公

司債務清償能力指標，是一種剔除不可變現因素的、嚴格的淨資產指標。償付能力也可以理解為保險人對所承保的風險在發生超出正常出險概率的賠付和給付金額時的經濟補償能力。保險人是在分析以往長期同類風險的大量、完善和健全的損失或賠付數額資料的前提下，依據一定的數學模型，並假設過去同類責任賠款和給付的經驗與未來狀況大致相同，從而計算出概率以確定該保單的純保費。但是由於風險發生的隨機性和不確定性，風險計算存在一定的技術誤差，實際發生的損失額與預計的損失額之間通常存在誤差。當前者大於後者，保險人就會面臨償付能力的問題。[20]

保險公司的償付能力體現為保險公司對所承擔風險的賠償或給付能力，它反映的是保險公司資產和負債的一種關係。保險公司必須具備足夠的償付能力，才能為被保險人提供充分保障。償付能力涉及保險公司業務運作的各個環節，不僅依賴於產品定價、準備金提取、再保險安排和投資收益等，還受到宏觀經濟環境、銀行利率、資本市場等外部環境的影響。在由償付能力、市場行為和公司治理監管作為三大支柱共同構成的現代保險監管體系中，償付能力監管是核心。

1. 中國保險業償付能力監管制度的完善

1.1 第一代償付能力監管制度體系

中國在 1995 年《保險法》中提出償付能力監管。2001 年 1 月，中國保監會頒佈了《保險公司最低償付能力及監管指標管理規定（試行）》。2002 年《保險法》修訂後又明確授權保險監管機構制定償付能力監管指標體系。2003 年 3 月，中國保監會頒佈《保險公司償付能力額度及監管指標管理規定》（保監會令（2003）1 號），實質啟動了償付能力監管制度體系建設。《保險公司償付能力額度及監管指標管理規定》中設立了兩道防線來控制保險公司的償付能力狀況：一是建立監測反映保險公司償付能力狀況和變動趨勢的指標體系。其中人壽保險公司的償付能力監管指標有 12 個，財產保險公司的償付能力監管指標有 11 個，還規定了各個指標相應的變動範圍；二是對償付能力額

---

20. 北京當代金融培訓有限公司（2014）。《個人風險管理與保險規劃》。北京：中信出版社。264 頁。

度實行強制性監管。對實際償付能力額度低於法定最低償付能力額度的保險公司，將根據不同的嚴重程度分別採取責令整改、限制經營費用規模、限制高級管理人員薪酬、責令分保、責令拍賣不良資產、乃至責令停止新業務和依法接管等措施。其後中國保監會陸續發佈了十四個《保險公司償付能力編報規則》，作為對《保險公司償付能力額度及監管指標管理規定》的補充細則，並根據在執行中遇到的新問題進行相應的修訂。到 2007 年底，基本搭建起具有中國特色的第一代償付能力監管制度體系。

2008 年 7 月，為適應新階段保險業的發展和保險監管的客觀要求，中國保監會又頒佈了《保險公司償付能力管理規定》（中國保險監督管理委員會令 2008 年第 1 號），於 2008 年 9 月 1 日正式實施。《保險公司償付能力管理規定》中明確了保險公司、中國保監會及其派出機構（保監局）在償付能力監管體系中的職責，建立了與國際趨同的、以風險為基礎的動態償付能力監管框架。其中明確提出了分類監管要求，中國保監會根據保險公司償付能力狀況將保險公司分為三類，實施分類監管：（一）不足類公司，指償付能力充足率低於 100% 的保險公司；（二）充足 I 類公司，指償付能力充足率在 100% 到 150% 之間的保險公司；（三）充足 II 類公司，指償付能力充足率高於 150% 的保險公司。對三類公司分別採取不同的監管措施。

2009 年修訂的《保險法》在償付能力監管方面也進行了相應的調整，明確提出保險公司應當具有與其業務規模和風險程度相適應的最低償付能力。保險公司的認可資產減去認可負債的差額不得低於國務院保險監督管理機構規定的數額；低於規定數額的，應當按照國務院保險監督管理機構的要求採取相應措施達到規定的數額。保險公司應當按照規定報送償付能力報告，不得有虛假記載、誤導性陳述和重大遺漏。保險監督管理機構應當建立健全保險公司償付能力監管體系，對保險公司的償付能力實施監控。對償付能力不足的保險公司，保險監督管理機構應當將其列為重點監管對象，並可以根據具體情況採取相應的監管措施。

1.2　第二代償付能力監管制度體系

中國第一代償付能力監管標準始建於 2003 年，在資產負債評估方法上，借鑑了美國的法定會計原則；在最低資本要求上，採用了歐盟償付能力 I 的標

準。第一代償付能力監管制度體系以資本要求和業務規模為基礎，其注重的是資本要求而非風險管理能力，這一體系所存在的風險種類覆蓋不全面、資產負債評估和資本要求與風險相關度不高等問題越來越難以適應保險業發展和監管的需要。為進一步加強償付能力監管，更加有效地提高行業防範風險的能力，中國保監會於 2012 年發佈《中國第二代償付能力監管制度體系建設規劃》，在開展全行業第一代償付能力標準回顧的基礎上，正式啟動了以風險為導向的第二代償付能力監管制度體系（以下簡稱「償二代」）建設工作以適應市場化改革需要。2013 年發佈《中國第二代償付能力監管制度體系整體框架》，開展全行業償二代資產負債評估原則等聯合定量測試。2014 年發佈 17 項監管規則的徵求意見稿，開展全行業方案測試、參數測試、校準測試等定量測試。2015 年正式印發《保險公司償付能力監管規則（1–17 號）》，發佈《關於中國風險導向償付能力體系實施過渡期有關事項的通知》，全行業自發文之日起進入償二代過渡期，自 2016 年 1 月 1 日正式實施。與第一代償付能力監管制度相比，以風險為導向的償付能力監管，是通過全面地計量保險公司的風險，使資本要求與風險更相關，而非根據保險人的業務規模確定相應的償付能力額度。

　　償二代整體框架由制度特徵、監管要素和監管基礎三部分構成。其中，制度特徵包括統一監管、新興市場、風險導向兼顧價值三大特徵；監管要素包括定量資本要求、定性監管要求、市場約束機制三個支柱；監管基礎是指公司內部償付能力管理。在償二代的「三支柱」體系中，第一支柱是定量資本要求，主要防範能夠量化的風險，通過識別和量化各類風險，要求保險公司具備與風險相適應的資本。主要內容包括第一支柱量化資本要求、實際資本評估標準、資本分級、動態償付能力測試和第一支柱監管措施等五個部分。第二支柱是定性監管要求，是在第一支柱的基礎上，防範難以量化的風險。主要內容包括風險綜合評級、保險公司風險管理要求與評估、監管檢查和分析及第二支柱監管措施等四個部分。第三支柱是市場約束機制，即引導和發揮市場相關利益人的力量，通過對外信息披露等手段，借助市場約束力，加強對保險公司償付能力的監管。一方面通過對外信息披露手段，利用除監管部門之外的市場力量，對保險公司進行約束；另一方面監管部門通過多種手段，完善市場約束機制，促進市場力量更好地發揮對保險公司風險管理和價值評估的約束作用。

表 15.1　償二代的「三支柱」體系監管框架

第一支柱 定量資本要求	第二支柱 定性監管要求	第三支柱 市場約束機制
量化風險 ・保險風險 ・信用風險 ・市場風險	難以量化風險 ・操作風險 ・戰略風險 ・聲譽風險 ・流動性風險	難以監管的風險
監管工具 ・量化資本要求 ・實際資本評估 ・資本分級 ・壓力測試 ・監管措施	監管工具 ・風險綜合評級 ・風險管理要求與評估 ・檢查與分析 ・監管措施	監管工具 ・公司信息披露 ・監管信息披露 ・信用評級
監管評價 ・綜合償付能力充足率 ・核心償付能力充足率	監管評價 ・風險綜合評級 ・控制風險得分	市場評價

2. 中國償付能力監管制度體系的主要內容

「中國風險導向償付能力體系」，也稱第二代償付能力監管體系，是現階段中國保監會推進建設的償付能力監管體系。其法律依據主要包括《保險法》、《中國第二代償付能力監管制度體系整體框架》以及《保險公司償付能力監管規則（1–17 號）》（保監發〔2015〕22 號），後者是償二代全部主幹技術標準共十七項監管規則（其中第一支柱九項，第二支柱三項，第三支柱三項，償付能力報告和保險集團各一項）。

2.1　保險公司償付能力充足率

2.1.1　第一代償付能力監管制度體系的規定

　　第一代償付能力監管制度體系的監管規則規定了三個指標，即償付能力充足率、最低資本和實際資本。償付能力充足率即資本充足率，是保險公司的實際資本與最低資本的比率（償付能力充足率 = 實際資本 ÷ 最低資本）。其中，最低資本是保險公司為應對資產風險、承保風險等風險對償付能力的不利影響，依據中國保監會的規定而應當具有的資本數額。實際資本是保險公司的認可資產與認可負債的差額（實際資本 = 認可資產 − 認可負債）。認可資產和認可負債是保險公司在評估償付能力時依據中國保監會的規定所確認的資產和負債。

　　第一代償付能力監管制度體系的衡量標準存在的問題是，規模導向不能全面反映風險。在這一監管規則中，只要保險公司的規模相同，不論業務結構、承保質量、理賠水平、風險管理水平是否相同，資本要求都是一樣的。也就是説，第一代償付能力監管標準按照保費規模、賠款或準備金的一定比例確定資本要求，不能從制度上區別出來保險公司實際經營狀況的差別。而且過於強調資本要求而非風險管理能力，風險敏感性低，不能及時反映風險。

2.1.2　第二代償付能力監管制度體系的規定

　　在償二代的「三支柱」體系中，第一支柱定量資本要求，第二支柱定性資本要求，第三支柱市場約束機制。與第一代償付能力監管制度體系相比，償二代中評價保險公司償付能力狀況的指標有三個：核心償付能力充足率、綜合償付能力充足率和風險綜合評級。其中，核心償付能力充足率，是指核心資本與最低資本的比率（核心償付能力充足率 = 核心資本 ÷ 最低資本 ×100%），反映保險公司核心資本的充足狀況。綜合償付能力充足率，是指核心資本和附屬資本之和與最低資本的比率（綜合償付能力充足率 =（核心資本 + 附屬資本）÷ 最低資本 ×100%），反映保險公司總體資本的充足狀況。風險綜合評級，是綜合第一支柱對能夠量化的風險的定量評價和第二支柱對難以量化的風險的定性評價，對保險公司總體的償付能力風險水平進行全面評價所得到的評級，評級結果反映了保險公司綜合的償付能力風險。

具體來說，首先，第一支柱定量要求採用量化模型制定關於資產評估、負債評估和資本要求的技術規定，主要防範能夠量化的風險，通過識別和量化各類風險，要求保險公司具備與其風險相適應的資本。具體包括五方面的內容：（一）第一支柱量化資本要求；（二）實際資本評估標準；（三）資本分級；（四）動態償付能力測試；（五）監管措施。

（一）第一支柱量化資本要求

包括以下幾方面內容：（1）保險風險資本要求：針對由於賠付水平、費用水平等的實際經驗與預期發生不利偏離，導致保險公司遭受非預期損失的風險提出的資本要求（詳見監管規則第 1 號至第 6 號）；（2）市場風險資本要求：針對由於利率、權益價格、房地產價格、匯率等不利變動，導致保險公司遭受非預期損失的風險提出的資本要求（詳見監管規則第 7 號）；（3）信用風險資本要求：針對由於交易對手不能履行或不能按時履行其合同義務，或者交易對手信用狀況的不利變動，導致保險公司遭受非預期損失的風險提出的資本要求（詳見監管規則第 8 號）；（4）宏觀審慎監管資本要求：對順周期風險、系統重要性機構風險等提出的資本要求；（5）調控性資本要求：根據行業發展、市場調控和特定保險公司風險管理水平的需要，對部分業務、部分公司提出一定期限的資本調整要求。

在第一代償付能力監管制度體系中，保險公司的最低資本主要與保險業務相關，並未考慮不同險種的風險。以財產保險公司為例，其最低資本只與財產保險公司的自留保費或賠款金額有關，而與險種無關。因此只要規模相同，資本要求都是一樣的。而在償二代下，在計量保險風險的最低資本時，將財產保險業務細分為車險、財產險、船貨特險、責任險、意外與健康保險、農業險、信用保證險、其他險等八類險種，根據風險水平差異規定了不同險種的保費風險因子和準備金風險因子。同時保費風險還要根據險種綜合成本率情況進行資本調整，準備金風險還需要根據未決賠款準備金回溯偏差率來調整。償二代還對巨災風險明確提出了資本要求，運用巨災模型為基礎進行計量。市場風險則根據不同的資產類別，細分為利率風險、權益風險、房地產風險、境外資產風險和匯率風險，以會計報表為基礎提出差異化的資本計量方法，最低資本要求從高到低分別為權益類資產、固定收益類資產、存款類資產。

（二）實際資本評估標準

所謂實際資本，是指保險公司在持續經營或破產清算狀態下可以吸收損失的財務資源。實際資本＝認可資產－認可負債。其中，認可資產為處置不受限制，並可用於履行對保單持有人賠付義務的資產。例如，對於有跡象表明保險公司到期不能處置或者對其處置受到限制的資產（如被依法凍結的資產、由於戰亂等原因無法處置的境外資產等），在償付能力監管體系中，就不能確認為認可資產，或者其確認和計量的原則不同於財務會計報告體系中的資產。認可負債為保險公司無論在持續經營還是破產清算狀態下均需要償還的債務，以及超過監管限額的資本工具。認可負債不同於財務會計報告體系中的負債，需要根據償付能力監管的目的，進一步考慮確認和計量的差異，對負債金額進行適當調整。例如，保險公司的資本性負債，在償付能力監管體系中，其確認和計量的原則可能會不同於財務會計報告體系中的負債。

（三）資本分級

償二代根據屬性對資本進行了分級，即根據資本吸收損失的性質和能力，保險公司的資本分為核心資本和附屬資本。核心資本為在持續經營狀態下和破產清算狀態下均可以吸收損失的資本；附屬資本為在破產清算狀態下可以吸收損失的資本。例如，房地產公允價值增值部分不計入核心資本，但可計入附屬資本，以防止部分保險公司通過房地產價值重估來提高償付能力充足率的做法。

（四）動態償付能力測試

保險公司在基本情境和各種不利情境下，對未來一段時間內的償付能力狀況進行預測和評價。

（五）監管措施

監管機構對不滿足定量資本要求的保險公司，區分不同情形，可採取不同的監管干預措施。

其次，第二支柱定性資本要求在第一支柱對量化風險進行評價的基礎上，將不易量化的操作風險、戰略風險、聲譽風險、流動性風險（詳見監管規則第 12 號）等納入監管。第二支柱由四部分構成：（一）風險綜合評級（詳

見監管規則第 10 號）；（二）保險公司風險管理要求與評估（詳見監管規則第 11 號）；（三）監管檢查和分析；（四）監管措施。

償二代對保險公司的風險管理能力提出了具體而詳細的要求，不僅規定了風險管理組織架構、風險管理制度和績效考核，明確提出風險管理工具包括全面預算、資產負債管理、資本規劃與配置、經濟資本和壓力測試、信息系統建設等，還對各類風險的管理提出具體要求。風險管理能力的評估結果將直接影響最低資本，風險管理能力強的保險公司，所需最低資本將減少；風險管理能力弱的保險公司，所需最低資本將增加。

再者，第三支柱市場約束機制。通過對外信息披露等手段，借助市場的約束力，加強對保險公司償付能力的監管，進一步防範風險。第三支柱包括三個方面：保險公司信息披露、監管機構信息披露和保險公司信用評級。一是加強保險公司償付能力信息的公開披露，充分利用市場力量，對保險公司進行監督和約束。二是監管部門與市場相關方建立持續、雙向的溝通機制，加強對保險公司的約束。三是規範和引導評級機構，使其在償付能力風險防範中發揮更大作用。[21]

2.2 保險公司償付能力分類監管措施

在第一代償付能力監管制度體系中，根據《保險法》第一百三十八條規定，對償付能力不足的保險公司，保險監督管理機構應當將其列為重點監管對象，並可以根據具體情況採取下列措施：（一）責令增加資本金、辦理再保險；（二）限制業務範圍；（三）限制向股東分紅；（四）限制固定資產購置或者經營費用規模；（五）限制資金運用的形式、比例；（六）限制增設分支機構；（七）責令拍賣不良資產、轉讓保險業務；（八）限制董事、監事、高級管理人員的薪酬水平；（九）限制商業性廣告；（十）責令停止接受新業務。保險監管機構可以根據具體情況單獨使用或者合併使用上述措施。這些措施的性質屬於保險監管措施，不屬於行政處罰，也不適用行政處罰的程序規定。除此之外，《保險法》第一百四十四條規定：「保險公司有下列情形之

---

21. 陳文輝（2015）。〈中國償二代的制度框架和實施路徑〉，《中國金融》。北京：中國金融出版社。5 期，9–12 頁。

一的，國務院保險監督管理機構可以對其實行接管：（一）公司的償付能力嚴重不足的；（二）違反本法規定，損害社會公共利益，可能嚴重危及或者已經嚴重危及公司的償付能力的。」

對充足 I 類公司，中國保監會實行預警管理，可以要求充足 I 類公司提交和實施預防償付能力不足的計劃。充足 I 類公司和充足 II 類公司存在重大償付能力風險的，中國保監會可以要求其進行整改或者採取必要的監管措施。

償二代中，核心償付能力充足率、綜合償付能力充足率反映保險公司量化風險的資本充足狀況，風險綜合評級反映保險公司與償付能力相關的全部風險的狀況，將保險公司分為 A、B、C、D 四類。分類監管評價採用加權平均法。其中，量化風險評分所佔權重為 50%，難以量化風險評分所佔權重為 50%。

表 15.2　風險綜合評級

類別	償付能力充足率	難量化風險	對應評分
A	達標	且 操作、戰略、聲譽、流動性風險小	80 < 得分 <=100
B	達標	且 操作、戰略、聲譽、流動性風險較小	60 < 得分 <=80
C	不達標	或 操作、戰略、聲譽、流動性風險較大	40 < 得分 <=60
D	不達標	或 操作、戰略、聲譽、流動性風險嚴重	得分 <=40

按照《保險公司償付能力監管規則第 10 號：風險綜合評級（分類監管）》的規定，中國保監會在市場准入、產品管理、資金運用、現場檢查等方面，對 A、B、C、D 四類保險公司及其分支機構實施差異化監管政策。對 B 類公司，中國保監會可根據公司存在的風險，採取以下一項或多項監管措施，包括但不限於：（一）風險提示；（二）監管談話；（三）要求限期整改存在的問題；（四）進行專項現場檢查；（五）要求提交和實施預防償付能力充足率不達標或完善風險管理的計劃。

對 C 類公司區別兩種情況，其中，對核心償付能力充足率或綜合償付能力充足率不達標的 C 類公司，除可以採取對 B 類公司的監管措施外，還可以根據公司償付能力充足率不達標的原因採取以下一項或多項監管措施，包括但不限於：（一）責令調整業務結構，限制業務和資產增長速度，限制增設分支機構，限制商業性廣告；（二）限制業務範圍，責令轉讓保險業務或者責令

辦理分出業務；（三）責令調整資產結構或交易對手，限制投資形式或比例；（四）責令增加資本金，限制向股東分紅；（五）限制董事和高級管理人員的薪酬水平；（六）責令調整公司負責人及有關管理人員。

對操作風險、戰略風險、聲譽風險、流動性風險中某一類或某幾類風險較大的 C 類公司，除可採取對 B 類公司的監管措施外，還可採取以下監管措施：（一）對操作風險較大的 C 類公司，針對公司存在的具體問題，對其公司治理、內控流程、人員管理、信息系統等採取相應監管措施；（二）對戰略風險較大的 C 類公司，針對公司在戰略制定、戰略執行等方面存在的問題，採取相應監管措施；（三）對聲譽風險較大的 C 類公司，針對公司產生聲譽風險的原因，採取相應監管措施；（四）對流動性風險較大的 C 類公司，針對公司產生流動性風險的原因，根據《保險公司償付能力監管規則第 12 號：流動性風險》的有關規定採取相應監管措施。

對 D 類公司，除可採取對 C 類公司的監管措施外，還可以根據情況採取整頓、責令停止部分或全部新業務、接管以及保監會認為必要的其他監管措施。

從市場情況看，在償二代監管措施下，2016 年第一季度末，產險公司、壽險公司、再保險公司的綜合償付能力充足率分別為 290%、221% 和 441%，核心償付能力充足率分別為 262%、200% 和 441%。97.5% 的公司償付能力充足率達標，其中充足率高於 150% 的公司佔比高達 92%，僅有 3 家公司充足率不達標。從資本情況看，行業資本溢額從 2015 年第一季度的 1.42 萬億元增長到 2016 年第一季度的 1.71 萬億元，增幅達 20%。行業實際資本中，高質量的核心資本佔比 91%，附屬資本僅佔 9%，表明行業整體資本質量較高。從綜合風險評級的結果看，風險較低的 A、B 類公司佔比為 95.3%，風險較高的 C、D 類公司分別只有四家和兩家。針對償付能力充足率不達標和 C、D 類公司，中國保監會採取停設分支機構、停止接受新業務等監管措施。[22]

---

22. 陳文輝（2016）。〈保險償二代的實施重點〉，《中國金融》。北京：中國金融出版社。13 期，9–11 頁。

2.3 保險公司的償付能力管理

保險公司應當建立償付能力管理制度，強化資本約束，保證公司償付能力充足。按照《中國第二代償付能力監管制度體系整體框架》的要求，保險公司內部償付能力管理是企業內部的管理行為，內部償付能力管理是外部償付能力監管的前提、基礎和落腳點，有效的內部償付能力管理制度和機制，可以主動識別和防範各類風險，對各類風險變化做出及時反應。

按照《保險公司償付能力監管規則第 11 號：償付能力風險管理要求與評估》的規定，中國保監會根據保險公司的發展階段、業務規模、風險特徵等，將保險公司分為 I 類保險公司和 II 類保險公司。其中，滿足下列任意兩個標準的保險公司為 I 類保險公司：（一）公司成立超過五年；（二）財產保險公司、再保險公司最近會計年度簽單保費超過 50 億元或總資產超過 200 億元，人身保險公司最近會計年度簽單保費超過 200 億元或總資產超過 300 億元。簽單保費是指保險公司按照保險合同約定，向投保人收取的保費；（三）省級分支機構數量超過十五家。外國保險公司分公司及不滿足上述條件的保險公司為 II 類保險公司。

中國保監會針對這兩類公司分別提出償付能力風險管理要求。保險公司董事會對公司償付能力風險管理體系的完整性和有效性承擔最終責任。除監管規則另有規定外，保險公司應當在董事會下設立風險管理委員會。風險管理委員會在董事會的授權下履行償付能力風險管理職責。II 類保險公司可以不設立風險管理委員會，未設立風險管理委員會的，由審計委員會履行相應職責。保險公司高級管理層負責組織實施償付能力風險管理工作。保險公司應當指定一名高級管理人員作為首席風險官負責風險管理工作，並將任命情況報告保監會。I 類保險公司應當設立獨立的風險管理部門，並配備符合監管要求的風險管理人員。II 類保險公司可以根據公司實際情況決定是否設立獨立的風險管理部門。未設立獨立風險管理部門的，應指定適當的部門牽頭負責風險管理工作。

保險公司應當制定完善的償付能力風險管理制度，明確風險管理戰略、風險偏好、風險管理組織架構、風險管理機制等事項，以及對保險風險、市場風險、信用風險、操作風險、戰略風險、聲譽風險和流動性風險的管理要

求，並至少每年對償付能力風險管理制度進行審閱和必要的更新。償付能力風險管理制度清單和更新記錄應留檔備查。

保險公司應當按照中國保監會指定的保險公司償付能力報告編報規則定期進行償付能力評估，進行動態償付能力測試，以風險為基礎評估償付能力。保險公司償付能力報告包括年度報告、季度報告和臨時報告。保險公司發生下列對償付能力產生重大不利影響的事項的，應當自該事項發生之日起五個工作日內向中國保監會報告：（一）重大投資損失；（二）重大賠付、大規模退保或者遭遇重大訴訟；（三）子公司和合營企業出現財務危機或者被金融監管機構接管；（四）外國保險公司分公司的總公司由於償付能力問題受到行政處罰、被實施強制監管措施或者申請破產保護；（五）母公司出現財務危機或者被金融監管機構接管；（六）重大資產遭司法機關凍結或者受到其他行政機關的重大行政處罰；（七）對償付能力產生重大不利影響的其他事項。

中國保監會將對保險公司償付能力風險的管理能力進行評估，確定保險公司的控制風險水平。保監會可以根據需要採用材料調閱、現場查驗、問卷調查、質詢談話、穿行測試等方式，對保險公司償付能力風險管理能力進行評估。針對各項風險管理要求的制度健全性和遵循有效性的評估結果分為「完全符合」、「大部分符合」、「部分符合」和「不符合」四類。保監會根據四類評估結果給予監管評分。根據評估結果，保監會可以要求保險公司對償付能力風險管理中的重大缺陷進行整改，整改無效的可採取必要的監管措施。

五、保險監管措施與法律責任

1. 保險監管措施

《保險法》第六章對保險業監督管理作出規範，該法第一百三十三條規定：「保險監督管理機構依照本法和國務院規定的職責，遵循依法、公開、公正的原則，對保險業實施監督管理，維護保險市場秩序，保護投保人、被保險人和受益人的合法權益。」保險監管機構依照法律和國務院規定，在法定的權限範圍內，行使包括行政立法、行政許可、現場檢查、行政處罰以及其他監管措施在內的監督管理職責，對保險機構的償付能力、市場行為和公司治

理等進行監督和管理，其監管的內容涉及保險產品設計、保險銷售、保險理賠、保險風險控制等各方面。

按照《保險法》第一百五十四條的規定，保險監督管理機構依法履行職責時可以採取下列措施：（一）對保險公司、保險代理人、保險經紀人、保險資產管理公司、外國保險機構的代表機構進行現場檢查；（二）進入涉嫌違法行為發生場所調查取證；（三）詢問當事人及與被調查事件有關的單位和個人，要求其對與被調查事件有關的事項作出說明；（四）查閱、複製與被調查事件有關的財產權登記等資料；（五）查閱、複製保險公司、保險代理人、保險經紀人、保險資產管理公司、外國保險機構的代表機構以及與被調查事件有關的單位和個人的財務會計資料及其他相關文件和資料；對可能被轉移、隱匿或者毀損的文件和資料予以封存；（六）查詢涉嫌違法經營的保險公司、保險代理人、保險經紀人、保險資產管理公司、外國保險機構的代表機構以及與涉嫌違法事項有關的單位和個人的銀行帳戶；（七）對有證據證明已經或者可能轉移、隱匿違法資金等涉案財產或者隱匿、偽造、毀損重要證據的，經保險監督管理機構主要負責人批准，申請人民法院予以凍結或者查封。

其中，現場檢查是保險監督管理機構依法對被檢查單位業務經營、財務核算、資金運用狀況、內部控制有效性和數據真實性等進行實地檢查的行政執法行為，是市場行為監管的主要方式。現場檢查通常分為專項檢查、常規檢查、舉報檢查和臨時檢查。現場檢查所適用的規範主要包括《中國保險監督管理委員會現場檢查工作規程》、《中國保監會行政處罰法律文書格式》和《現場檢查廉政規定》等。

另外，保險監督管理機構工作人員實施監督檢查和調查過程中應當遵守的程序主要包括：監督檢查、調查的人員不得少於二人；監督檢查、調查人員應當出示合法證件；監督檢查、調查人員應當出示監督檢查、調查通知書。為規範保險監管權力的行使，中國保監會建立了處罰裁量基準制度，《中國保監會行政處罰程序規定》（保監會令〔2017〕1號）和《中國保險監督管理委員會現場檢查工作規程》中，對上述程序均有明確規定。

2. 法律責任

　　法律責任是指行為人因違反了法定或約定義務或者不當行使法律權利、權力而需承擔的不利後果，可以分為民事責任、行政責任和刑事責任。根據行為的不同性質和後果，所承擔的法律責任也不同，三種法律責任有可能同時產生。

　　行為人違反民事法律規範應當承擔民事責任，根據中國《民法通則》的規定，承擔民事責任的方式主要有：停止侵害、排除妨礙、消除危險、返還財產、恢復原狀、修理、重作、更換、支付違約金、消除影響、恢復名譽、賠禮道歉等。《保險法》第一百七十五條規定：「違反本法規定，給他人造成損害的，依法承擔民事責任。」例如《保險法》第二十三條規定了保險公司的理賠時限，同時規定如果保險人未及時履行賠償或者給付保險金義務的，除支付保險金外，應當賠償被保險人或者受益人因此受到的損失。

　　行為人違反行政法律規範應當承擔行政責任。行政責任分為兩種：一是因國家行政機關及其工作人員的違法行為引起的行政責任，承擔責任的主體包括行政機關及其工作人員。行政機關通過行政賠償的方式承擔其對行政相對人的責任，工作人員通過接受紀律處分的方式承擔其違法行為的後果，責任形式包括警告、記過、記大過、降級、降職、撤職、開除等；二是公民、法人或其他組織等行政相對人因違法行為或者不履行行政義務而引起的法律責任，對此類行為的行政制裁又稱為行政處罰，主要包括警告、罰款、沒收違法所得、沒收非法財物、責令停產停業、暫扣或者弔銷許可證、暫扣或者弔銷執照、行政拘留以及法律、行政法規規定的其他行政處罰措施。例如《保險法》第一百七十四條規定：「投保人、被保險人或者受益人有下列行為之一，進行保險詐騙活動，尚不構成犯罪的，依法給予行政處罰：（一）投保人故意虛構保險標的，騙取保險金的；（二）編造未曾發生的保險事故，或者編造虛假的事故原因或者誇大損失程度，騙取保險金的；（三）故意造成保險事故，騙取保險金的。保險事故的鑑定人、評估人、證明人故意提供虛假的證明文件，為投保人、被保險人或者受益人進行保險詐騙提供條件的，依照前款規定給予處罰。」另外，中國《行政處罰法》規定，法律可以設定各種行政處罰，行政法規可以設定除限制人身自由以外的行政處罰。保險法中規定的

撤銷任職資格、禁止有關責任人員一定期限直至終身進入保險業，均屬於行政處罰。

　　行為人觸犯《刑法》應承擔刑事責任。《保險法》第一百七十九條規定：「違反本法規定，構成犯罪的，依法追究刑事責任。」以《刑法》第一百九十八條規定的保險詐騙罪為例，對進行保險詐騙活動，數額較大的，處 5 年以下有期徒刑或者拘役，並處 1 萬元以上 10 萬元以下罰金；數額巨大或者有其他嚴重情節的，處 5 年以上 10 年以下有期徒刑，並處 2 萬元以上 20 萬元以下罰金；數額特別巨大或者有其他特別嚴重情節的，處 10 年以上有期徒刑，並處 2 萬元以上 20 萬元以下罰金或者沒收財產。單位犯保險詐騙罪的，對單位判處罰金，並對其直接負責的主管人員和其他直接責任人員，處 5 年以下有期徒刑或者拘役；數額巨大或者有其他嚴重情節的，處 5 年以上 10 年以下有期徒刑；數額特別巨大或者有其他特別嚴重情節的，處 10 年以上有期徒刑。保險事故的鑑定人、證明人、財產評估人故意提供虛假的證明文件，為他人詐騙提供條件的，以保險詐騙的共犯論處。

主要參考書目

〔美〕小羅伯特・H・杰瑞（Robert. H. Jerry）、道格拉斯・R・里士滿（Douglas. R. Richmond），李之彥（譯）（2009）。《美國保險法精解（第四版）》。北京：北京大學出版社。

〔美〕所羅門・許布納（S. S. Huebner）、小肯尼思・布萊克（Kenneth Black, Jr.）、伯納德・韋布（Bernard L. Webb），陳欣等（譯）（2002）。《財產和責任保險（第四版）》。北京：中國人民大學出版社。

〔美〕肯尼思・布萊克（Kenneth Black, Jr.）、哈羅德・斯基博（Harold D. Skipper, Jr.），孫祁祥等（譯）（2003）。《人壽與健康保險（第十三版）》。北京：經濟科學出版社。

〔美〕喬治・E・瑞達（George E. Rejda），（2012）。《風險管理與保險原理》。北京：中國人民大學出版社。

〔英〕Malcolm A. Clarke，何美歡、吳志攀等（譯）（2002）。《保險合同法》。北京：北京大學出版社。

中國保險行業協會編（2016）。《保險訴訟典型案例年度報告（第七輯）》。北京：法律出版社。

王利明（2002）。《合同法研究（第一卷）》。北京：中國人民大學出版社。

王利明（2003）。《合同法研究（第二卷）》。北京：中國人民大學出版社。

王靜（2013）。《保險類案裁判規則與法律適用》。北京：人民法院出版社。

王靜（2016）。《保險案件司法觀點集成》。北京：法律出版社。

任自立（2010）。《保險法學》。北京：清華大學出版社。

江朝國（2002）。《保險法基礎理論》。北京：中國政法大學出版社。

江朝國（2012）。《保險法逐條釋義（第一卷 總則）》。台北：元照出版有限公司。

江朝國（2013）。《保險法逐條釋義（第二卷 保險契約）》。台北：元照出版有限公司。

江朝國（2015）。《保險法逐條釋義（第三卷 財產保險）》。台北：元照出版有限公司。

江朝國（2015）。《保險法逐條釋義（第四卷 人身保險）》。台北：元照出版有限公司。

吳定富主編（2009）。《〈中華人民共和國保險法〉釋義》。北京：中國財政經濟出版社。

李玉泉主編（2010）。《保險法學——理論與實務（第二版）》。北京：高等教育出版社。

李揚、陳文輝主編（2006）。《國際保險監管核心原則——理念、規則及中國實踐》。北京：經濟管理出版社。

汪信君、廖世昌（2015）。《保險法理論與實務（修訂三版）》。台北：元照出版有限公司。

邢嘉棟（2015）。《典型保險案例裁判思路與實務操作》。北京：法律出版社。

岳衛（2009）。《日本保險契約複數請求權調整理論研究：判例‧學說‧借鑑》。北京：法律出版社。

肯尼斯‧S‧亞伯拉罕（Kenneth S. Abraham），韓長印等（譯）（2012）。《美國保險法原理與實務（原書第 4 四版）》。北京：中國政法大學出版社。

孫宏濤（2012）。《德國保險合同法》。北京：中國法制出版社。

袁宗蔚（2000）。《保險學——危險與保險》。北京：首都經濟貿易大學出版社。

國家法官學院案例開發研究中心編（2015）。《中國法院年度案例——保險糾紛》。北京：中國法制出版社。

張俊岩（2007）。《保險法焦點‧難點‧指引》。北京：中國法制出版社。

張洪濤主編（2014）。《保險學（第四版）》。北京：中國人民大學出版社。

梁宇賢（2004）。《保險法實例解說（修訂新版）》。北京：中國人民大學出版社。

許崇苗、李利（2006）。《中國保險法原理與適用》。北京：法律出版社。

陳欣（2010）。《保險法（第三版）》。北京：北京大學出版社。

最高人民法院民事審判第二庭編（2015）。《保險案件審判指導》。北京：法律出版社。

葉啟洲（2013）。《保險法判決決案例研析（一）》。台北：元照出版有限公司。

賈林青（2011）。《保險法（第三版）》。北京：中國人民大學出版社。

劉宗榮（2009）。《新保險法：保險契約法的理論與實務》。北京：中國人民大學出版社。

劉建勛（2010）。《新保險法經典、疑難案例判解》。北京：法律出版社。

劉建勛（2012）。《保險法典型案例與審判思路》。北京：法律出版社。

應世昌主編（2006）。《新編海上保險學》。上海：同濟大學出版社。

韓長印、韓永強（2010）。《保險法新論》。北京：中國政法大學出版社。